AF141463

Christian Friedrich Schröder

# Abhandlung vom Brocken und dem übrigen alpinischen Gebürge des Harzes

Christian Friedrich Schröder

**Abhandlung vom Brocken und dem übrigen alpinischen Gebürge des Harzes**

ISBN/EAN: 9783742893819

Hergestellt in Europa, USA, Kanada, Australien, Japan

Cover: Foto ©Andreas Hilbeck / pixelio.de

Manufactured and distributed by brebook publishing software
(www.brebook.com)

Christian Friedrich Schröder

**Abhandlung vom Brocken und dem übrigen alpinischen Gebürge**

**des Harzes**

# Christian Friedrich Schroeders
# Abhandlung
## vom
# Brocken
### und
### dem übrigen alpinischen Gebürge
### des
# Harzes.

## Erster Theil.
### Mit Kupfern und einer Karte.

---

### Neue unveränderte Auflage.

---

Leipzig, 1794.
In der Gräffschen Buchhandlung.

Dem

Durchlauchtigsten Herzog,

Auch Hochwürdigsten Fürst = Bischof und

Herrn,

# Herrn Friederich

Königlichen Prinzen von Grosbritannien,
Frankreich und Irrland,

Herzog zu York und Albanien,

Fürst = Bischof zu Osnabrück,

Herzog zu Braunschweig und Lüneburg,
u. ſ. w.

•

meinem Gnädigsten Herrn.

Durchlauchtigster, Hochwürdigster

Herzog und Fürst = Bischof,

Gnädigster Fürst und Herr!

Als ich das Glück hatte, Ew. Königl. Hoheit auf der Reise nach dem Bro= cken zu erblicken, und zugleich die Aufmerk= samkeit wahrzunehmen, mit der Ew. Kö= nigl.

nigl. Hoheit Sich nach den Merkwürdigkeiten dieses Gebürges erkundigten, ward mir
das Bedürfniß iedes Brockenreisenden, durch
Vorkenntnisse auf diesen wichtigen Gegenstand der Natur vorbereitet zu seyn, von neuem so anschaulich, daß der längst gefaßte Entschluß, diesem Bedürfnis durch eine umständ-
lichere Beschreibung abzuhelfen, in mir vollends zur Reife gelangte. In so ferne kann
also das gegenwärtige Werk sich rühmen,
daß es Ew. Königl. Hoheit Brockenreise,
(der merkwürdigsten Begebenheit für dieses
Gebürge in neuern Zeiten) sein Daseyn zu
verdanken habe. Da nun überdem ein an-

 sehn-

ſehnlicher Theil des Brockengebürges zu Höchſtderoſelben Königlichen Hauſes Erb = Churlanden gehört; ſo hoffe ich wenigſtens Entſchuldigung zu verdienen, wenn ich es wage, dieſe meine Arbeit **Ew. Königl. Hoheit** unterthänigſt zuzueignen.

Sollten **Ew. Königl. Hoheit** dieſen erſten Theil **Ihres** Hohen Beyfalls nicht ganz unwürdig zu halten geruhen, ſo würde dies meinem Werke in den Augen des Publikums zur gröſſeſten Empfehlung, und mir ſelbſt zur ſtärkſten Aufmunterung

rung auf die beyden folgenden Theile ge-

reichen.

Ich ersterbe mit der tiefsten Ehrfurcht

# Ew. Königl. Hoheit,

meines Gnädigsten Fürsten und Herrn,

Wernigerode
den 16ten Junius
1784.

unterthänigster

Christian Friederich Schroeder.

# Vorrede.

Quid valeant humeri, quid ferré recuſent.

Es gereicht den näheſten Nachbarn des Brocken immer zu einem Vorwurf, daß ſich
noch niemand unter ihnen einer Beſchreibung
deſſelben unterzogen hat, um auch hierin die
üble Nachſage, daß ſie noch in allem Jahrhunderte zurück wären, zu widerlegen. Auch
in dieſem Fache ſind ihnen Fremde zuvor gekommen, und haben für die Umwohner des
Brockens, die ihn zum Theil weniger kennen,
oder ſich weniger um ihn bekümmern, als
Fremde, ob er ihnen gleich täglich die wichtig-
ſten Wohlthaten erweiſet, und einen Einfluß
vom weiteſten Umfange auf ſie hat, Beſchrei-
bungen des Brocken geliefert. So unzureichend, voller Unrichtigkeiten und Fabeln dieſe
auch ſämtlich ſind, ſo iſt doch nie ein einziger
Bructerer aufgeſtanden, um auch nur zur
Berichtigung und Ergänzung jener Nachrichten etwas beyzutragen. Und doch nur ein
Nachbar des Brocken hat dazu Gelegenheit,

und iſt allein im Stande, etwas, das dieſer Seltenheit der Natur würdig iſt, aufzuſammlen. Wie kann ein aus entfernten flachen Landgegenden kommender Fremdling, deſſen an Berge nie gewöhntes Auge hier ganz andre, vorher nie geſehene, ganz unerwartete Gegenſtände antrift, deſſen Vorſtellungskraft nicht einmal dazu gebildet iſt, Merkwürdigkeiten des Gebürges aus dem rechten Geſichtspuncte zu betrachten, der auch wohl vorher nie eigentliche Berge geſehen; wie kann ein ſolcher, wenn er ein oder einigemal eine eilfertige Brockenreiſe gemacht, und nichts weiter gethan hat, als daß er oben geweſen, vom Brockenberge eine richtige, vollſtändige, ſeiner Würde und Natur entſprechende Beſchreibung liefern? Und doch iſt das alles, was ich vom Brocken geleſen habe, Produkt von dergleichen Leuten, die das, was ſie obenhin, mit flüchtigem Blick und nur im Umſehen, auf einer oder einigen Beſteigungen des Brocken bemerkt, durch Hörenſagen erfahren, und nur halb behalten, zerſtümmelt wieder vorgetragen, dabey auch diejenigen, die es vor ihnen eben ſo gemacht, brav ausgeſchrieben haben. Es würde eben ſo wenig kluges heraus kommen, wenn ein Bewohner eines alpiniſchen Bergorts, der vorher nie von ſeinem mit dem flachen Lande ganz contraſtirenden Gebürge gekommen, aber einmal Gelegenheit gehabt, einige Meilen weit durch einige

nige Dörfer und Fluren zu reisen, eine Beschreibung der Landwirthschaft und des Acker-
baues schreiben wollte.

Nur allein ein Nachbar des Brocken hat
also Ruf dazu, sich in das große, unbebaute
Feld einer alles umfassenden Abhandlung vom
Brocken zu wagen; nur allein der kann wissen,
was er zu beschreiben hat. Eben dieses Be-
wußtseyn, wie viel hiezu gehöre, ist also ohne
Zweifel die entschuldigende Ursach, daß sich
noch nie ein Nachbar des Brocken entschlossen,
auf diesen Schauplatz der Größe und Wunder
Gottes zu treten. Dieser muß ganz mit den
dazu gehörigen wissenschaftlichen Kenntnissen
der Natur versehen seyn; er muß keine Zeit,
keine Mühe, keinen Schweiß, keine Kälte,
keine Wolken, keine Stürme scheuen; er muß
alles oft, wiederholt, genau betrachten und
untersuchen; sein Körper muß dabey eben so
abgehärtet seyn, als sein Geist unermüdet seyn
muß. Er muß alle Theile der Naturlehre
gleichsam von neuem und vom Anfange wieder
beym Brocken sich bekannt machen, und seine
Versuche und Erforschungen müssen nichts ge-
ringers als eine wahre auf den Brocken angewandte Physik werden. Er müste den Brocken, und dessen weites rauhes Gebiet nicht
blos besteigen und begehen, sondern er müste
wenigstens ein ganzes Jahr lang, auch selbst

den

den Winter hindurch, ein wahrer Bewohner
des höchsten Brockengipfels seyn; er müste
hiezu mit einer ganzen gelehrten Rüstkammer
versehen seyn, und am Fuß des Gebürges Ge-
genbeobachter haben, in welchem allen ihm
denn freylich auch höhere Unterstützung zu
Hülfe kommen müste. Nur von einem solchen, oder vielmehr von einer ganzen Gesellschaft solcher, dieser grossen Unternehmung
sich unterziehender Gelehrten, verspräche ich
mir eine dieses grossen Gegenstandes würdige
Beschreibung und Benutzung. Mit welchen
Aufschlüssen würden dann alle Fächer der Naturlehre nicht bereichert werden? So groß
und mühevoll diese Arbeit wäre, so wichtig
würde das Resultat derselben seyn, wichtiger
als alle Romane, die seit einem halben Jahrhundert die Welt überschwemmt, und sie vom
Geschmack am Wahren abgezogen haben.
Möchte doch dieses, jene Forderungen freylich noch nicht befriedigende Werkgen für einen oder den andern am oder auf dem Harze
wohnenden, dessen Glücksumstände und
Kenntnisse ihn dazu geschickt machten, hiezu
eine Aufforderung und Erinnerung werden!

Ich freuete mich in verschiedenen dieser
Hinsichten nicht wenig, als ich in dem unschätzbaren Werke des Herrn Ober-Consistorial-
rath Silberschlags in Berlin von der Geogenie, und zwar in deren erstem Theile eine kleine

Ab-

Abhandlung vom Brocken fand. Wie sehr
beschämt dieser Fremdling des Brocken seine
Umwohner, und wie wichtig ist alles das,
was sein scharfsichtiges Auge und sein forschen=
der Geist, binnen der kurzen Zeit, die er auf
dessen Besteigung verwandt, davon getragen
und der Welt mitgetheilet hat! Wie ganz
würden alle meine Wünsche erfüllt werden,
wenn diese Gegend nur einen Silberschlag
hätte, oder Er sich dem Brocken länger als
auf die kurze Zeit einer blossen Reise widmen
könnte. Ein jeder Freund des Brocken dankt
ihm inzwischen für diese Nachrichten, und über=
sieht gern die Fehler, die mit vorfallen, und
Folgen eines zu kurzen Aufenthalts sind. Seine
Zeichnungen und Prospekte vom Brocken sind
noch immer die besten, die wir von diesem Ge=
bürge haben, ob sie gleich der Natur wenig
getreu und nicht ganz richtig sind. So sind
ebenfalls manche Unrichtigkeiten in Angabe
und Lage der Gebürge mit seiner Eile zu ent=
schuldigen. Er ist aber immer der erste, der
hier über die Gegenstände der Natur nachge=
dacht hat. Freylich macht seine in Schöpfung
von Hypothesen zu fruchtbare, und daran zu
sehr gewöhnte unerschöpfliche Einbildungskraft,
daß er manches wider die Thatsachen erklä=
ret, und hie und da was findet und sich hin=
denkt, was nicht da ist. Wäre er aber ein
Nachbar des Brocken, so würde er die reinen

und

und ofnen Quellen der Natur und Wirklich=
keit auffuchen;   Er würde manches mit ganz
andern Augen betrachten,   und dann eine
Menge von Hypothefen erfparen.   Haller
fagt:  ins Innre der Natur bringt kein er=
fchafner Geift.   Hypothefen find daher nicht
zu verwerfen, wo wir keine Gewißheit haben,
zu der fie die Bahn brechen müffen;   nur
muß unfre Naturlehre,   wo es angeht,   auf
Thatfachen und Wahrheiten gegründet feyn,
fonft ift fie eine eben fo fchwankende Sache als
das Recht.  Im übrigen war es  fein Zweck
nicht, alles vom Brocken zu fchreiben,   was
davon zu fagen ift; doch hat Er in dem weni=
gen mehr davon gefagt,   als alle,   die je vor
ihm vom Brocken gefchrieben haben.

Um meine Lefer nicht zu lange mit der
Litterärgefchichte des Brocken aufzuhalten,
übergehe ich den größten Theil der befonders
davon gefchriebenen Abhandlungen, einzelner
Piecen,   und in andern Schriften vorkom=
mender Befchreibungen.   Ich will mich hier
nur auf den älteften und neueften davon be=
fonders und ganz handelnden Tractat ein=
fchränken.

Die ältefte mir bekannte Abhandlung vom
Brocken hat den langen Titel:

Blocks=

Blockesberges Verrichtung oder ausführlicher
geographischer Bericht von dem hohen, alten
und berühmten Blockes-Berge: imgleichen
von der Hexenfarth und Zaubersabbathe, so
auf solchem Berge die Unholden aus ganz
Teutschland, Jährlich den 1sten Maii in
Sanct Walpurgis Nachte anstellen. Aus
vielen autoribus abgefasset, und mit schönen Raritäten angeschmücket sampt gehörigen Figuren von M. Johanne Prætorio
Poëta Laureatô Cæfareô &c.

und ist in Leipzig 1660 in 582 enge gedruckten Octavseiten, vorn mit einem entsetzlichen
Holzstich von einem Hexentanz und Prozession
um einen abscheulichen Bock, der auf einem
Dreyfuß sitzt, und dem ein Zauberer den Hin-
tersten küßt, herausgekommen.

Der Titel zeigt schon, was man von dieser abscheulichen Abhandlung zu gewarten habe, und nur die Vorrede kann man noch mit
einiger Geduld lesen. Er meldet darin auf
wenig Seiten: Er sey am 5ten Julii 1653
von Ilsenburg aus nach dem Brocken gereiset,
sey anfänglich zwey Stunden geritten, und
habe die übrige zwey Stunden seines Ersteigens zu Fuß thun müssen; er sey nebst seinen
14 Gesellen vom Reif und Frost ganz weiß
auf dem mit Wolken bedeckten Brocken ange-
kom-

kommen; es sey so dunkel gewesen, daß er
nichts habe sehen können, hernach habe er sich
aber so umgesehen, daß ihm das Gesicht darüber vergangen; es wären ihm die Wolken
so mit Brausen vorbey gestrichen, daß er so
naß wie gebadet geworden, im Lande sey es
aber sehr heisses Wetter gewesen. Die einzige
zur Geschichte des Brocken, den er unrecht
umbilicum Germaniæ nennt, beytragende
Nachricht ist die: daß der Gipfel des Brocken
auch damals schon ganz kahl, der übrige Theil
aber stark mit Holz bewachsen gewesen sey.
Das Buch selbst ist ein entsetzliches Ragout
von Aberglauben und Hexerey, dabey aber
doch eine in ihrer Art und Zeit sehr gelehrte
und äusserst mühsame Abhandlung. Ich bin
erstaunt über die einige hundert Bücher, die
alle von dieser Materie handeln, aus denen
er sein Buch, welchem er ganz ohne Grund
den unschuldigen Namen: Blocksbergs-Ver-
richtung, giebt, zusammen geschrieben hat,
und daß noch, zumal Leipziger Gelehrte der
damaligen Zeit, solch Zeug haben schreiben
können. Ich will nur eine Probe von dem
Inhalt dieses Buches beyfügen. Sein erstes
Capitel handelt von den Orten, wo es Ge-
spenster giebt. Er nennt es: Bahnung zum
Brocken. Er führt sehr gelehrt aus, daß der
eigentliche Name des Brocken Hellbock sey,
weil der höllische Bock darauf residire; Bocksberg

berg heisse er, weil die Hexen hauptsächlich
mit Böcken heraufführen; doch führen sie nicht
alle mit Böcken herauf, denn die Katten
(jetzt Hessen) führen auf Katzen, die Dänen
auf Hähnen, die Schwaben auf Schwänen,
die Thüringer auf Thüren, die Meißner auf
Mäusen, die Märker auf Ziegen, die Hunni
(Ungarn) auf Hunden, die Einwohner der
Stadt Bokeln (oder Bokenemb) aber haupt=
sächlich auf Böcken herauf. Er leitet bey der
Gelegenheit die Namen der Völker blos von
den Werkzeugen her, auf denen sie nach dem
Brocken zum Congreß der Hexen führen, und
was noch mehr, so glaubt er dieses alles, als
ein Magister Philosophiä, steif und fest, sucht
es auch sogar aus der heiligen Schrift und an=
dern Büchern zu beweisen. Alle Eintheilun=
gen seiner Sätze sind nach den Anfangsbuch=
staben des Worts: Brockelsberg, oder wie er
den wahren Namen: Brocken sonst verhunzt,
abgehandelt. Mir diente dies schreckliche Buch
blos als Beytrag zur Geschichte der Aufklärung
des menschlichen Verstandes, und in welcher
Finsterniß selbst noch graduirte Gelehrte vor
einem Jahrhundert gelebt haben. Mit wel=
cher Schande ist dieser Berg Gottes nicht
ehemals bedeckt gewesen! Vom Brocken
selbst aber sagt Prätorius nichts.

Ei=

Eines Ungenannten Beschreibung des
Blocksberges vom Jahr 1713 in Duodez,
so wie Philanders historische Nachricht von
dem in ganz Europa weit und breit be=
rühmten Blocksberge. Braunschweig und
Leipzig 1726. in Octav

habe ich nicht mehr auftreiben können. Ich
berufe mich daher auf Ritters Critic von
selbigen. Er sagt: diese Autores übergehen
dasjenige, was zur Hauptsache dienet, auch
nützlich und wirklich verwunderungswürdig
ist, mit Stillschweigen, und bringen dage=
gen viel Falsches, Abgeschmacktes und Un=
flätiges zu Markte, ohngeachtet sie den Berg
bestiegen und alles mit Augen wollen gese=
hen haben, vermuthlich aus keiner andern
Ursache, als ihre Leser zu gewinnen, ih=
nen Verwunderung zu erwecken, und ihrem
Aberglauben und Einfalt zu schmeicheln,
oder was sonst für Absichten mögen unterge=
laufen seyn.

Albert Ritters, des königlichen Collegii
des Closters Ilefeld Pro - Rectoris und
Senioris, historische Nachricht von einer
doppelten Reise nach dem auf dem Harze
belegenen so berühmten Berge, gemeiniglich
Blocksberg genannt

ist

ist zu Magdeburg 1744 in 112 Octavseiten
heraus gekommen. Das Original, die latei=
nische Ausgabe in 4, enthält 5 Kupferplatten=
Abdrücke, die aber ihre Gegenstände eben nicht
zum richtigsten abbilden. Im übrigen ist die=
ses kleine Werk, unter denen, die besonders
vom Brocken handeln, das brauchbarste, und
für die Zeiten, in denen der Verfasser lebte
und schrieb, gnügend genung. Der Ueber=
setzer hat seine eigne Reise nach dem Brocken
in einer Vorrede ziemlich gut beschrieben.
Ritter hat den Inhalt seines Buchs in einer
bey der Wenigkeit seiner Materialien wohl ge=
trofnen Ordnung vorgetragen, ist aber weder
hinlänglich noch zuverläßig, und hat sehr viel
Fehler mit einfliessen lassen, die freylich, weil
er nur zweymal, nehmlich 1708. und 1737.
auf dem Brocken gewesen, wieder ein Beweis
sind, wie unzureichend blos einzelne Brocken=
reisen, zumal von Fremden, sind, um den
Brocken kennen zu lernen. Seine zu oft an=
gebrachte Schulgelehrsamkeit und viele nicht
zur Sache gehörende Allegeta, so wie die
wörtliche Beyfügung von mehr denn 60 bi=
blischen Sprüchen, nehmen einen guten Theil
des Raumes weg, und sind für den, der den
Brocken aus seinem Buche will kennen lernen,
ganz überflüßig.

Was

Was ferner Zückert in seiner Beschrei=
bung des Unterharzes, vom Brocken auf we=
nig Seiten meldet, und mehrentheils andern
nachschreibt, ist weder hinlänglich noch zuver=
läßig, um es zum Nachlesen empfehlen zu kön=
nen.

Eben diese Bewandnis hat es auch mit
den übrigen Schriftstellern vom Hartz.  Der
Herr von Rohr, in seinen beyden Werken vom
Ober und=Unterhartz,  hat diesen allerwich=
tigsten Gegenstand einer Beschreibung des
Harzes weder abgehandelt noch kennen gelehrt.
Er ist auf seinen Reisen nach dem Brocken
entweder umgeworfen und hat Schaden ge=
nommen, oder es sind ihm sonst Abhaltungen in
die Queere gekommen, die ihn nicht nach dem
Brocken hingelassen haben.  Er sagt also, wie
Behrens in seinem hercynia curiosa, so we=
niges davon, daß es, zumal bey dessen Un=
richtigkeit, der Zeit des Nachlesens nicht werth
ist.

Was der Hr. Professor Zimmermann
in Braunschweig, in seinen 1775 auf 54 Octav.
Seiten herausgegebenen „Beobachtungen auf
„einer Harzreise, nebst einem Versuch die
„Höhe des Brocken durch das Barometer zu
„bestimmen‚„ ausser seinen Messungs=Obser=
vationen vom Brocken auf wenigen Seiten
                                    gesagt

gesagt hat, ist bis auf manche dabey noch nö=
thige Erinnerungen und Zurechtweisungen, be=
sonders bey dem Vergleich der Höhenmessun=
gen, noch ganz gut, aber ebenfals viel zu
wenig, als daß es das Nachlesen verdiente.

Die von dem Hrn. Inspector und Pastor
Schmaling zu Osterwieck im vorigen Jahre
in den Hannövrischen Anzeigen herausgegebe=
ne Beschreibung seiner Reise nach dem Brok=
ken ist ganz angenehm zu lesen, und mit recht
artigen Blumen und Betrachtungen ausge=
schmückt; sie ist aber nur eine einzelne Reise —
nicht Brocken=Beschreibung, und überdies
nichts weiter als ein fehlerhafter Auszug ei=
niger Nachrichten aus des Hrn. O. C. R.
Silberschlags Geogenie.

Alles was ich sonst noch hie und da in
grössern und kleinern Werken vom Brocken
gelesen habe, zeigt blos, wie wenig ihre Ver=
fasser mit diesem erhabenen Gegenstande be=
kannt gewesen sind.

Gegenwärtige Abhandlung ist das Re=
sultat von meinen 19 mühsamen Reisen nach
dem Brocken (wobey ich seinen Gipfel mehr denn
einige 30 mal bestiegen habe) und von mehr
denn 100 nahen und fernen Reisen durch und
in alle Gegenden des Brockengebürges, auch
über=

überhaupt des Harzes. Meine Freunde und
Brockengefährten lagen mir an, ihnen zur
Vorbereitung auf unsre Brockenwalfahrten;
und zum Nachlesen oder gleichsam zur Wie=
derholung nach vollendeter Reise etwas in die
Hände zu geben. Ich suchte daher alles auf,
was nur je vom Brocken zu finden war, fand
aber dabey, wie theils unzureichend, theils
unrichtig alles dieses sey, was vom Brocken
in ganz besondern und starken Werken geschrie=
ben worden. Doch wählte ich mir den Rit=
ter, ließ ihn doppelt durchschiessen, und fieng
nun an, ihn mit Zusätzen zu verbessern und
zu vermehren. Bey dieser Arbeit sah ich aber,
daß es weit mühsamer sey, ein schlechtes Buch
zu verbessern und zu ergänzen, als seine Ma=
terien in freyer eigner Ordnung selbst vorzu=
tragen. Es war mir nicht möglich, nach
dem Ritter eine gehörige Anleitung für Brok=
kenreisende zu geben, um ihnen die Wichtig=
keit einer Brockenreise zu zeigen und sie auf die
vorkommende Gegenstände gehörig aufmerk=
sam zu machen. Bey der Ausmerzung seiner
Fehler verschwand beynahe mein Ritter ganz,
meine eigne Zusätze wurden um vielemal
beträchtlicher als die Rittersche Abhandlung
selbst, und ich fand, daß es unmöglich sey,
vom Brocken das nöthige zu sagen, wenn
man bey der Ordnung und dem Leitfaden des
Ritters stehen bleiben wollte. Ich muste
daher

daher mein eigner Führer werden. Ich
fieng also nun an, meine eigne Erfahrungen
von diesem Gebürge zusammen zu tragen;
und solche mit dem wenigen brauchbaren
oder wichtigen, was ich davon in andern
Schriften vorgefunden hatte, zu verbinden.
Hieraus erwuchs endlich, durch den Bey=
fall meiner Freunde und verschiedener Ge=
lehrten, die, ich weis nicht warum, einen
besondern Ruf oder Geschick zu dieser Ar=
beit in mir gefunden haben wollten, er=
muntert, nach und nach gegenwärtige Ab=
handlung.

Ich bin nie Willens gewesen', diesen
Aufsatz der Welt vor Augen zu legen, er
war vielmehr blos als Handschrift unter der
Ueberschrift: „ Etwas vom Brocken für sei=
„ne und meine Freunde, aus eignen Beob=
„achtungen gesammlet,, allein für den klei=
nen Zirkel der letztern bestimmt. Ich hat=
te bey der Bearbeitung meines Gegenstan=
des gesehen, welch eine meine Zeit und
Kräfte übersteigende Arbeit ich auf mich
nähme. Meine von diesem Gebürge einge=
sammleten Kenntnisse hatten mir nur da=
zu gedient, einzusehen, wie viel mir noch
fehle, und welch einen weiten in alle Thei=
le der unabsehlichen Naturkunde einschlagen=
den Umfang dieses noch so wenig angebau=
te

te Feld habe. Ich hatte bey meiner Ar=
beit allenthalben Lücken, und überhaupt zu
viele die Kräfte einer einzelnen eingeschränk=
ten Privat=Person übersteigende, zu erfor=
schende Gegenstände gefunden. Inzwischen
brachte der Beyfall von verschiednen Gelehrten,
denen meine Handschrift in die Hände gerieth,
ihr Wunsch, doch einmal etwas bestimmtes,
zusammenhangendes, richtiges, und der Voll=
ständigkeit sich näherndes von diesem Gebür=
ge zu lesen, ihre Versicherung, daß meine
Handschrift hierin ihrem Wunsch entsprä=
che, die Erwegung, daß noch alle Jahr
kleine unbedeutende, nichtssagende, mit vie=
len Unrichtigkeiten angefüllte Piecen vom
Brocken heraus kommen, der Beyfall, wo=
mit sie demohngeachtet aufgenommen wer=
den, mich doch endlich zu dem Entschluß,
meine Nachrichten noch möglichst zu er=
gänzen, sie noch durch wiederholte Reisen
zu berichtigen, die letzte Feile an meine
Handschrift zu setzen, und sie meinen dar=
auf wartenden Freunden gedruckt in die Hän=
de zu geben. Diesen zur mehrern Vervol=
kommnung meines Werkes vielleicht erst nach
mehrern Jahren ausgeführten Entschluß be=
schleunigte überdem noch der Umstand, daß
die zweyte Abschrift meines Aufsatzes mir
abhanden kam, oder vorenthalten wurde,
ich also zu befürchten hatte, daß diese noch
nicht

nicht gehörig geordnete und vervollkomnete
Arbeit doch in kurzem vielleicht unter mei=
nem Namen zu meinem und der Sache
Nachtheil mögte bekannt gemacht werden. *)

Wer je den Brocken bestiegen, und sei=
ne Beschwerlichkeiten kennen gelernt hat, wird
es einsehen, mit wie manchem Ungemach von
Wolken, Frost, Reif und Ungewittern,
mit wie manchem sauren gefahrvollen Gang und
erpreßtem Schweistropfen, mit wie mancher
fehl geschlagnen Unternehmung die Einziehung
der nötigen Kenntnisse vom Brocken verbun=
den gewesen; und wird, wenn Nachsicht bey
meiner Arbeit nötig seyn sollte, sie dabey ha=
ben. Er wird einsehen, wie weit schwerer
diese Arbeit sey, als einen Roman zu schrei=
ben, wobey man allenfalls ein Paar Sinne
weniger haben kann, keine Kosten und Mühe hat,
um Stof zu sammlen, und vorher nur etwa 10
Romanen zu lesen braucht, um ein romantisches
Gehirn zu bekommen. Ich beschreibe harte und
rauhe Gegenstände, meine Schreibart kann da=
her in diesem Werke nicht so weinerlich und
weich seyn, als der Romanenstyl. Es ist al=
so nicht meine Schuld, sondern die Schuld
mei=

---

*) Der Hr. Verleger hat diesen Umstand nun nicht
mehr zu befürchten. Mein Msct. ist wieder da und war
in sichern Händen.

meines Gegenstandes, wenn etwa jemanden
hie und da das Gewand oder die Einkleidung
der Sachen hart oder steif vorkommen mögte.
Ich gestehe es, ich kannte mich an einigen
Stellen in meiner Schreibart selbst nicht. Ich
machte daher den Versuch, einige Artikel um-
zuarbeiten und sie in einer kürzern und leich-
tern Schreibart vorzutragen; allein die Sache, die ich damit umkleidete, verlohr zu sehr
dabey, bekam ein leichtes flatterndes Gewand;
und ich fand, daß eine jede Erzählung eine
ihren Gegenständen angemessene natürliche
Sprache nötig habe.

Ein Fremder, der nach dem Brocken reisen will, muß dazu vorbereitet seyn, sonst ist
der Erfolg seiner ermüdenden Reise blos ein
überhin gehendes Staunen, und, wenn er
ja so glücklich ist, ihn zu treffen, ein Blick
auf einen Theil Teutschlands. Schon immer
Lohn genung, schon immer des Schweisses
der Edlen werth, aber blosse Empfindsamkeit
ohne Begriffe ist nur wie ein schnell vorüber-
gehendes Phantom. Ich bin überzeugt, daß
diese Abhandlung die künftigen Brockenreisenden auf etwas mehreres, als blos der äussere
Blick einem jeden in die Augen fallen läßt,
aufmerksam, und ihnen ihre Reise nützlicher,
zweckmäßiger und angenehmer machen werde.

Dieser

Dieſer erſte Theil meines Werks hat hauptſächlich die Form und Materie des Brok= ken zum Gegenſtande. Hiebey habe ich mich blos an Thatſachen gehalten, und nur das, was ich beweiſen kann, vorgetragen. Ich be= wirte alſo meine Leſer nicht mit Hypotheſen. Ich hoffe, wenn meine aufgedrungne Herrendienſtliche Arbeiten mich nicht daran hindern, die übrigen Nachrichten vom Brok= ken in zwey Theilen, davon der eine haupt= ſächlich die Natur = und Civil = Geſchichte, der andere aber die Vegetabilien, Animalien u. ſ. w. enthalten wird, bald nachfolgen laſſen zu kön= nen. Dieſe werden für einen groſſen und den gewöhnlichen Theil der Leſer intereſſanter und angenehmer werden, und fangen mit den Höhenmeſſungen des eigentlichen und groſſen Brocken an. Einen jeden Beytrag, jede Verbeſſerung, die mir die Freunde des Brocken und Beförderer meiner Abſicht zur Beſchrei= bung meiner Gegenſtände mittheilen wollen, werde ich mit Dank annehmen. Mein guter Endzweck fodert ſie dazu hiermit auf. Wer= nigerode am Fuß des Brocken, im Früh= ling 1784.

**Chriſtian Fridrich Schroeder,**
Notarius auch Amts=Commiſſarius.

Dort

Dort, wo der steile Harz, den ewge Kälte deft,
 Sein moosig altes Haupt in graue Wolken stekt,
Manch unabsehlich Thal durch Klippen sich ergießet,
Und mancher harte Fels ein Peru in sich schließet,
Das, keuchend bey der Last, der schwarze Bergmann gräbt,
Halb nakt sich kürglich nährt, und doch zufrieden lebt,
Wo nie Pomona wohnt, und Aeolus regieret,
Und bald ein Wanderer, bald ein Genie, erfrieret;
Dort hebt aus dunkler Nacht, aus Sträuchen, Moos
   und Moor
Ein königlicher Berg sein stolzes Haupt empor.
Den Brocken nennt man ihn, den Claudian schon kannte,
Der ein barbarisch Volk nach seinem Namen nannte,
Ein ewger Nebel dampft um seinen weiten Bauch;
So dampft auch der Vesuv vom schwefelreichen Rauch.
Der Weg ist zwar gebahnt, doch mühsam zu besteigen;
Wo man sich leicht verirrt, wenn ihn nicht Führer zeigen.
So sucht man zum Parnaß umsonst die schwere Spur,
Wählt sich der Dichter nicht zum führen die Natur.
Vom Gipfel sieht man hier gesundes Wasser quillen,
Das jeder Wandrer schöpft, Neugier und Durst zu stillen.
So quillt auf dem Parnaß vom Huf des Pegasus
Die Hypocrene auch, die Dichter tränken muß.
Der ganze Berg, mit dem noch Berge sich vereinen,
Seufzt unter einer Last von ungeheuren Steinen.
Will wo ein Wanderer dereinst ihn selbst besteigen,
Dem wird das übrige dies Buch als Führer zeigen.

Anzeige

# Anzeige des Inhalts.

---

## Einleitung.

Vom  Brockengebürge.

Seite

---

## Von den Brockenbergen.

Die

Die Naturgeschichte fängt sich erst da an, wo wir geordnete Materie finden. Wir kümmern uns also nicht um den ersten Urstof der Dinge, das Chaos, woraus der Unendliche seine Welten hervorrief. Der Naturlehrer steigt nicht bis zu den tausenden möglicher Vorwelten hinauf, in denen der menschliche Verstand sich wie in Labyrinthen, wie in den unermeßlichen Eigenschaften Gottes, deren Umriß Ewigkeit ist, verliert; er bauet seinen Lehrstuhl nur auf das, was da ist, was vor ihm liegt, und die Sinne seinem Forschgeiste aufdecken. Materie ist der Gegenstand, worin die Endlichkeit unsers kurzsichtigen Geistes sich wagen darf, Wahrheiten zu spähen, wo wir mit Wahrscheinlichkeiten anfangen, und wo es uns wenigstens erlaubt ist, Gebäude von Hypothesen zu gründen, um den Wahrheiten dadurch näher zu treten. Die Ordnung der Materie steigt so weit hinauf, als keine Tradition gehen kann. Wir sind daher mit dem wahren Mechanismus und der Chymie, wodurch der ewige Baumeister unsern Erdkörper ordnete, ganz unbekannt, und werden darin erst nach der Geburt für die Ewigkeit unterrichtet werden. Nur die uns endlich durch lange Reihen von Jahren, Bemühungen und Erforschungen bekannt gewordene allgemeine Naturgesetze unsers Erdkörpers führen uns zu einigem Lichte, mit welchem wir, wie durch ferne Däm-

merung, bis zum Werden dieser Erde einen Blick
zu thun wagen.

Das erste, und bis jetzt im Kleinen und Klein‐
sten fortdauernde Naturgesetz, durch das der Uner‐
forschliche Schöpfung und Fortdauer werden ließ,
ist Bewegung. Der Urstof bekam Bewegung, die
Elemente, so das wilde Chaos ausmachten, beka‐
men einen Kreislauf, die leichten Sachen trenneten
sich allmählig von den schweren, eins wirkte in das
andere, die schweren senkten sich näher nach einem
allgemeinen Mittelpunkt, und so entstand eine Ku‐
gel, deren äusserste Gränze unsere Luftatmosphäre
ist. Diese umschloß und drückte den Erdball von
allen Seiten, suchte solchen gleichsam zu einer ganz
glatten und runden Kugel zu schleifen, indeß daß
das in der noch nicht ganz erhärteten Masse der Er‐
de steckende Feuer und Wasser fortarbeiteten, der
gröbern Materie ihre Form zu geben. Vermuthlich
haben wir diesen beyden flüßigen Materien die bunte,
in Thälern, Bergen, Flächen, Seen, Flüssen, be‐
stehende Oberfläche der Erde zuzuschreiben. Indeß
der Luftkreis den Ball von allen Seiten drückte, und
die gleichmäßige kreislaufende doppelte Bewegung
der Erde ihr im Ganzen eine Rundung gab, trieb
und gährte unterirdisches Feuer, so viel die Kräfte
der Schwere und Bewegung gestatteten, den Erd‐
ball in die Höhe; das Wasser hatte nun Gelegen‐
heit, sich vom Festen zu trennen, es suchte tiefe
Oerter, verließ die vom Feuer in die Höhe getriebe‐
ne und erhärtete Gegenden, bildete sich in diesen
noch nicht ganz verhärteten Orten Rinnen, nemlich
Thäler, tiefe Gründe, Flüsse, und stürzte endlich
in den tiefsten grossen Punct hinein, wo es nach den

Ge‐

Gesetzen der Schwere noch das Wasserbehältniß unserer Erde ist, und mit seinen Ausdünstungen Fruchtbarkeit, folglich Fortdauer der Bewegung, schaft. Hieraus entstand also die Ungleichheit der Oberfläche des Erdbodens. Es bildete sich See und Land, und auf dem Lande Flächen, Hügel, Anhöhen, Berge und endlich Gebürge.

Ich bleibe von der wassergleichen See weg, und schränke mich blos auf die Ungleichheiten des trocknen Landes ein. Hier sind Flächen oder Ebenen diejenige Gegenden des trocknen Landes, welche der Wassergleiche nahe kommen *). Sie sind der wahre Gegensatz von Bergen. Sobald eine allmälige Abweichung von der Fläche, die in einige Erhabenheit ausgeht, da ist, hat man eine Anhöhe. Berge sind merkliche und zu einer beträchtlichen steilen Höhe sich hebende Abweichungen von der Fläche. Hügel aber sind nichts weiter als Berge im

A 2 Klei-

---

*) Ich finde, daß die beyden Wörter Fläche und Ebne, oft, und besonders im gemeinen Leben, als gleich viel bedeutend unter einander gebraucht werden. Ich will über deren Unterschied hier nicht entscheiden, mir däucht aber, daß das Wort Fläche hier eigentlich zu setzen sey. Flach, Fläche ist blos der Gegensatz von erhaben (wie hier der Fall); eben, Ebne scheinet mir aber mehr bedeuten zu wollen, als einen blossen Gegensatz vom erhabenen, nemlich eine ganz wassergleiche Fläche, ohne alle Erhebungen und Vertiefungen. Dergleichen wahre Ebenen oder glatte Flächen werden aber auf dem Erdboden wohl wenig anzutreffen seyn, wenigstens werde ich in der Folge mit dergleichen nichts zu thun haben.

Kleinen. Gebürge endlich sind gleichsam ein ganzes, nahe zusammen wohnendes Volk von Bergen, eine Zusammenhäufung vieler an einander hangender, verbundener Berge, die nicht durch Flächen, welche ganze Landschaften ausmachen, sondern blos durch Thäler von einander abgesondert sind.

Wie auf der Erde nichts durch Zufall und gegen die ewigen Gesetze der Natur entstanden ist, so hat sie auch gewisse, jedoch unter sich ganz verschiedene Regeln, Mittel und Werkzeuge gehabt, Gebürge aufzuthürmen. Dieses ist ein weites und noch lange nicht hinreichend angebautes Feld von Erforschungen, wobey noch vieles Hypothese, und ungewiß bleibt. Untersucht man die äussere Gestalt und inneren Theile und Materie der Berge, so wird man bey einigen derselben sich überzeugt finden, daß sie durch Wirkung grosser Wasserfluthen so in die Höhe geschlemmt worden. Sie sind nach Regeln gebaut, die nicht anders als durch Wasser ausgeführt werden konnten. Andere Berge hingegen zeigen weder der Materie, noch der Form nach von Spuren, wie das Wasser zu ihrer Zeugung etwas beygetragen haben könnte; man wähnt daher von ihnen, daß sie nicht ein Werk öfterer Fluthen, auch nicht eines einzelnen Vulcans, sondern der ersten Schöpfung der Erde, folglich so alt sind, als der Erdboden selbst. Diese kann man ursprüngliche, primitive, so wie jene, nicht ursprüngliche, secundarische Berge nennen. Noch deutlicher würde man statt ursprüngliche: erstgeschaffene oder erstentstandene, und statt nicht ursprüngliche: nachgeschaffene, nachentstandne, oder wie der Fall es mehrentheils ist, Fluthenberge sagen können. Das Wasser scheint bey den ursprüng-

lichen

ichen wenig oder gar nichts gethan zu haben, und
sie sind, weil nichts anders übrig bleibt, und der
Schöpfer doch zu jedem Zweck Mittel gebraucht hat,
vermuthlich Austreibung des Feuers, heraufgedehnte
und herausstehende Spitzen des innern festen Gewölbes der Erdkugel bey der ersten Formirung der
Kugel selbst. Man siehet an ihnen keine Lagen von
angeschlemmten Erdschichten oder Gesteinen, sie sind
vielmehr aus einem derben, festen, mehrentheils in
Granit bestehendem Gestein zusammengesetzt, und
unterscheiden sich durch eine merklich vorzügliche
Höhe.

Gemeiniglich hat die Natur beyderley Art
Berge in einem Geburge vereiniget, und so ist ein
Geburge ursprünglicher Art, und enthält dennoch
zugleich nachher entstandene Berge. Es wurde vom
Feuer ein Rücken, ein Damm von festen Felsen in
die Höhe getrieben, die Wellen nachheriger Fluthen
brachen sich an diesem, machten am festen Gestein
einige Zerrüttungen, setzten, so weit sie daran in
die Höhe reichen konnten, Erdlagen, die theils zu
festem Gestein geworden, an, sie lehnten und schlemm-
ten neue Berge an, und über den ursprünglichen
Felsen weg, füllten die niedrige Gegenden dieses erst-
geschafnen Felsen mit neuen Bergen aus, rissen sich
Thäler hinein, und gaben ihnen die jetzt bestehende
Mischung von ursprünglichen und nachher entstandenen Bergen. Inzwischen muß man diesen Gebir-
gen, im Ganzen genommen, doch den Namen der
ursprünglichen lassen, weil ihre Grundfeste aus einem
nicht durch Wasser nachher entstandenen Gestein besteht. Ihre einzelne Theile oder Berge aber kann
man nach der Materie, die bey ihnen in die Augen
fällt,

fällt entweder wieder speciel ursprüngliche, oder nachher entstandene, oder vermischte Berge nennen.

Auch bey dem Harze hat die Natur diese Gesetze beobachtet, und man schliesset mit einiger Wahrscheinlichkeit von der Materie seiner Berge auf ihre Entstehung und Alter. So steigt er stufenweis, durch umkreisende Grundlagen begränzt und befestiget, in der verschiedenen Mischung seiner Materie, bis zu seinem höchsten Gipfel, dem Brocken.

Das erste allgemeine Merkmal eines nahen Hauptgebürges, seine erste es umgebende Grundmauer ist Sandstein. Hievon umzieht den ganzen Harz in einer bald nähern, bald weitern Entfernung von den Hauptbergen, mitten durchs flache Feld eine Lage, Kette oder Mauer, welche bald in der Erde fortgeht, bald in hohen Spitzen und Felsen, auch breiten Sandsteinbergen besteht. Dieser Sandstein ist von verschiedener Härte, Farbe und Mischung, und dienet an einigen Enden, als bey Blankenburg, Langenstein, Lutter, und mehrern Orten zu guten Quaderbrüchen. Am sichtbarsten ist diese Vorwand des Harzes an seiner nördlichen Seite, im Fürstenthum Blankenburg und Halberstadt,

der

*) Das Wort Fels ist auf dem Harze beym gemeinen Mann eben nicht gebräuchlich. Er nennt alle grosse Steinmassen Klippen. Eigentlich aber sind Felsen grosse, mit einander noch zusammenhangende Steinmassen, und Klippen einzelne, kleinere, abgesonderte Stücke von Felsen. In diesem festgesetzten Begrif werde ich auch künftig beyde Wörter gebrauchen.

der Grafschaft Regen = oder Reinstein, dem fürstli=
chen Stift Quedlinburg, und der Herrschaft Deren=
burg. Sie nimmt hier eine große runde Gegend
ein, bildet ganze Berge oder kleine Gebürge, macht
bey Blankenburg, Timmerode u. f. f. die sogenannte
Teufelsmauer, die aus einer erhabenen Reihe zer=
brochener grosser Sandsteine oder Klippen besteht *),
formiret den hohen steilen Fels Regenstein, (den
Bruder des Königsteins) einer ehemaligen gräflichen
Residenz, und nachmaligen, im siebenjährigen Kriege
verschiedentlich belagerten, nach dem Frieden aber
geschleiften preussischen Bergfestung, und füllet eine
ganze runde Gegend von einigen Meilen im Durch=
schnitt mit losem dürrem Sande aus. Sie tritt bis
eine halbe Stunde nahe an die Stadt Halberstadt,
und macht deren Einwohnern im Spiegelsberge und
dessen geschmackvollen Phantasien ein kleines Para=
dies, das den ohnedem unvergeßlichen Namen des
Dohmdechant, Freyherrn von Spiegel, noch fernen
Nachkommen auf die edelste Weise verkündigen wird.
Bey Langenstein, einem merkwürdigen und roman=
tischen Dorfe, raget unter diesen Sandbergen=Rei=
hen der Hoppelberg in der Gestalt eines Grabhügels
hervor; auf dem Regenstein ist die Kirche und meh=
rere Wohnungen in festem Stein eingehauen. Zu
Langenstein und an mehreren Orten wohnen noch
wirklich Menschen in dergleichen Sandsteinhölen. In
dieser Sandwüste findet sich allerley kieselartiger
Stein, ganz glatte, braunrothe Eisensandsteine,
Agat, Chalcedonier in Versteinerungen, Quarz, ja
Schie=

*) Der grosse Conring hatte den Einfall, sie für eine
Arbeit von Riesen zu halten.

Schiefer. Nur hie und da siehet man einen nah-
rungslosen Wald, einige dürre Aecker und Aenger.
Bey Langenstein fand ich, daß sich Kalkstein unter
den Sandfelsen mit eingemischt hatte. Bey Bal-
lenstedt findet man diese Sandsteinkette im Gegenstein wieder, und so umzieht sie den Harz, auf
dessen südlichen Seite viel rother guter Quader mit
unter bricht. Man verliert sie oft ganze Meilen,
da sie in der Erde fortgehet. Dieses trift sich besonders in ihrer mehresten Nähe nach dem Brocken zu,
in der Grafschaft Wernigerode, wo sie inzwischen
doch an mehreren Enden zu Tage aussteht, und dadurch die Fortsetzung ihres regelmäßigen Streichens
um den Harz sichtlich anzeigt.

Auf diesen Sandsteinstrich pflegen gemeiniglich noch kleine Flächen von Feldern, bald enger,
bald breiter, bald in Form kleiner Thäler zu folgen,
bis man wieder an eine durchaus den ganzen Harz
umgebende Streife von Kalkstein kommt. Sie besteht bald in länglichten, dem Harze parallel laufenden Bergen, die unter einander abgebrochen sind,
bald formirt sie hohe und breite Felsen, bald geht
sie uns verborgen unter der Damm- oder auch über-
geschütteten Erde fort. Wo die grossen Thäler des
Harzes und dessen beträchtlichste Flüsse zum Lande
ausgehen, ist diese Kalkberg-Kette allemal und oft
weit getrennt. Dieses und mehrere Bemerkungen
überzeugen mich, daß sie nicht sehr tief stehe, und
wohl nicht aus der Tiefe heraufgeschoben seyn könne.
Die Farbe dieser Kalkgebürge ist bald grau, bald
schneeweis und besonders ein Alabaster von allerley
Art. Der Kalch selbst ist verschiedner Art, und
unter mancherley Gestalt da, und unter sich benach-
bart.

hart. Nach dem Lande zu ſtreichen gemeiniglich lange
aus Blätter-, Schiefer- oder Gips-Kalch beſtehen-
de Flötzgebürge dem Harze parallel. In dieſen ſiehet man eine Menge Foßilien und Verſteinerungen
von Seemuſcheln und Seethieren. Die Lagen des
Kalchs ſelbſt und dieſe Verſteinerungen ſind ganz un-
trügliche Zeugen, daß dieſe Kalkvormauer des Harzes von einer Waſſerrevolution ihr Entſtehen und
Daſeyn bekommen habe. Hinter dieſem ſchiefericht-
ten Kalch ſteht, näher nach dem Hauptgebürge hin,
gleich neben erſterm; doch gemeiniglich in mehrerer
Tiefe und mehr gangmäßig, ein derber, feſter Spaat-
kalch. In dieſem ſind mir noch keine Verſteinerungen zu Geſicht gekommen. Wie der Sandſtein an
der nördlichen Längenſeite des Harzgebürges an einigen Orten in hohen und breiten Felſen, auch kleinen
Bergen ausſteht; ſo bildet der Kalk an der Südſeite
deſſelben oft ziemliche Berge, nimmt breitere Gegenden ein, und formirt von Oſterode an bis Nordhauſen ſchneeweiſſe hervorſtehende ſteile Berge, z. E.
den Kohnſtein bey Nordhauſen, wo er gemah-
len, und ſtatt Streuſandes in die Stuben geſtreut
wird.

Nun kommen wir dem hohen Harze immer näher, und haben nur noch den letzten Abſatz zu über-
ſteigen; denn auf dieſe Kalk-Grundmauer und Vorberge folget die dritte Vormauer, eine Umkränzung
von Thon und thonartigen Steinen, die jedoch
ebenfalls hie und da abbricht, und nicht immer ſichtbar zu Tage ausſteht. Sie berührt den wahren Harz
und deſſen Berge unmittelbar, und beſteht theils aus
einer guten, vielfarbigen, meiſtentheils aber rothen
Thonerde, theils wieder aus länglichten, mit Gängen

gen von Bruchsteinen angefüllten Bergen, die mitten in diesem Thonstrich durch, und dem Harze sowohl als den Kalkbergen parallel streichen, und
etwas erhabner als lestere zu seyn pflegen. Diese
rothe zum Bauen sehr nußbare Steine enthalten
mehrentheils runde, den Fischeyern ähnliche Kügel-
chen, und heissen daher Dolithen, Eyersteine. Es
giebt auch Steine darunter, die die Form eines Kes-
sels oder Schüssel haben, und Kessel= oder Schüs-
selsteine heissen; auch werden, wiewohl selten, ganze Fischversteinerungen darin angetroffen. Manche
Naturforscher glauben, der Thon sey durch Brand
entstanden, weil er aus einer Materie bestehe, die
durch Feuer wieder zu einem feuerfesten Steine werden könne. Diese Meynung sollte wohl dadurch einiges Gewicht erhalten, daß man in diesem Thongrunde in der Tiefe hie und da leere Flecke, wie
Luftblasen findet; (so auch eine tiefere Grundmauer
bey den darauf zu setzenden Gebäuden nothwendig
macht) allein ausser mehrern hier anzuführen zu
weitläuftigen Gründen geben die darin sich findende
Ueberbleibsel von Wasserthieren der Meynung mehrern Glauben, daß Fluthen auch hievon wohl die
Hauptursache gewesen sind. Der Thon ist immer
der regelmäßigste und am wenigsten abgebrochene
Strich um den Harz, so wie der Sand hingegen
bald näher, bald entfernter und am mehresten abgebrochen vom Harze absteht, und wie ein Aussen-
posten zu betrachten ist, der nicht immer gleich nahe
vom Hauptlager entfernt ist.

Man nimmt diese dreyerley hinter einander stehende tiefe Wände für Gesetze an, aus denen man
ein wahres ursprüngliches Hauptgebürge von einzelnen

nen Bergen ober kleinen Ketten Landbergen unterscheidet. In wie fern solche aber mit dem Hauptgebürge gleiches und des ersten Ursprungs sind, oder
nach der ersten Formirung des Hauptgebürges angesetzt werden, sind wohl schwer zu entscheidende Fragen. Die erste Umkränzung mit einer Sandsteinmauer, die hie und da nur gesunken zu seyn scheint,
und zertrümmert ist, hat inzwischen keine Spuren
weder der Materie noch Form nach), daß sie vom
Wasser angesetzt worden. Ich glaube also, daß sie
mit dem ursprünglichen Gebirge bey der ersten Gestaltgebung der Erde hervorgetrieben sey. Hinter
dieser haben sich denn bey den, nachher erfolgten grossen Veränderungen der Erde durch Fluthen, die
Wellen gebrochen, und die beyde folgende Reihen, die
offenbar, ihrer Gestalt und den Versteinerungen nach,
Produkte des Wassers sind, angesetzt. Sie sind
inzwischen Stücke und Theile des Gebürges, obgleich
noch nicht des eigentlich sogenannten Harzgebürges;
denn, ob diese 3 Reihen gleich wahre Bergketten
sind, so liegen sie doch noch im Lande, und liegen
nicht im oder auf dem Harze, sondern nur davor.
Man sagt daher von diesen Gegenden: Vor dem
Harze. Könnte man sie daher nicht schlechtweg den
Vorharz nennen? Sie sind gleichsam die Aussenwerke des Harzes, und die Sandgegend könnte unter diesen wieder das Glacis vorstellen. Dieser Vorharz enthält in seinen unendlich mannigfaltigen Abwechselungen hauptsächlich die Schönheiten der
Harzgegenden.

Die wahren eigentlich steilen Harzberge heben
sich nun aus diesem Thongrunde mit ihren herrlichen
Forsten in ununterbrochenem Fortgange stolz empor.
Der

Der größeste Theil des Harzgebürges bestehet aber äusserlich nicht aus dem festen ursprünglichen Gestein, das die höhern Gebürge haben, sondern mehrentheils aus Schiefer, Marmor und andern Gesteinen, auch Erden, die eine Wirkung der Fluthen zu seyn scheinen, unter welchen jedoch hie und da hervorstehende Gegenden von ewigem Granit sind, die zum Beweise dienen, daß in der Tiefe der Harz ein ursprüngliches Gebürge sey, welches nur hernach von Fluthen mit den jetzigen Bergen noch überzogen worden, in denen denn bey Erhärtung oder mehrerer Festsetzung der Materie Risse entstanden, in welche die schwerern Theile sich gesenkt und Gänge gebildet haben, die theils mit Erzten angefüllet worden. In diesen angesetzten Ganggebürgen oder in der Decke des ursprünglichen Gebürges allein wird der Bergbau des Harzes betrieben, und ist meines Wissens im festen ursprünglichen Gebürge noch kein Gäng entdeckt werden. Die größeste Merkwürdigkeit des Harzes sind seine in der Mitte belegene ursprüngliche Gebürge, so eigentlich hier der Gegenstand meiner Feder seyn sollen. Um von solchen aber einen genauern Umriß und die nöthige Vorkenntnisse zu erhalten, will ich mich noch beym eigentlichen Harz selbst etwas aufhalten, mich aber dabey auf solche Nachrichten einschränken, die ich sonst noch nirgends gelesen habe.

Das Harzgebürge oder schlechtweg der Harz, unrecht Harzwald, (denn seine Bedeckung mit Waldung ist nur was zufälliges, seine Berge aber sind das wesentliche) (hercinia) besteht aus einer ungezählten Menge von mehr denn einigen tausend Bergen und Thälern, die labyrinthisch unter einander wechseln, sich einschränken und ausdehnen; aus einer

ner eben so grossen Menge Quellen, Bäche und Flüsse,
die nach allen Himmelsgegenden herausströmen, so daß
jedes, auch das kleinste Thal bewässert ist, und aus
einem an einander hangenden nur durch bewohnte
Oerter hie und da unterbrochnen, aus allerley Laub= und
besonders Rothtannen= Bäumen bestehenden Forste.
Der ganze Harz ist gleichsam nur ein Berg, der
aber durch eine unzählige Menge Thäler in mehrere
Anhöhen getheilt wird. Oben auf dem Harze sind
also natürlicher Weise keine eigentliche Berge mehr,
und die Ungleichheiten dieses vom Lande auf hohen
Klumps sind nur wie Schattirungen des Gemäldes
anzusehen. Je näher die Thäler ihrem Ausgange
zum Lande sind, je tiefer haben sie in den allgemei=
nen Klump des Harzes sich eingeschnitten, und so
hat man freylich, nach der gewöhnlichen Vorstellung,
von einem Berge, nemlich einer beträchtlichen stei=
len Anhöhe, auch selbst auf dem Harze neben den
Hauptthälern entsetzliche Berge. Die Thäler des
Harzes bilden mehrentheils Zickzacke in der Form der
Laufgräben oder des Blitzes, zwischen ihren parallel,
gegen einander über stehenden secundarischen Bergen.
Die Ufer dieser Flüsse bildete das Wasser, so wie
es am wenigsten Widerstand fand. Daß diese Thä=
ler so vom Wasser eingeschliffen oder eingeschnitten
sind, zeigen die an beyden Seiten gegen einander
über stehende und durchs Thal abgebrochene auf ein=
ander weisende Felsenwände und Erzgänge, die,
durch die Thäler gehen. Diese müssen also eher ge=
wesen seyn als die Thäler, und letztere müssen ein
allmähliges Werk der Flüsse seyn. Die hohe Bro=
ckens= Gebürgsthäler gehen aber mehr wie Rinnen in
geraden oder doch nicht winklichten, sondern nur
krümmenden Richtungen fort. Der Harz ziehet
sei=

seiner Länge nach, wie die mehresten Hauptgebürge, vom Morgen gegen Abend. Es sind also seine schmale und spitze Seiten gegen Morgen und Abend, seine beyde lange Seiten aber gegen Mittag und Mitternacht gekehrt. Cäsar, der mit seinen Frey= heitsräubern sich nie dem Harzwald zu nähern wagen dürfen, giebt seine Länge zu 60, und seine Breite zu 9 Tagereisen an. Er versteht aber darunter die ganze in Deutschland anfangende und wenig unter= brochene Gebürgkette, die bis in Ungarn und in die Tartarey streicht. Eigentlich ist der Harz nur wie ein Gelenk in der Kette von Gebürgen zu betrach= ten, die von Portugal aus durch ganz Europa und Asien bis in China zieht. Der jetzige, also nicht Cäsarsche, sondern wirkliche Harz, als Gelenk die= ser Kette, als besonderes abgesondertes, für sich, aus umgebenden flachen Gegenden hervorstehendes, und, wie ich bereits beschrieben, begränztes und gleichsam isolirtes Gebürge, gehört nur unter die minder beträchtliche große Weltgebürge, und ist nur ein kleiner Fleck von dem Inbegrif, den uns Cäsar davon giebt. Verschiedene Schriftsteller geben ihn auch noch jetzt zu lang an, wenn sie ihn von der Saale bis zur Weser, also 24 Meilen lang, rech= nen, zwischen welchen beyden Flüssen er zwar liegt, aber nicht von einem bis zum andern reicht; denn die von den Ufern dieser Flüsse auf ihn zugehende Berge sind nicht mehr Harzberge, so wenig als die, mit denen diese wieder einen Zusammenhang haben, und zuletzt wieder einen Cäsarschen Harz ausmachen

Die wahre Harzgebürge fangen sich an der Mor= genseite im Mansfeldischen bey der preussischen Stadt Mansfeld sehr sanft an, gehen durch die Grafschaft
Mans=

Mansfeld churſächſiſcher Hoheit, durch einen Theil
des Anhältiſchen, bernburgſcher Hoheit, durch die
Grafſchaft Stolberg, das braunſchweigſche Fürſten-
thum Blankenburg, einen Theil des Fürſtenthums
Halberſtadt (der ehemaligen Grafſchaft Falkenſtein)
die vormalige und unter die 3 gräfliche Stolbergſche
Linien vertheilte eigentliche Grafſchaft Hohnſtein, die
Reichsabtey Quedlinburg, die preußiſche Grafſchaft
Regenſtein, das preußiſche Amt Bennekenſtein, das
fürſtlich = braunſchweigſche Stiftsamt Walkenried,
das Wernigerödiſche, nunmehro Grubenhagiſche Amt
Elbingerode, bis in die Stolbergſche Grafſchaft
Wernigerode *). Dieſe öſtliche Seite des Harzes
wird ſchlechtweg der Unterharz genennet. In der
Grafſchaft Wernigerode iſt ohnſtreitig die ſchönſte
Gegend des Harzes, ein unerforſchliches Gewirbel
und Gemiſch von herrlichen Bergen und angenehmen Wäldern, die wieder ihr ganz beſonders in ihren Verhältniſſen, Streichen, Gröſſen, Abwech-
ſelungen und amphitheatraliſchen Steigen vor den
übrigen mehr ins Reguläre fallenden Harzgegenden
haben. Das Auge des Forſchers ſtaunt, und verliert hier alle Spur, von welchen Seiten, und durch
was für Naturkräfte und Begebenheiten alle dieſe ſo
ſchöne Verwirrung geordnet ſey. Hier aus dieſem
Irrgarten von Gebürgen hebt ſich mitten im Schoos
des Harzes ein beſondres noch höheres Gebürge hervor,

---

*) Zückert irrt ſich ſehr, wenn er von dem Wernigerö-
diſchen Antheil am Unterharze ſo verächtlich redet, da
ſolcher doch in 9,336,000 Wernigerödiſchen Quadratruthen beſteht. Eine Wernigerödiſche Längenruthe aber
iſt 2 Fuß 3 $\frac{5}{12}$ Zolle länger, als eine Rheinländiſche.

vor, das aus dem Brocken, und seinem ihn umgebenden gleichartigen Bergen besteht, die ganz vom übrigen Harze in ihrer Natur verschieden sind.

Jenseit, nach Abend zu vom Brockengebürge, fängt des Harzes zweyte gewöhnliche Abtheilung, der Oberharz, an. Er berührt die preußische Grafschaft Hohnstein, gehört aber gröstentheils zum Churbraunschweigschen Herzogth. Grubenhagen, und nächst diesem zum herzoglich Braunschweigschen Harzdistrikt des Herzogthums Wolfenbüttel. Einen dritten Theil besitzen beyde Linien des hohen Braunschweigschen Hauses gemeinschaftlich, er heisset daher die Communion; auch besitzt die Reichsstadt Goslar einen Forstdistrikt im Oberharze. Bey der Braunschweigschen Stadt Seesen und der Grubenhagenschen Stadt Osterode hat der Harz gegen Westen sein Ende. Die ganze Länge des Harzes wird in dieser Ausdehnung ohngefehr 16 deutsche Meilen betragen. In seiner Breite, die nie unter 4 Meilen, ist er sich fast immer gleich.

Der Begrif von der Eintheilung des Harzes in Ober- und Unterharz, ist eigentlich nur statistisch oder geographisch; so daß alle Harzgegenden, die zum Harzdistrikt des Grubenhagenschen, und zum sogenannten Harzdistrikt des Fürstenthums Braunschweig-Wolfenbüttel gehören, zum Oberharz gerechnet werden, und ihn ausmachen. Sogar rechnet man Churbraunschweigscher Seits das auf dem wirklichen Unterharz belegene Amt Elbingerode noch mit zum Oberharz, indem es zu dessen Verfassung mit geschlagen ist. In dieser Bedeutung sind die Grenzen beyder Abtheilungen des Harzes also bereits

be-

bestimmt, und man kennet sie, wenn man weiß, wie weit das Grubenhagensche und Wolfenbüttelsche sich auf dem Harze erstreckt. Allein ausser dieser politischen Eintheilung, ist auch schon dem natürlichen Zustande nach, eine Eintheilung in Ober- und Unterharz in die Sinne fallend. Noch aber ist niemanden eingefallen, nach dem Unterschiede, den die Natur macht, eine genaue Scheidung des Ober- und Unterharzes festzusetzen, denn die Trennung beyder durch den Brocken ist viel zu unbestimmt. Meine Leser werden in der Folge sehen, daß noch eine dritte Abtheilung des Harzes in alpinisches Gebürge nöthig sey, und daß hiezu vom Ober- und Unterharz ansehnliche Distrikte gehören. Alsdenn würden sie erst eine nähere Bestimmung bekommen, in wie weit allenfalls der Brocken den Ober- und Unterharz scheide, und dann bleibt freylich der Theil des Harzgebürges, so dem Brockengebürge gegen Westen liegt, Oberharz, und alles Gebürge an der Morgenseite des Brockengebürges, wird Unterharz. Hier bleiben aber noch die Gebürgegegenden, so dem Brocken auf den beyden schmalen Seiten gegen Süden und Norden liegen, zweifelhaft, wozu sie zu rechnen sind, weil der Brocke in seiner Beschaffenheit hier nicht ganz bis zum Lande herabgeht, sondern einen Fuß von gewöhnlichen Harzbergen hat. Diese dem Brocken gegen Süden und Norden liegende Berge gehen überdem nur allmählig von der Beschaffenheit des Unterharzes ab, und gleichsam zum Oberharze über. Da die Natur also keinen in die Augen fallenden Abschnitt des Unterschieds gemacht hat; so bleiben diese, besonders die südlichen Berggegenden, streitig, und würden als Uebergang von einer Abtheilung zur andern, oder als das Mittel

von beyden anzusehen seyn. Der Natur am ange‐
messensten würde die Abtheilung in Ober und Unter‐
harz wohl ausfallen, wenn man sie nach dem Abfluß
des Wassers so bestimmte, daß diejenige Bergge‐
genden, die ihre Quellen und Gewässer nach der
Weser schicken, zum Oberharze, und die, von de‐
nen das Wasser nach der Elbe läuft, zum Unter‐
harze gerechnet würden. Hiernach würde die Thei‐
lung von Norden zwischen Ilse und Hollemme bis
ans Brockengebürge, und von Süden aus zwischen
der Zorge und Oder wieder zum Brockengebürge her‐
aufgehen. Ich gestehe, daß mir bey dieser Einthei‐
lung auch noch Zweifel bleiben, sie sind aber von kei‐
ner Erheblichkeit, und man wird finden, daß mit
diesen Flüssen die Verschiedenheit der Berge ziemlich
in die Augen fällt, und eine natürliche Scheidung
vorhanden ist. Ueberdem würde diese Bestimmung,
ausser in der Grafschaft Wernigerode, nicht sehr weit
von dem gebräuchlichen Begrif des Ober‐ und Unter‐
harzes abgehen. Inzwischen werde ich, wo ich
künftig diesen Unterschied zu erwähnen nöthig habe,
ihn in dem einmal hergebrachten politischen Verstande
nehmen, da denn der Eckerfluß, der vom Brocken
nach Norden herabläuft, und die Berge, die mor‐
genwerts über dem Oderthal vom Brocken nach dem
Amte Walkenried und der preußischen Grafschaft
Hohnstein hinstreichen, die Grenzen des Ober‐ und
Unterharzes bleiben.

Der Unter‐(besser Niederharz) liegt theils an
sich auf einem niedrigern Terrain als der Oberharz,
theils sind seine Berge minder hoch, und beynahe
um die Hälfte niedriger als die Oberhärzische. Die
an der Mittagsseite des Unterharzes belegene Berge
sind

sind wieder höher, als die an der Nordseite, doch halte ich dafür, daß sie nicht über 800 bis 1000 Fuß senkrecht vom platten Lande aus erhaben sind. Unter den unterhärzischen Bergen haben der Ram= berg im Quedlenburger Forste und der Auersberg in der Grafschaft Stolberg eine vorzügliche Höhe. Der Unterharz hat ein weit gelinderes Klima, und einen mehr trocknen fruchtbaren Boden, als der Ober= harz. Er wird daher an verschiedenen Orten zum Ackerbau benutzt. Es sind zu diesem Zweck verschie= dene grosse Oekonomien und Aemter darauf ange= legt, und die Harzstädte Elbingerode, Bennefen= stein, Hasselfeld, Harzgerode, Günthersberge, Wipper, und selbst Stolberg etwas, sind mit starken Feldern umgeben. Auch von den übrigen Oertern des Harzes treiben viele einen ansehnlichen Feldbau, und heissen daher Harzdörfer. Ihre Fel= der liegen auf den ins Flache fallenden Bergrücken, und wo nicht zu steile abhangende Berge sind. Es werden alle Sorten Getreide gebauet, und besonders viel Rübesaat. Der Hafer giebt ein braunes und nicht so mehlreiches Korn als der Landhafer, und wird schwarzer Hafer genennt. Inzwischen ist der Ackerbau weit mühsamer, weit mehr den Folgen üb= ler Witterung ausgesetzt, und weniger einträglich, als im Lande. Das Getreide kommt wegen langer Winterwitterung und kalten Boden später zur Reife, und wird nur bey recht warmen und langen Som= mern gehörig reif und trocken. Oft tritt der Winter so früh ein, daß der Schnee ganze Kornfelder be= deckt, (besonders den Hafer) welche denn erst im folgenden Frühlinge eingeerndtet werden können. Der Ackerbau, an und für sich selbst betrachtet, ist hier also nicht das Hauptgeschäft, und nur von ge=

rin=

ringem Ertrage. Er dient blos zur Unterstützung
bey der Viehzucht, so daß es von ihm heisset: auf
dem Harze hat man den Acker um des Viehes, und
im Lande das Vieh um des Ackers willen. Die
Viehzucht bedeutet hier also mehr als der Ackerbau,
und es giebt ganze Oerter und Viehhöfe, die weiter
kein Gewerbe haben, als Viehzucht. Die Weide
ist hauptsächlich in den Waldungen. Die Wiesen
des Harzes sind gewöhnlich nur einschürig, und geben nur wenig, aber sehr gesundes, feines, mehrentheils aus Kräutern, und wenig aus eigentlichem
Grase bestehendes Futter. Das Rindvieh übertrift
das Vieh im Lande bey weitem an Grösse und Schönheit, die Butter und Käse des Harzes sind weit
fetter und schmackhafter, und werden selbst von den
Landleuten als Delicatessen gesucht. Der benach-
barte Landmann, dem es oft an Sommerweide fehlt,
treibt sein Rindvieh zur Sommerweide nach dem
Harz, und nimmt dagegen zur Winterfütterung
wieder Harzvieh zu sich ins Land. Der gesunden
Luft ist es zuzuschreiben, daß das Viehsterben auf
dem Harze ein seltnes Unglück ist. Wo neben der
Viehzucht nicht zugleich Ackerbau ist, wird der Dün-
ger nicht geachtet, man wirft ihn wohl gar in die
Flüsse, oder er macht endlich Berge aus, die zu
fetter Erde werden. Zum Einstreuen in die Ställe
bedient man sich an manchen Orten der Sägespäne.
Das Hauptgeschäft der Bewohner des Harzes, selbst
des Unterharzes, sind die Arbeiten im Forst, in den
Bergen und Hüttenwerken, und die davon abhangende Fuhren. Hievon lebt der größere Theil der
Bewohner. Es kann also der Ackerbau auch nicht
hinlänglich seyn, solche zu ernähren, und wird ihnen aus dem Lande das Getreide gröstentheils auf

Pfer-

Pferden und Eseln zugeführet, weil wegen der
schlimmen und steilen Wege die Zufuhr auf Wagen
sehr unbequem und kostbar ist. Ich bemerke hierbey, daß mit niedrigen Wagen und Kutschen auf
dem Harze gar nicht fortzukommen sey. Wegen der
felsigten tiefen Wege bedient man sich auf dem Harze
zum Fuhrwerk hauptsächlich Geschirres mit 2 Rädern, vor welchen die Pferde in einer Reihe gespannt
werden. Der Harz hat dagegen einen unerschöpfli-
chen Reichthum an Bergprodukten. Vom Unterharze holet der Landmann seine Baumaterialien an
Bau- und Nutzholz. Die Braunschweigsche, Han-
növerische, Preußische, Anhältsche, Stolbergsche
und Wernigerödische Eisen-Berg- und Hüttenwerke
beschäftigen einen großen Theil der Bewohner des
Harzes. Mit den Silber- Bley- Kupfer- und
andern Bergwerken will es aber jetzt nicht mehr so
fort wie sonst, und kommen solche gegen die oberhärzischen in keinen Betracht. Die Forst- und Hüt-
tenprodukte bringen den Landesherren baar Geld,
so daß ich zweifle, ob der Harz, wenn er flaches,
zum Ackerbau urbar gemachtes Land wäre, mehr
einbringen würde. Nächst diesen verursachen die
viele und ansehnliche Besoldungen an Forst- und
Hüttenbediente, und die übrige Auslohnungen, einen großen Umlauf des baaren Geldes. Allein da
die Bedürfnisse des Lebens, die vom Ackerbau und von
Fabriken abhangen, bis auf wenige noch, aus dem Lande
zugeführt werden müssen, die Härzer auch zu nichts
weiter Lust haben, als zu dem, was wahre Harz-
arbeiten sind, da unter ihnen ein besonderer Luxus herr-
schet, und sie der Sparsamkeit wenig ergeben sind:
so gehet es ihnen wie den Spaniern, die bey allen
ihren reichen Bergprodukten wenig übrig behalten.

Die

Die Städte sowohl des Ober = als Unterharzes sind offen, und ohne Mauren. Ihre mehrentheils grosse, bequeme und gut ins Auge fallende Häuser sind grossentheils von Blechwänden, das ist, sie beste=hen ganz aus Tannenholz, oder zimmermännisch mich auszudrücken, die Fache sind mit Holz ausge=laden. Die Dächer sind mit Schindeln, das heißt, kleinen dünnen Tannenbretterchens gedeckt. Einem Landmann fallen sie daher ganz sonderbar ins Auge, und eine Harzstadt siehet daher von weitem einem Klump Schnee oder einer Gegend weisser Felsen ganz ähnlich.

Sowohl auf dem Ober = als Unterharze macht das Klima es nothwendig, daß die Bewohner Jahr aus Jahr ein eingeheizte Stuben halten. Diese Folge des kalten Klima ist hierbey unter ihnen so zur Gewohnheit und gleichsam zu ihrem Hauptluxus ge=worden, daß sie auch an den besten Sommertagen, da sie des warmen Ofens entbehren könnten, demohnge=achtet bis zum Glühen des Ofens einheizen, die Fenster und Thüren aufsperren, und dies gegen den holzarmen Landmann als ihre höchste Glückseligkeit und Vorzug rühmen, und es für einen Staat des Harzes ausgeben. Ueberhaupt ist der Härzer sehr für sein Vaterland und seine Lebensart eingenommen, und dies am allermehresten in den rauhesten und höchsten, vom Lande am mehresten unterschiedenen Orten. Sie können daher im Lande nicht wohl dau=ern, und bekommen bald das Heimweh.

Der Unterharz ist theils niedersächsisch, theils obersächsisch, nachdem die darauf liegende Territoria zu einem oder dem andern Kreise gerechnet werden.

So

So wie beyde sächsische Kreise zusammentreten uud abwechseln, so ist auch die Mundart der Unterhärzer bald hoch=, bald platdeutsch, bald gemischt.

Nach Morgen zu nimmt der Unterharz in seiner Höhe allmälig ab, und vereiniget sich sanft mit dem Lande. Je mehr nach Morgen hin, je mehr wird die Witterung und der Ackerbau milder, es kommen Obstbäume fort und tragen reife Früchte, die rauhe Tannenwälder nehmen ab, und die Laub= hölzer kommen besser fort, als mehr westwerts, wo man weder Obstbäume, noch Laubhölzer sie= het *).

Der Oberharz, welcher nicht so viel Flächen= inhalt hat, oder nicht so groß ist, als der Unterharz, wird von letzterm im Ganzen durch den Brocken und dessen Gebürge getrennt, macht die Abendseite des ganzen Gebürges aus, und hat seinen Grenzen nach eine mehr runde Gestalt, als der sich mehr in die Länge ziehende Unterharz. Seine Lage ist an sich selbst schon erhabner, als die des Unterharzes, seine Berge sind gleichfalls höher, das Klima ist weit rau= her, der Sommer kürzer, der Winter kälter, der Flächen weniger, und der Boden ist felsigter und mit mehreren Brüchen bedeckt. Selbst die Wälder erfordern eine längere Zeit zu ihrem Aufwuchs, und aller Kornbau fällt hier gänzlich weg. Die mühsam

an=

*) Zückert hat den Artikel wegen der Witterung auf dem Harze vollständig und gut geliefert. Ich kann meine Leser um so mehr darauf verweisen, da ich mich nicht speciel auf den Harz hier einlaßen kann.

angelegte Wiesen dienen zur Unterhaltung der vielen
benöthigten Pferde, und zur Winterfutterung des
Rindviehes. Aber auch selbst die Rindviehzucht ist
für die Bewohner des Oberharzes nicht ganz zurei=
chend, um sie mit Butter zu versehen. Alle übrige
Lebensmittel und Bedürfnisse werden von einer ganz
unglaublichen Menge Treibern auf Pferden und Eseln
heraufgeführt, oder auf den Rücken der Menschen
aus den nächsten Land= und Vorharzstädten herauf
geholt. Das Getreide erhalten die Oberhärzer
hauptsächlich aus denen den Harz umgebenden frucht=
baren flachen Ländern der Fürstenthümer Halber=
stadt und Anhalt, der Grafschaft Wernigerode und
Hohnstein, der Herzogthümer Magdeburg und
Braunschweig und der güldnen Aue, von wo aus
die Reichsstadt Nordhausen einen beträchtlichen Korn=
handel treibt. Es kann also nicht anders seyn, als
daß wegen des weiten und mühsamen Transports,
da unter andern sogar aus dem 9 Meilen von Clausthal
in der Grafschaft Regenstein belegenen Dorfe We=
sterhausen eine Menge Gartengewächse dahin geführ=
ret wird, alle Lebensmittel theuer sind. Auf dem
Oberharze sind also keine Harzdörfer, und die dar=
auf belegene Städte heissen Bergstädte, die übrige
Orte aber könnte man am besten Harz= oder Berg=
Flecken nennen. Der einzige Gewerbezweig des
Oberharzes sind die in der ganzen Welt bekannte ein=
trägliche Silber= Berg= und Hüttenwerke. Diesen
haben die sieben Bergstädte, nemlich Clausthal,
die gröste, schönste und volkreichste, Andreasberg
die höheste, Altenau, Zellerfeld, Lautenthal,
Wildemann und Grunde ihr Daseyn zu danken.
Erstere 3 gehören dem Churhause Braunschweig zu,
die 4 letztern aber sind Communionstädte mit Braun=
schweig=

schweig-Wolfenbüttel, und bemerke ich hier nur beyläufig, daß von dem Ertrag der Communion-Berg-
und Hüttenwerke, Churbraunschweig vier Siebentheil
und das fürstliche Haus Braunschweig drey Siebentheil bekommt. Die einseitige Gruben und Hütten
stehen unter dem Bergamt zu Clausthal, die gemein-
schaftliche aber unter dem Communion-Bergamt zu
Zellerfeld, welcher Ort so nahe mit Clausthal zusammen gebauet ist, daß beyde nur durch einen geringen Bach,] den Zellbach, getrennt sind. Ausser
diesen 7 wahren, auf dem Oberharze belegenen Bergstädten, wird noch die auf dem Unterharz liegende
Harzstadt Elbingerode, und die am Oberharz liegende Bergstadt Lauterberg mit zum Oberharze gerechnet, sie gehören aber ihrer natürlichen Lage nach
nicht mehr zu denen auf den oberhärzischen Gebürgen
liegenden Orten. Damit meine Leser nicht irre werden, wenn sie eine Benennung: Unterharz hören,
die sich auf meinen davon gesetzten Begrif nicht passen will, so erinnere ich hier, daß es mit solcher folgende Bewandniß habe. Es ist nemlich in der, an
der nordlichen Seite des Oberharzes und an dessen
Fuße im Vorharze belegenen Reichsstadt Goslar, ein
gemeinschaftliches, unter dem Communion-Ober-
bergamt zu Zellerfeld stehendes Unterbergamt. Die
davon abhangende Werke heissen daher der Unterharz, und dieses um so mehr, da die Gruben des
Rammelsberges, dessen Fuß ans flache Land tritt,
und die zu Schmelzung dessen Erzte angelegte Hüttenwerke nicht mehr oben auf dem Harze selbst, sondern unten an dessen Fuße befindlich sind. Oberharz
und Unterharz sind also hier nur Benennungen der
Bergämter, und gehen die Naturgeschichte des
Harzes weiter nichts an. Die Gruben des Ober-

harz.

harzes, von denen die Dorothee und Caroline jetzt
die mehreste Ausbeute geben, sollen den Gewerken
von 1643 bis 1743 sieben Millionen Thaler Ue=
berschuß geliefert haben.  Eben so hoch, wo nicht
noch höher, kann sich der Gewinn der Landesherr=
schaft an Zehnten Hütten= Puch= Holz= ꝛc. Zinsen,
an Verkauf der Materialien,  Verkauf der Berg=
produkte ꝛc. betragen haben.  Allen diesen Gewinn
übersteigt aber noch der bleibende Nutzen, den die
gewonnene, auf dem Harze vermünzte, eblere Me=
talle  dem Lande durch  ihren Umlauf verschaffen,
und es ist wohl gewiß, daß Deutschland einen gu=
ten Theil seiner in allerley Gepräge circulirenden
Silbermünzen den oberhärzischen Gruben zu verdan=
ken habe.  Der Forst des Oberharzes besteht nur
am Abhange desselben in hartem oder Laubgehölz,
der erhabne Nacken des Geburges ist aber mit Roth=
tannen bewachsen,  welches die einzige Holzart ist,
die das oberhärzische Klima vertragen kann.  Von
der Erhaltung dieser Forste hängt das ganze Glück
des Oberharzes und der fernere Betrieb aller seiner
Werke ab,  daher sie auch unter den beyden Ober=
bergämtern des Harzes stehen.  Der jährliche Holz=
verbrauch des Oberharzes beläuft sich auf 600,000
Malter an Kohlen= und Brennholz, und auf 29000
Stämme zu Bauholz *).

Ob=

---

*). Im verwichnen Sommer des 1783sten Jahres er=
starben ganze Distrikte von Tannenwäldern.  Dieses
Unheil richtet der sogenannte Wurm, ein kleiner Käfer
an, der zwischen der Rinde und dem Holze seinen Auf=
enthalt hat, und erstere zernagt.  Hievon ein mehre=
res im dritten Theil meiner Abhandlung.

Obgleich der Oberharz ganz zu Niedersachsen gehört, und ganz von niedersächsischen Provinzen umgeben ist, so ist doch bis auf einige Oerter in den Thälern noch, wo niedersächsisch gesprochen wird, die Sprache und Mundart des Oberhärzers völlig hochdeutsch, oder besser und eigentlich: hochsächsisch. Bey den verschiedenen Civilrevolutionen, die den Oberharz betrafen, wurde er zuletzt wieder mit Erzgebürger Bergleuten besetzt, von deren Sprache die jetzige Mundart eine Abart ist. Auf dem ganzen Harze sind also drey Hauptdialekte, nemlich 1) der niedersächsische oder platdeutsche in den niedersächsischen Distrikten des Unterharzes. Dieser niedersächsische Harzdialekt ist aber so von den andern platdeutschen unterschieden, und so ganz dem Harze eigen, daß er als eine besondere Art angesehen werden muß. 2) Der obersächsische oder hochdeutsche in den obersächsischen Provinzen, die sich auf den Unterharz erstrecken. Dieser ist gleichsam eine Schattirung des thüringischen Dialekts, und 3) der hochsächsische, ins Fränkische fallende, auf dem Oberharze, der sich aus dem Erzgebürgischen erhalten hat, und sich wieder ganz von dem obersächsischen des Unterharzes unterscheidet. Diese 3 deutsche Hauptdialekte des Harzes sind unter sich wieder so nüancirt, daß jeder kleine Ort sich von seinen Nachbarn merklich im Ton, in der Verschiedenheit der Wörter und Redensarten unterscheidet. Wer ein feines Gehör, und nur einige Zeit auf diese Verschiedenheiten Acht gegeben hat, kennet einen Einwohner jedes Harzartes schon an seiner Sprache. Alle drey Hauptmundarten aber sind weder dem Genius der deutschen Sprache angemessen, noch sonst angenehm ins Gehör fallend. Der gemeine, besonders nie-

ders

bersächsische Unterhärzer, dessen ganzes Temperament Phlegma, mit Beymischung einiger im Hintergrunde im höchsten Nothfall steckenden, aber alsdenn anhaltenden Cholera ist, nimmt den Mund
recht voll, spricht äusserst langsam, ziehend, sin-
gend, und der ganze Ton der Sprache mit seinen
verdorbenen Wörtern und verworfenen Construction
ist sehr auffallend. Der Hauptzug des Characters
des Niederhärzers ist bey einem äusserlich rauhen
Wesen unverstellte Redlichkeit. Als Soldat geht
er vielleicht allen Nationen in anhaltender, fest ent-
schlossener, doch langsamer Tapferkeit und Dauer des
Körpers vor. Der gemeine Oberhärzer drückt in
seiner mehr lebhaften und angenehmen, dabey aber
denn doch ins Singende fallenden sonderbaren Aussprache den Hauptcharacter seines sorgenlosen, muntern Gemüths, ein einnehmendes Wesen, heitere
Aufrichtigkeit und ein durchgehends sanguinisches
Temperament aus. Er ist aber gegen den Unterhärzer, was der Franzose gegen den Spanier ist.
Je näher ein Ort nach dem höchsten Punkte des
Harzes, dem Brocken, folglich je höher er liegt, je
rauher und härter ist seiner Einwohner Aussprache.
Welch ein Einfluß des Klima's auf den ganzen Menschen! Im übrigen sind sämmtliche Härzer starke, gesunde, abgehärtete Leute, und sind beydes
grosse Kälte und grosse Hitze (vermöge ihrer Stuben
und Hüttenwerke) gewohnt.

Da das ganze Harzgebürge 16 deutsche Meilen
lang und 4 Meilen breit ist, so muß der Inhalt seiner
Grundfläche 64 Quadratmeilen seyn. Wollte man
nach Zückerts unrichtiger Angabe, indem er ihm eine Breite von 6 Meilen beylegt, gehen, so kämen
gar

gar 96 Quadratmeilen heraus. Da nyn der Unterharz die Hälfte des ganzen Gebürges ausmacht; so kommen auf dessen Flächeninhalt 32 Quadratmeilen. Silberschlag bestimmt für die Grundfläche des Brockens 16 Quadratmeilen, und dann blieben für den Oberharz nur noch 16 Quadratmeilen übrig. Nehme ich das Harzgebürge im weitläuftigsten Verstande, und nicht blos, wie es in seinen hohen wirklichen Bergen da steht, sondern in seiner dreyfachen obbeschriebenen Umründelung, die ich den Vorharz nenne, (da denn der Sandstein bald eine viertel, bald eine halbe, bald eine ganze Meile von dem 4 Meilen breiten eigentlichen Harz absteht:) so würde der Harz, diesen Abstand im Durchschnitt zu einer halben Meile gerechnet, eine Fläche von 85 Quadratmeilen bedecken. Die Oerter und Städte, so zwischen dieser Sandstein = Umkreisung und dem eigentlichen Harze liegen, werden zwar nicht mehr Städte des Harzes genennt, allein man sagt doch von ihnen: am Harz, vor dem Harz. Man kann sie also immer Vorharzstädte nennen, zum Beyspiel, Osterode, Goslar, Wernigerode, Blankenburg 2c: Sie liegen größtentheils am Ausgange der Harzthäler zwischen dem Kalk= und Thongrunde, und oft auf letztern. Ihr Gewerbe hänget halb vom Lande, halb vom Härze ab, und ist daher lebhaft, weil beyderley Produkte und Oekonomien sich hier vereinigen. Eben so ist das Klima dieses Harzrandes zwischen dem Harz= und Landklima ein Mittel, und nach diesem Klima ist auch die Fruchtbarkeit, der Ackerbau und das Fortkommen der Gewächse zwischen dem offnen Lande und wahren Harze gleichsam getheilt. In diesem Vorharze liegen etwa 22 bis 24 Städte und Flecken. Es gehören also mit den

Berg=

Bergstädten des Oberharzes und den 7 Harzstädten des Unterharzes beynahe 40 Städte und Flecken, deren Nahrungsgeschäfte davon abhangen, zum Harze. Im Brockengebürge aber liegt nicht eine einzige Stadt.

Ich habe mir viele Mühe gegeben, die zur Berechnung der Volksmenge des eigentlichen Harzes nöthige Nachrichten zu sammlen, es ist mir aber bey der Verschiedenheit und Mehrheit der Landesherren nicht möglich gewesen. Der eigentliche Harz ist zwar nicht so bevölkert, als eine gleich grosse fruchtbare Landfläche in Deutschland zu seyn pflegt; doch wird er noch immer manche flache, zum Ackerbau nicht durchgehends brauchbare Landgegend in der Anzahl der Bewohner übertreffen. Inzwischen glaube ich nicht, daß man im Ganzen auf eine Quadratmeile 1000 Einwohner rechnen könne. In dem grossen Umfange des Brockengebürges wohnen auf einer Quadratmeile lange nicht 100 Menschen. Der Unterharz hat zwar ziemlich bewohnte Oerter, die aber doch auch nicht gedrängt auf einander folgen, und die übrige Oerter ausser den Städten, die auch nur geringe sind, bestehen entweder nur aus einzelnen Viehhöfen oder Hüttenwerken ꝛc. und nur hie und da liegt ein Ort, den man ein Dorf nennen kann. Nur der östlichste Theil des Unterharzes ist ziemlich dicht bebauet. In allem werden ohngefehr 30 Pfarren auf dem Unterharze seyn. Rechne ich wegen der stärker bewohnten Städte auf jede Pfarre 800 Menschen, so würde für den Unterharz eine Volksmenge von ohngefehr 24000 Menschen, und auf eine Quadratmeile 750 heraus kommen. Der Oberharz hingegen, der weit beträchtlichere Bergs

und

und Hüttenwerke hat, als der Unterharz, ist im
Verhältniß seiner Größe weit bevölkerter, so daß
auf eine Quadratmeile auch noch jetzt, obgleich seine
Volksmenge nicht so groß als sonst ist, weit über 1000
Menschen zu rechnen sind. Die Hauptstadt des Oberharzes Clausthal enthält nach einer gedruckten Nachricht allein 8000 Einwohner, die übrige 6 Bergstädte
sind gleichfalls theils Oerter von 500 und mehreren
Feuerstellen, und dabey sehr bewohnt. Ich glaube
also sicher behaupten zu können, daß der Oberharz
eben die Volksmenge enthalte, als der Unterharz,
und daß für den ganzen Harz immer eine Volksmenge von beynahe 50000 Menschen zu rechnen sey.
Was aber an der Volksmenge auf dem eigentlichen
Harz abgeht, ersetzt gewiß der Vorharz oder Fuß
des Harzes. Dieser ist dagegen so angebauet und
bevölkert, als irgend ein Fleck seiner Grösse, und
daher glaube ich, daß der Harz in seinem allge-
meinsten Umfange zu denen im Mittel bevölkerten
Gegenden gehöre, und man sicher auf jede Quadratmeile im Durchschnitt 2000 Einwohner rechnen
könne.

Diese wenige Nachrichten vom Harzgebürge
halte ich für hinlänglich, um meine Leser auf das Stück
des Harzes vorzubereiten, das ich sie in der Folge
genau werde kennen lehren. Im übrigen wünschte
ich die, welche den Harz in allen seinen Gegenständen sich wollen bekannt machen, auf eine genaue,
richtige und alles enthaltende Beschreibung des Harzes verweisen zu können. Aber hieran fehlts noch
ganz. Inzwischen sind einzelne Gegenstände vom
Harz schon ziemlich gut bearbeitet worden, und wer

sich

sich eine Harzbibliothek anzuschaffen gedenkt, der
wird dies Fach mit nachstehenden Werken wohl ziemlich ausfüllen.

Bæhrens hercinia curiosa verdient blos deswegen angeführt zu werden, weil es das älteste vom
Harz besonders handelnde Werk ist. Wer aber-
gläubische Geschichten liebt, und sonst vom Harze
eben nichts richtiges und wahres zu wissen verlangt,
mag es lesen. Julius Bernhard von Rohr in seinen beyden Werken von den geographischen und hi-
storischen Merkwürdigkeiten des Unterharzes (den
er unrecht Vorharz nennt) und des Oberharzes, hat
eben so viel brauchbares als unrichtiges vom Harze
gesagt, und sich hauptsächlich nur mit der Geschichte
abgegeben. Johann Friedrich Zückerts Naturgeschichte und Bergwerksverfassung des Oberharzes,
und Dessen Naturgeschichte einiger Provinzen des Unterharzes ist das neueste, besonders vom Harze handelnde Werk, und bleibt in Ermangelung eines bessern und vollständigern einer Empfehlung werth.
Er hat hauptsächlich das Mineral- und Metallurgi-
sche Fach zum Gegenstande, worin er auch von einigen Artikeln ziemlich gute Nachrichten zusammen-
getragen und gesammlet hat. Andere Artikel sind
hingegen so unrichtig, daß sie einer gänzlichen Um-
arbeitung bedürfen. Joachim Friedrich Sprengel,
in seiner Beschreibung der harzischen Bergwerke nach
ihrem ganzen Umfange, liefert einen kurzen Begrif
blos von den oberharzischen Bergwerken. Er hat
den wahren Verfasser dieses unter seinem eignen Namen herausgegebnen Buchs nicht genennt. Dies
Buch mit dem Namen des Verfassers Johann
Gottlieb Voigts, ist unter dem Titel: Berg-

werks-

werksstaat des Ober- und Unterharzes (im bergmän-
nischen Verstande) von Johann Julius Madihn,
der sehr viele und gute Noten hinzugefügt hat, her-
ausgegeben. Thomas Schreiber beschreibt den
Ursprung und Fortgang der Bergwerke, Hone-
mann die generale Civilgeschichte des Oberharzes.
Böse in seinen generalen Haushaltungs- Principiis
vom Berg- Hütten- und Forstwesen ertheilt von dem
Harzischen generelle Nachrichten. Brückmanns ma-
gnalia Dei in locis subterraneis beschreiben das Mineralreich. Merian in seinem kostbaren, mit vielen
vortreflichen Kupfern gezierten raren Werke in Fo-
lio, die Topographie der Länder des Braunschweigschen Hauses betreffend, hat auch viel vom Harze
beygebracht. Im übrigen haben sich Leibniz, Ritter und Lesser um einzelne Stücke der Naturgeschichte
des Harzes sehr verdient gemacht.

Eine den ganzen Harz abbildende Special-
Charte ist noch nicht vorhanden. Vom Oberharz
aber ist in der Homannischen Officin eine ziemlich gute besondre Charte gestochen. Sie bildet den Oberharz im statistischen Verstande hauptsächlich nach
seinen Berg- und Hüttenwerken ab, und hat die Inschrift: hercynia metallifera. Es wäre zu wünschen, daß auch vom Unterharze eine so richtige besondere Charte vorhanden wäre. Doch siehet man
den Unterharz stückweise sehr gut auf den vortreflichen Homannischen Landcharten von der Grafschaft
Mannsfeld vom Jahr 1750, von der Grafschaft
Hohnstein vom Jahr 1761, vom Fürstenthum Halberstadt vom Jahr 1750, von der Grafschaft
Stolberg, auch auf der kleinen Charte im Berliner At-
las vom Fürstenthum Anhalt. Eine Specialcharte
vom ganzen Harze, die ihn nicht, wie jene, blos

Schroeders Abh. I. Th.     C     flach

flach, sondern in seinen Erhabenheiten und Thälern abbildete, und zugleich eine richtige Zeichnung des Vorharzes enthielte, also nicht allein die Geographie, sondern auch die Naturgeschichte des Harzes zum Gegenstand hätte, würde viel zur genauen Kenntniß des Harzes beytragen.

## Vom Brockengebürge.

In diesem Harzgebürge, und dessen Mittel, erhebet sich allmählig aus und zwischen dem Ober= und Unterharze eine höhere Berggegend, daraus endlich in amphitheatralischen Stufen, nach Art der übrigen hohen Weltgebürge, gleichsam ein Gebürge auf dem Gebürge wird, gegen welches sich der eigentliche Harz so tief und noch tiefer herabläßt, als das Land gegen den Harz. Es ist dieses eine zusammenhangende Gegend von höhern besondern Bergen, die gleichsam den Brocken aus ihren Mitteln zu ihrem allgemeinen Oberhaupt gewählt zu haben scheinen. Sie nehmen in ihrer Höhe zu, je näher sie ihrem Mittelpunkte, dem Brocken, kommen, und formiren so endlich diese ehrwürdige Höhe. Jene Berge sind zwar allemal Berge für sich, denn sie haben ihre eigne Bergrücken oder Spitzen, und sind mit Thälern begrenzt; bey genauerer Betrachtung aber siehet man, daß sie nur einen Hauptberg (wie ich auch beym eigentlichen Harze von selbigen schon gesagt habe) ausmachen, und wahre Theile des Brocken sind. Sie gehen aus seinem Fusse und Wurzeln, wie die Ableger aus einem Lorbeerbaum hervor. Man könnte sie also als Theile des Brocken

un=

unter dem allgemeinen Namen: Brocke, begreifen,
da sie aber so ausserordentlich merkwürdig, ver=
schieden, groß und ausgedehnt sind, und ihre besondre
Namen haben, so verdienen sie einen dergleichen
allgemeinen Familiennamen, wie Kinder eines Vaters
gemeinschaftlich zuführen. Ich nenne daher diesen hö=
hern Theil des Harzes das Brockengebürge, und
dessen einzelne Berge nach ihrem Vater, dem Bro=
cken, Brockenberge.

Dieses Brockengebürge ist seiner Materie oder
Bestandtheilen nach, mit den höchsten Gebürgen der
Erde verwandt und einerley Art; ich habe es daher
oft von Reisenden, die die Schweizergebürge besucht
haben, den Alpen an die Seite setzen, und ein al=
pinisches Gebürge, die Harzalpen, benennen hören.
Es besteht, wie alle höchste ursprüngliche Gebürge
der Erde, hauptsächlich aus Granit. Bald formi=
ret dieser Granit noch Felsen; bald zwar noch auf=
rechts stehende, doch zertrümmerte, auf einander lie=
gende Felsen oder Klippenhaufen, welche letztere in
ganzen, an einander fortgehenden Ketten wie einge=
fallene ungeheure Mauren durchs ganze Gebürge
kreuzen; bald und hauptsächlich aber, große, viel=
förmige, abgeschärfte, einzelne Steine, die zum
Theil so groß und eben sind, daß man ein Ballet
drauf tanzen könnte.

Der Granit hat eigentlich keinen deutschen Na=
men. Hier nennt man ihn Brockenstein, und nur
einmal habe ich ihn: Heidenstein oder Heidstein nen=
nen hören, welchen Namen ihm auch schon der Herr
von Rohr giebt. Der Granit ist ein Gestein, wel=
ches aus Bestandtheilen zusammengesetzt ist, die, ih=

rem

rem Ursprung nach), schwerlich ein Produkt des Wassers oder der Fluthen seyn werden. Hieraus ziehet man nicht unsicher den Schluß, daß seine Zusammenfügung eine Erhärtung des Feuers sey. Diese Theile sind nicht etwa durch Feuer zerstöret, verglaset, ausgebrannt und in eine Schlacke oder Bernstein verwandelt worden, wie die Steine bey feuerspeyenden Bergen, sondern sie haben ihre primitive, eigene Natur und Beschaffenheit behalten. Sie sind nur durchs Feuer compact geworden, und zusammengefügt. Sie scheinen also keine Folgen von Fluthen oder einzelnen Feuerausbrüchen zu seyn, und müssen daher älter, müssen Produkte der ersten Schöpfung seyn. Der Granit hat eine mittlere Schwere, ist spröde, daher nicht allzuschwer zu zerschlagen, und nimmt eine sehr schöne, wiewohl wegen seiner Härte äusserst mühsame Politur an. Er würde daher, wie in den Morgenländern, die Ueberbleibsel prächtiger Gebäude zeigen, zu Säulen, und zum Bauen, alle andre Steinarten übertreffen. Nach damit gemachten Versuchen dient er auch zu Mühlensteinen, wiewohl er dazu fast zu hart ist, auch eine kostbare Bearbeitung verursacht. Bey den blauen Farbewerken wird er zur Pulverisirung des Glases gebraucht, wozu kein anderer Stein tauglich ist. Die Sprengung und Zubereitung eines solchen Mühlensteins kostet auf 50 Rthlr. Den rauhen Granit zu einem cubischen glatten Stein zu behauen, würde eine mühe- und geduldvolle Arbeit seyn, und mag er hierin immer dem menschlichen Herzen gleichen. Wird er geschliffen, dann wird er von seinem Feinde, dem Wasser, weniger, ja beynahe gar nicht angegriffen. Er schlägt Feuer, verglaset sich endlich, doch nur in einem anhal-

tend

tend starken Feuer, und wird von keiner Säure
angegriffen.

Ich habe angeführt, daß diese Granitsteine
eine Mischung oder Zusammensetzung mehrerer Theile
sind. Das Auge findet dieses beym ersten Anblick.
Man siehet darin schwarze, auch gelbe glänzende
Flimmern (diese sind Glimmer, (Mica) ferner durchsichtige Theilchen, diese sind Quarz,) und undurch-
sichtige in Lamellen, die im Bruch glänzen; diese
sind Feldspath. Nachdem nun mehr von einem
oder dem andern Theile zusammengeflossen, oder,
nachdem der Feldspath diese oder jene Farbe angenommen hat, ist der Granit in seiner Farbe verschieden bald weisgrau, wie unreines Salz, bald grau,
bald röthlich, bald, zumal wenn die herrschende, den
Granit bröcklicht machende Materie Glimmer ist,
ins Schwärzliche fallend. Diese 3 Bestandtheile
des Granits finden sich noch hie und da am Brocken
einzeln und ohne Zusammensetzung.

Der Granit ist eine Zusammensetzung, und
seine Theile sind also der Trennung unterworfen. Er
löset sich daher in Körner oder Granit auf, und hat
hiernach seinen Namen Granit von granum, ein Korn,
mit Recht. Der Zerstörer des Granits, so ausserordentlich hart, fest, und dem blossen Auge nach zusammenhangend er auch ist, ist doch das Wasser.
Dieses Element bringt in die zwischen den Bestandtheilen des Granits befindliche kleine, dem unbewafneten Auge unsichtbare Zwischenräume oder Haar-
rörchen ein, der Frost dehnt das Wasser in einen
weitern Raum aus, und zersprengt auf die Weise
die obere, der Luft und Witterung ausgesetzte Rinde

des

des Steins nach und nach, durch lange Reihen von Jahren. So wird der Granit bröcklicht, rauh, lose, und zerfällt zu grobem Sande oder in wahre Körner. Auf diese Weise entsteht der Granitsand des Brockens noch täglich aus der Zerstörung des Granits. Ich kann daher der Meynung eines gerühmten Schriftstellers vom Brocken nicht beypflichten, der noch jetzt Granitsteine aus Granitsande wachsen läßt. Die Natur schaft keine Steine mehr, man trift sie vielmehr allenthalben bey der Zerstörung der festen Körper an. Sie hat hiezu ihre Werkstatt verschlossen, und wehe der Erde, wenn aus Granitsand wieder feste Steine zusammengeschmolzen werden sollten; denn ohne Feuer ist hier keine Cementation dieser Theile in der Natur mehr möglich. Diese Auflösung des Granits zeiget, daß der Brocke auch noch immer fort kleiner werde. Die Gestalt des Brockens ist rund, und alles, was zum Brocken gehört, hat schon die Anlage dazu, aus scharf und spitz rund zu werden. Die Granitsteine des Brockens zeigen noch, daß sie ehemals ganz spitz oder scharfeckigt gewesen. Jetzt sind ihre Ecken aber abgestumpft, und nahen von Zeit zu Zeit sich immer mehr der Rundung. Thun dies Menschen, oder welches Element? Nur allein die Luft und das Wasser haben jetzt noch eine bewegende oder wirkende Kraft hiezu behalten. Grosse Fluthen, die nur kurz dauern konnten und nur selten kamen, auch nicht so hoch giengen, konnten es auch nicht. Es bleibt also nur das Atmosphärenwasser übrig, um in ununterbrochener Fortdauer zu zerstören, und Gestalten zu verändern, sie gleichsam abzuschleifen und abzustumpfen. Zu einigem Schutze, um die Auflösung des Granits zu verzögern, dienet die Bedeckung

ckung des alten Granits mit Moosen. Hiemit ist
es gegen die Luft wie mit einem Lack verwahrt, und
sitzen diese Moose so fest auf der Oberfläche des
Steins, daß sie wie Theile desselben, schwer davon
zu nehmen sind. Verschiedene dieser Steine sind
mit einer dunkelrothen Farbe überzogen, und heissen
Violensteine. Diese Farbe ist nemlich eine ausserordentlich feine Usnea, die gerieben abfärbt, und weit
um sich her den herrlichsten Violengeruch verbreitet.
Ein damit geriebenes Schnupftuch behält seinen Geruch viele Wochen lang, und selbst der Stein, der
im Trocknen grünlich wird, behält seinen Violengeruch.

So wie im Kleinen die Materie des Brockens
sich auflöset und hinfällt, so muß auch das Ganze
sich nach und nach ändern. Man sehe den Brocken
nur an, so findet man, daß er durchaus ein bloßer
Haufe einzelner loser Granitstücke sey. Kann oder
wird aber wohl das Feuer solche einzelne ungestalte
Steine, dazu es Millionen Formen gehabt haben
müste, so nach und nach gleichsam gegossen, und so
bis zur Höhe des Brockens in die Höhe gebauet
haben? Auch ein Mensch ohne alle Kenntnisse kann
dieses sich nicht vorstellen. Er kann sich nichts anders denken, als daß diese einzelne Theile nothwendig ein Ganzes gewesen seyn müssen. Dieses zeigen
ihm die noch hie und da stehen gebliebene, der
gänzlichen Zertrümmerung noch entgangene, wahre,
in die Höhe ragende Granitfelsen. Ihre Füsse sind
schon mit losgerissenen Stücken bedeckt, und das
stehende Ganze zeugt schon vom nahen Einfall. Ich
habe auf den flächsten Gegenden des Gebürges, ja
selbst auf dem höchsten Brocken, Steine neben ein-

an-

ander liegend gefunden, deren Gestalt zeigte, wo sie
aneinander gesessen und im Einsturz von einander geborsten waren. Alles dies, was wir einzeln, aber
durchgehends am Brocken wahrnehmen, zeigt, daß
er höher, und wie seine theils noch mit stehenden
spitzen Felsen bedeckte Nebenberge, gleichfalls ein
weit höherer jäher Fels, ein Granit-Coloß, gewesen
sey. Dieser große Fels ist also nach und nach vom
Wasser bröcklicht geworden, er hat seine Festigkeit
verloren, die Schwere hat zu seiner völligen Zer-
reissung mitgewirkt, und so ist er in einzelne Stücke
oder Brocken, zwischen deren Fugen noch der lose
Granitsand liegt, über einander gefallen, und hat
seine Thäler damit verschüttet und erhöhet. Beydes,
der Fall, (denn man findet hier die Gesetze des Falls
und der Schwere vollkommen angewandt) und die
Nagung des Wassers haben ihm seine abgerundete
Gestalt gegeben; und eben diese Wirkung leitet sichtlich auf ihre Ursache. Man denke sich den festesten
höchsten Thurm. Seine Steine werden vom Regen
und dem Fressenden der Luft endlich mürbe, seine
einzelne Theile, wären sie auch selbst Granit, werden bröckligt, bekommen Risse, und das letzte von
der ganzen Geschichte des tausend Jahr alten Thurms
ist: er fällt nach und nach ein, und seine Ruinen
bilden einen runden Hügel, der, je mehr er mit der
Erde älter wird, immer glattrunder, kleiner, und
zuletzt ebner wird. Man sieht den Hügel, kaum
aber glaubt man, daß es Ruinen eines prächtigen
Thurms sind, bis man ihn aufgräbt und aus seinen
Theilen auf was Ganzes schliesset. Dieses Ganze
aber konnte nicht in viele tausend kleine Theile fallen, wenn es nicht hoch war. Nun schliesset man,

der

der Hügel müsse ein in seinen Ruinen begrabener Thurm gewesen seyn.

Eben der Fall ist beym Brocken. Man denke sich aber statt der Jahrhunderte beym Thurm hier Jahrtausende. Siehet man die Felsengerippe des Brockengebürges an, wie sie da ihrem fernern Falle ausgesetzt stehen, und nur einen Wink der Natur, einen Hauch des Allmächtigen, erwarten, um in ihrem losen Zusammenhange vollends aufgelöset, und auf ihre schon zerstreute Trümmern ferner geworfen zu werden; so erfüllet dieser schauderhafte Blick die Seele des Staunenden mit erschütternden Vorstellungen. Der Mensch giebt nur selten auf das Allmählige acht, weil es ihm nicht so in die Augen leuchtet. Die Geschichte der allmähligen Veränderungen verbirget sich seinem Auge mehr, er glaubt nicht, daß kleine Ursachen große Wirkungen nach sich ziehen können; er denkt nicht ans Alter der Welt, und daß Reihen von Jahrtausenden das nach und nach thun, was nur selten auf einmal geschieht. Nur die plötzlichen Begebenheiten sind ihm auffallend. Er denkt bey dem Grabhügel des Thurms nicht, daß der Thurm allmählig eingefallen sey. Nein das mußte rasch, auf einmal, durch ein Erdbeben, geschehen. Doch auch der Fall ist möglich. Der durch die Zeit und Elemente zu seiner Auflösung gebrachte Zusammenhang bedurfte nur einer Bewegung, einer Erschütterung, um auf einmal vollends aus einem Ganzen in einzelne Theile verwandelt zu werden. Ich leugne also nicht, daß auch gewaltige Erderschütterungen ehemals dazu beygetragen haben sollten, die hohen Felsen des Brockengebürges zu zerschmettern, und aus Felsen Berge und Klippen-

haus-

haufen zu machen. Die nunmehr verstopfte häufige
Vulcane Deutschlands zeigen, daß auch hier oft
Erdbeben gewesen, und zur Erschütterung der
Grundfeste beygetragen haben können. Wäre jedoch
dieser Einsturz der Felsenmassen des Brockengebür=
ges, durch eine Erderschütterung bewirkt werden, so
müste man eine Erschütterung der ganzen Grundfe=
ste voraussetzen. Die Ursachen der Erschütterung
müsten in dieser selbst gelegen haben. Mir scheint
der Brocken, wenigstens jetzt, gegen Erderschüt=
terungen sicherer zu seyn, als jede andre Gegend;
denn eines Theils ist die Erdrinde, da, wo der
Brocken steht, dicker und fester, also vermögend,
einer Gewalt mehr zu widerstehen; anderntheils aber
steht der Brocke auf dem innern festen Gewölbe der
Erde selbst. Ein Erdbeben, das auf dem Harze
und am Brocken bemerkt würde, scheint mir daher
nur mehr Mittheilung einer in fernen Gegenden vor=
gefallenen Erschütterung zu seyn, als daß sie unter
dem Gebürge selbst sich sollte angesponnen haben.
Man weiß sich auch in neuern Zeiten keiner Erdbe=
benstösse am Brocken zu erinnern, und selbst auf
dem eigentlichen Harze waren diese Stösse weit we=
niger zu bemerken, als im flachen Lande. Mir war
ganz ruhig dabey zu Muthe, als sich bey den son=
derbaren Naturereignissen und vielen Erderschütte=
rungen des Jahrs 1783 die falsche Nachricht ver=
breitete, der Brocke sey geborsten, und es käme
Rauch aus diesem Risse. Ein gerühmter Schrift=
steller vom Brocken lässet zwar den Brocken einen
Aufsatz von lauter Hölenstockwerken seyn, allein,
das ist blos Hypothese, um Hypothesen zu erklären.
Die Hölen des Harzes sind alle nur im Kalkgestein,
und es ist noch kein Beweis einer so grossen Höle,

wie

wie angenommen wird, wenn der Boden am Bro=
cken hie und da hohl klingt. Dies Hohlklingen zeigt
blos von solchen kleinen Hölen, die an der Ober=
rinde des Brockens blos die Zwischenräume der un=
regelmäßigen auf einander liegenden Granitsteine ma=
chen, deren es zu Millionen giebt. Ich sehe also
keine Ursach, warum man in dem festen tiefen Kern
des Brocken grosse ungeheure Hölen muthmaßen
sollte.

Daß der Brocke und seine Riesensöhne einge=
stürzt sind, und weit höher gewesen, davon habe ich
bey meinem Lieblingsvergnügen, der Untersuchung
unserer Harzalpen, auch noch folgende unleugbare
Urkunde gefunden. Ich begieng und untersuchte die
Gegenden, oft und vor allem am mehresten, wo das
ursprünglich älteste Gestein der Erde sich abschnitt,
und nach dem Fuß des Harzes hin das secundarische
Gebürge anfängt. Der Granit, den ich hier traf,
war, wie allenthalben am Brocken, nur in rüden
Bruchstücken zu sehen. Hier fand ich bey einigen
schroffen Thälern, und an Orten, wo das Wasser
eingewaschen hatte, daß unter den losen Granitklip=
pen festes, nicht ursprüngliches Gestein steckte. Der
Granit bedeckte hier also den Schiefer, den Letten
und andere Producte der Fluthen. Er bedeckte ihn
in losen einzelnen Steinen, aber in dicken Lagen.
Wer hat diese jüngern Fluthenberge aber mit dem
ältern Granit bedeckt? Nichts anders als der Ein=
sturz eines nahe gelegenen granitischen oder alpini=
schen Berges. Von diesem allein konnten sie genom=
men werden. Ich gieng bis zur Spitze des nähe=
sten Brockenberges, von dem sie wahrscheinlich her=
abgekollert seyn musten, und hatte über sanft stei=

gen=

gende vorliegende Flächen bis zu ihm über eine und
eine halbe Stunde zu gehen. Und welche Millionen
von Bruchstücken umgaben euch, die alle wahrscheinlich Stücke von diesem Berge waren! Wie unge-
heuer hoch würde der Berg nicht werden, wenn man
diese wieder zusammen fügen, und zu einem stehenden
Felsen wieder ergänzen könte? Natürlicher Weise würde er so hoch wieder werden, als er gewesen seyn muß,
um durch seinen Fall so weit umher reichen zu können,
als er wirklich gethan hat. Staunend betrachtete
ich hier mit einem Blick das grosse Werk der Schöpfung
mit dem grossen Werk der Zerstörung verbunden. Hier
vernahm ich die Stimme des Allschöpfers: es werde,
es vergehe; hier waren Fluthen, waren Feuerberge,
bey einander. Ich wurde von Betrachtungen hinge-
rissen, die ich nicht um alles beneidete Glück der Erde
hingeben würde, und noch immer ist mirs um das
ganze Daseyn der Menschen, wie ein Traum, wenn
ich mich in dieses heilige Archiv der Urkunden der Natur, deren Alter uns in ehrwürdigem Dunkel verhüllet
ist, hinein vertiefe. Der Granit kann bedekt seyn,
und ist bedekt, er dekt aber nie als festes Gestein,
wohl aber in Bruchstücken. Alle drey Fälle sind am
Harze, und hier fand ich den lezten, und in ihm die
ausserordentlich wichtige Aufklärung, daß die grosse
Kleinmachung des Brocken und seiner Nebenberge
nicht gleich in oder nach der Schöpfung geschehen sey.
Vielleicht stand er noch Jahrtausende. Er stand wenigstens so lange, bis erst Fluthen kamen, und andere Berge um seinen Fuß herum schufen, auf die er seine Trümmer hinstreuete. Sein Fall ist also jünger,
als jene grosse Fluthen-Revolution, auf die er noch
mit unerschütterter Grösse herab sah. So nahet sich
alles endliche Grosse seinem Falle, und die festeste

Mate-

Materien sind nur für Minuten der Ewigkeit da. Wie klein kam mir nun der auch noch in seinen Trümmern stolze Brocke vor! Ohne diese Einstürzung der ehemaligen Felsen, woraus die Brockenberge wurden, konnte der grosse Fleck, den sie einnahmen, keinen Nutzen schaffen, denn an solchen wäre keine Cultur möglich zu machen, sie konnten auch ihre umherliegende Länder nicht so mit wasserreichen Flüssen, wie jezt nach veränderter Form in Berge, versehen. Würden an verschiedenen Stellen dieser äussersten Granitgegenden Schächte in die Tiefe getrieben, so würde sich die Geogenie und die Geschichte der Erde bald aufklären. Keine Begebenheit der Welt, kein Ausgang von Despotie angezettelter Schiksale ganzer Völker würde mich in solcher Erwartung erhalten, als der Erfolg eines solchen Schachts. So viel ich an der äussern Rinde habe ausspähen können, würde der Ausfall vermuthlich folgender seyn. 1) Die obere Lage von Granittrümmern. Aus der Dicke derselben könnte man eine sichre Berechnung machen, wie hoch der Brockenberg war, dessen Theile sie ehemals gewesen seyn müssen. Je näher nach den untern Bergen hin, je dünner würde diese Decke seyn. 2) Nun käme die zweyte Stufe in der Geschichte der Revolutionen, eine Decke von Fluthenmasse. Hier könnten vielleicht Erzgänge vorfallen. Je näher nach dem Lande hin, je dicker würde diese Decke seyn, und je näher nach dem hohen Gebürge, je mehr würde sie in die Spize laufen. Würde hierin ein Stollen durchgetrieben, so würde sich finden, wo der feste ursprüngliche Granit das horizontale Fortlaufen dieser Fluthendecke unterbräche. Man würde dann an den festen, unverändert gebliebenen heraufstehenden Granit kommen. 3) Unter dieser Decke käme man endlich zum wahren festen liegenden Grundgestein,

dem

dem unverändert gebliebenen Boden des ganzen Harzes, zum Granit. Doch dieser Vorschlag wird wohl
in Ewigkeit ein Vorschlag bleiben, denn wer würde so
viel an die Naturgeschichte wenden.

Wäre dieses hohe Brockengebürge durch Ueberschwemmungen entstanden, so sehe ich keinen Grund
vor mir, warum man bey ihm nicht eben die Kennt-
zeichen finden sollte, die man bey den niedern Bergen findet. Alle Berge des Wassers sind in Schichten und Geschieben angesetzt. Nie aber habe ich den
Granit, wo er auch noch in fester unveränderter Masse
da steht, in Schichten gefunden. Risse sind zwar
darin, die nach allen Richtungen gehen, und sich wunderbar durchkreuzen. Diese sind aber nicht beym Werden des Granits entstanden, sie sind nur neuere An-
lagen zur Zertrümmerung, und Vorbothen derselben.
Wer hätte denn auch die Fluthen zurückhalten sollen,
daß sie nicht allerley Dinge aus dem Thier-und Pflan-
zen-Reiche mit der fortgeschwemmten Erde dahin
getragen hätten; und wer hätte denn hier die Natur
verhindern sollen, eben sowohl Versteinerungen zu
machen, als in den Vorgebürgen? Am Brocken
findet man aber nicht eine einzige Versteinerung, die
Urkunde einer Ueberschwemmung wäre, obgleich der
ehrliche Ritter ein ganzes Verzeichnis davon giebt.
Wenn dergleichen im Granitgebürge vorhanden wären, so ist es beynahe unmöglich, daß sie mir bey meiner
beynahe zur Leidenschaft gewordenen Untersuchung desselben, hätten entgehen können. In der Naturlehre
können wir nicht immer so zuverläßige logikalische
Schlüsse machen, wie in der Vernunftlehre, und
hier muß ein negativer Satz den entgegen gesezten affir-
mativen schlechterdings bewiesen. Ich glaube dieses

ses zeigt deutlich genug, daß diese höchste Granit-
berge von der Schöpfung der Erde her so hingesezt
sind, wie sie noch in ihrer Materie, obwohl bey veränderter Form, da stehen. Ja ich behaupte, daß
durch Ueberschwemmungen gar kein Gebürge hätte
entstehen können, wenn nicht schon Gebürge da gewesen wären. Wäre der Erdboden bey einer dergleichen grossen Ueberschwemmung völlig eben gewesen, so würden die fortwallende Fluthen die mit
sich fortgerissene Erde überall gleich niedergesezt haben. Blos der Gegenstand, den die Fluthen an
den bereits vorhandenen ursprünglichen Gebürgen
fanden, machte, daß die Fluthen immer daran stossen, und die mit sich fortgeführte Erde daran ab-
setzen musten. Ausser diesem Gegenstande, den die
Fluthen an den bereits vorhandenen Gebürgen fanden, würden sie fortgerollet seyn, mit ihrem Schlam
blos die Ebene überzogen, und uns keine Gebürge
der Art, wie wir sie hier in ihren Mischung finden,
hinterlassen haben. Ob nun die Mosaische Sündfluth der Ursprung dieser Gebürge sey, oder ob nicht
gleich nach dem ersten Werden der Erde, zu Volfüh-
rung der Schöpfung eine Fluth erfolgt sey, lasse ich
unentschieden; die Erde wenigstens giebt uns untrüg-
liche Beweise von mehrern in ihrer Art sehr verschiedenen, und von einander durch lange Zeitperioden
entfernten Fluthen.

Bey meinen öfteren Bereisungen des Harzes
habe ich hie und da ausser dem Brockengebürge im
wirklichen Harze einzelne noch herausstehende, unbe-
dekte Granitgegenden gefunden. Ich will hievon
nur die beträchtlichsten nennen. Diese sind auf dem
Unterharze der Roßtrap, und der Ramberg. Diese

se einzelne, mit dem Brocken in keinem Zusammenhange stehende Granitgruppen leiten mich auf den Satz,
den sie zugleich bestätigen, daß der Grund und das
tiefste Gestein des ganzen eigentlichen Harzgebürges
in mehrerer oder minderer Tiefe Granit sey. Zwischen diesen steilen Granitmauren brachen sich die
Wellen der Fluthen, die Theile, die sie mit sich führten, wurden niedergesezt, und so ist der Harz ein
ursprüngliches Gebürge, das uns an den Orten,
wo der Granit nicht hoch hervorstand, mit nachher entstandenen Bergen überschüttet worden ist, und
so seine jetzige Mischung und Gestalt erhalten hat.
Nun von diesem ganzen Granitgebürge ragte allein
der höhere Theil, das jetzige Brockengebürge, über die
Fluthen weg, und wurde von ihnen nicht erreicht. *)
Wie hoch die Fluthen an dem Brocken in die Höhe
gereicht haben, lässet sich mit ganz bestimmter Gewißheit nicht sagen, weil der Brocke nachher eingestürzt

*) Ich trete durch diese von der Natur selbst behauptete
Wahrheit den ewigen Wahrheiten der h. Schrift keines
weges zu nahe. Moses schreibt von der Sündfluth
nur als einem Zweck und Mittel Gottes, das ihm miß-
fällige Menschen- und Thier-Geschlecht bis auf einige
wenige noch zu vertilgen. Diese wohnten damals
nur blos in den angenehmen und bessern Gegenden und
an dem Aequator. Also war hier blos nöthig, die
Fluthen bis über die höchsten Berge, worauf sie sich
zu retten suchen konnten, gehen zu lassen. So wälzte
sich die grosse Welle der Fluth nach und nach um das
ganze Rund der Erde und war unter dem Aequator,
wo der Schwung der Erde am stärksten ist, am tiefsten,
und nahm ab oder wurde sichtbar je näher sie an die
Pole trat.

gestürzt ist, und seine Trümmer die nicht ursprünglich gebliebene Umgebung von Bergen bedecken. Es
mag auch das angeschlemmte Gebürge unter diesen
Trümmern bis an den Kern der Brockengebürge, den
festen Granit, hingehen; so bin ich doch überzeugt,
daß an der Morgenseite oder nach dem Unterharze
hin, die Fluthen kaum ein Drittel der Höhe des
Brockengebürges erreicht haben, denn zwey Drittel
von Gipfel des Brocken an bis zu seinem Fuße, am
Lande gerechnet, steht der Granit noch als herrschende Materie unbedeckt zu Tage. Auf der Seite nach
dem Oberharze hin steht das ganze Ganggebürge
höher, und erreicht beynahe die halbe Höhe des Brocken. Sollten daher nicht von dieser, nemlich der
Abendseite, die Fluthen gekommen seyn? Je höher
herauf, je feiner und leichter sind die angesetzten Ge-
schiebe.

Steht der Granit bis in die ewige Teufe unter
dem Brocken; und dies ist der Fall bey ihm, weil
er ursprünglich ist, und nie als ganze feste zusammenhangende Masse deckt; ist er also ein Schlusstein,
ein Granit-Auswuchs, eine herausstehende Spitze
des grossen und tiefen Felsengewölbes der Erde: so
enthält er wahrscheinlich keine Erzgänge. Diese sind
nicht ein Werk der ersten Schöpfung, wie der Granit, sondern einer nachherigen Hauptveränderung
und Gestaltgebung der Oberfläche der Erde. Der
Granit konnte auch wegen seiner Festigkeit und Sprö-
digkeit nicht die regulairen weiten Risse bekommen, um
Erzgänge zu machen, die nur in nassen Fluthen-
Bergen möglich waren; noch weniger ließ er in seine feste
undurchdringliche Masse die Materie hinein, woraus
in Gängen sich Erze ansetzen oder erzeugen konten.

Der Brocke kann also unmöglich ein wahres Gang=
gebürge seyn, und meines Wissens ist noch nie ir=
gendwo im festen Granitfelsen ein wahrer Gang er=
schürfet worden. Neben diesem festen Kern des
Brockens, und gleichsam an solchen angelehnt, ne=
ben der Schale des angeschlemmten Gebürges könn=
ten indessen immer Gänge stecken, und so der Brok=
ke vielleicht silberne Stiefeln haben, welche Fälle in
Ungarn beym Bergbau häufig anzutreffen sind. So
könnte es vielleicht zu verstehen seyn, wenn einige
Bergwerkverständige sagen: die Harzgruben wären
nur die silberne Haare, der Brocke aber das Haupt.
Ein durch das angesetzte Gebürge bis an den festen
Kern des Granitgebürges getriebener Stolle würde
hier alles entscheiden. Doch sage ich hiermit nicht,
daß der Brocken ganz ohne Mineralien sey. Ich
muß aber diese äusserst wichtige und gewissermassen
geheimnisvolle Materie, als eine Ausnahme von dem
Hauptstof des Brockens, bis auf den zweyten Theil
meiner Abhandlung versparen.

Materie und Form sind die beyden Gegenstän=
de, darnach man jeden Körper untersuchen und zer=
gliedern muß. Noch habe ich, ehe ich zur äussern Form
des Brocken übergehe, den zweiten Bestandtheil des
Brockens zu erwähnen. Sein Urstof, sein Haupt=
Stof, ist Granit, womit die ganze Oberfläche des
Brockengebürges in unförmigen grossen Stücken,
die mit feinem Sande verschüttet sind, besäet ist.
Zwischen diesen grauen, schrecklich und ungewohnt
ins Auge fallenden Klippen oder Felsenruinen aber
hat sich nach und nach eine feine, fette und frucht=
bare dünne Erde gesetzt, welche aus verfaulten Ve=
getabilien, Bäumen, Kräutern und Moosen entstan=

den

den und zu Torf geworden ist. Daß der Torf aus
Vegetabilien entstanden sey, und noch ferner, wie
alle Damm = Erden, sich vermehre, auch, wenn er bey=
nahe ganz weggestochen worden, in Jahrtausenden
wieder bis zu einer beträchtlichen Dicke heran wachsen
könne, zeigen die Materialien, woraus er entstan=
den, und woven die gröbern, nemlich ganze Stämme
von Bäumen, dicke Aeste und Wurzeln noch nicht ganz
verfault sind.  Leibniz in seiner Protogäa sagt: zum
Entstehen des Torfs werde Heidekraut, Moos,
Gras, Wurzeln und Rohr erfodert, wozu am Brok=
ken hauptsächlich noch die sogenannte Torf = Blu=
me oder das Torf = Graß, juncus pilosus, gramen
plumosum sive tomentosum, das Fahrenkraut filix und
der juncus lychnanthemus Thalii, kommt. Diese
Torfmachende Theile finden sich am Brocken, und
daher hat derselbe den Torf mit den niedrigen Ge=
genden der See gemein.  Man kann daher nicht
sagen, daß der Torf eine Folge von Ueberschwem=
mungen sey, wenigstens kann er es am Brocken
nicht seyn; da er sogar auf dem höchsten Gipfel des=
selben angetroffen wird.  Was also zwischen den
Brockensteinen an Erdtheilen durch die Länge der
Zeit sich angesetzt hat, ist entweder wirklicher Torf
(wenn die Vegetabilien noch nicht ganz zu Erde ver=
fault sind) oder zu Erde gewordener Torf.  Diese
Erde greift sich sehr fein und fettig an, und ihre
schwarze Farbe hält fest an den Händen.  Je tiefer
der Torf am Brocken gestochen wird, je dichter,
verfaulter, fetter und schwärzer ist er.  Wie ich oben
erwehnt habe, ziehet der Granit das Wasser an sich,
und nimmt einen Theil in seine obere Rinde auf.
Diese seine Natur, und die vielen Zwischenräume
zwischen den einzelnen Steinen und dem losen gro=

ben

ben Granit = Sande, sind also sehr bequem dazu, die
Wasser der Atmosphäre an sich zu ziehen, sie zu
verschlucken und nach und nach wieder von sich zu
geben. Hiezu kommt noch, daß die Oberfläche des
Brocken mit dickem fetten Moose überzogen ist, in
welches das Wasser, wie in einem Schwam, zie=
het, und das Austrocknen der Erde verhindert. Es
sind nur wenige und kleine Stellen des Brockenge=
bürges, wo steinleere Plätze wären, und wieder un=
ter diesen wenige, die trocken sind. Ueberall, wo
der Granit und mit ihm das Brockengebürge anfängt,
ist Bruch, gleichsam, als wenn eins ohne das an=
dre nicht seyn könnte. Je höher hinauf, je beschwer=
licher ist dieser Bruch, und man glaubt oft darin zu
versinken, welches jedoch bey der Elasticität der Moos=
decke nicht zu befürchten ist. Die Torfbrüche nässen
und ermüden den Wanderer aufs äusserste, wenn er
nicht auf den hohen herausstehenden Steinen von ei=
nem zum andern springt, und so sich einen Weg
sucht. Die Gegenden des Brocken wechseln so mit=
einander: Entweder ganz unwegbare Gegenden von
lauter übereinander liegenden Klippen, zwischen wel=
chen nur hie und da etwas Brucherde angetroffen
wird; oder ganz ermüdende Strecken von tiefen Brü=
chen, aus denen nur hie und da ein Stein hervor=
stehet. Diese Brüche sind allemal Torfbrüche, und
werden nach Maaßgabe ihrer vorzüglichern oder ge=
ringern Güte zu Torfstechereien genützet. Sie
sind an denen Orten, wo sich die herabgeschlemmten
feinen vegetabilischen Theile und Erden anhäufen und
sammlen konnten, einige Mann tief. Unter dieser
Torflage kommt man wieder auf lose Steine, de=
ren Rinde sehr rauh und bröckligt und so in der Auf=
lösung begriffen ist, daß man oft mit den Nägeln
der

der Finger einige Granittheile abklauben kann. Im Sommer habe ich bemerkt, daß der Transport des Holzes und Torfbrode über diese, fast Sümpfen ähnliche Torfbrüche, oft mit Handschlitten geschiehet, weil ein Geschirr mit Rädern einschneiden würde. Diese Brüche des Brocken sind gleichsam ätzend, denn sie zerfressen in kurzer Zeit das Leder und beissen es roth. Auch der festeste Stiefel ist nicht vermögend, den Fuß des Brockenwandrers gegen die durchdringende Nässe dieser Brüche zu schützen. Wie diese Mischung vom Bruch und Granit die Mutter der vielen Quellen und Flüsse des Brockengebürges sey, werde ich in der Folge bey Beschreibung der Flüsse mit mehrerem erklären.

Der wahre eigentliche Name des hohen weit umfangenen Berges, den ich meinen Lesern kennen lehren will, ist: Brocke, (ohne Zusaz: Berg.) Diesen Namen haben ihm, so lange man Nachrichten hat, seine nächsten Umwohner gegeben, auch wird er in den landesherrlichen Canzleyen beständig so genannt. Ueber die Etymologie haben sich viele die Köpfe zerbrochen; und alles was ich davon gelesen habe, ist nicht passend. Hätten die Herren Etymologisten sich nur erst um den wahren Namen bekümmert, und dann den Brocken selbst mit Verstand gesehen, so hätten sie sich nicht so quälen dürfen, um auf den Ursprung der Benennung zu kommen. Der herliche Name Brocke, den ich so sehr verehre, als den Berg selbst, scheint mir auch eben so alt zu seyn wie der Berg, als Berg. Jetzt sehe ich nochmal in Gedanken meinen Brocken in seiner ersten Gestalt, als gerade zum Himmel heraufsteigende Alpe. Er brach ein, er hörte auf Felß zu
seyn,

seyn, und wurde Berg. Mir ist, als sähe ich ein
erschrockenes altes teutsches Volk bey den Ruinen ih=
res hohen Felsen stehen und sagen: er ist gebrochen in
der Landessprache, Brocken. Es mögen nun wirk=
lich Menschen seinem Falle zugesehn haben, oder er
mag eher eingestürzt seyn, als Deutsche um seinen
Fuß wohnten, so ist doch die Hauptgeschichte des
Brocken in seinem Nahmen der Nachwelt hinterlas=
sen worden, und entweder hat der, der den Na=
men Brocke zum erstenmal aussprach, die Geschich=
te seines Bruchs gewußt, oder er hat solche in den
noch davon vorhandenen Urkunden der Natur erfun=
den, und ist also klüger gewesen, als die jetzige hoch=
gelehrte Welt. Alles am Brocken läuft auf seinen
Namen hinaus, und deutet auf ihn. Das ganze
ist Brocken, oder gebrochen. Die Theile, woraus
der Brocke jetzt noch besteht, sind einzelne abgeson=
derte Stücke, oder Brocken. Ein Brocke oder
Brocken (man stelle sich dabey nur ein Brod vor,
das man zerbricht, und in einzelne unförmige abge=
sonderte Stücke zertheilt) ist ein Stück, das einen
Theil eines gewesenen Ganzen bedeutet, so unor=
dentlich zertheilt ist, und eine Figur ausmacht, die
man mit keinem andern Namen belegen kann, als
mit Brocken. Ich wüste keinen natürlichern Na=
men für die einzelne den Brocken durchaus bedecken=
de Granit = Bruchstücke, als daß ich sie Brocken
nennte. Der Brocke ist also ein gebrochnes Gan=
ze, das in lauter kleine Brocken gebrochen ist. Die=
se Etymologie ist bis auf die kleinsten Theile des Brok=
ken passend, denn, wie oben gesagt, besteht selbst
der Granit aus lauter kleinen Brocken und wird
bröckligt. Nun auch einiges von seinen Afterna=
men. Die Fremden nennen ihn, (ich weiß nicht,

wo

wo der alberne Name herkommt) Blocksberg. Die
ihn so nennen, mögen sich nach dem Ursprung dieses
Namens umsehen. Prätorius nennt ihn Prockels-
berg, Prockelberg, Brockenberg (das gienge denn
noch an) Brockelsberg, Brockesberg, Bröckers-
berg, Brockeberg (wäre auch gut) Brockersberg,
Blockelsberg, Blocken. Der Lieblingsname des
Prätorius, den er diesem ehrwürdigen Berge aus
Magisterlicher Gewalt giebt, ist aber der Hellbock
oder Bocksberg. Der vortrefliche und um die Kräu-
terkunde des Brockens mehr als alle Neuere sich verdient gemachte Nordhausische Physicus Thalius,
giebt ihm schon vor einigen 100 Jahren (in seiner
Beschreibung der Brockenkräuter) den sehr einfachen
lateinischen Namen Broccenbergus. Er wuste
nehmlich den rechten Namen Brocke, und war ver-
nünftig genug, ihn im Lateinischen nicht zu verhun-
zen. Der gebräuchlichste lateinische Name ist Bru-
cterus. Diese Benennung könnte mich in ein weitläuftiges Raisonement abführen, um zu untersuchen:
ob das teutsche Volck, so die Römer Bructeri nannten,
um den Brocken herum gewohnet, was ihre Wan-
derungen, Vertreibungen und Kriege anbetrift, ob
ihr Name von den Römern wohl recht verstanden
sey, ob er nicht etwa Brücher (die in Brüchen gewohnt) heissen solle. Da ich mich aber mit Unge-
wisheiten des Alterthums nicht abgeben will, um
blos einen übersezten Namen zu erklären; so verwei-
se ich meine Leser deßhalb auf das, was Zückert beym
Oberhartz davon sagt, doch kann ich einen allgemeinen Fehler nicht ganz mit Stillschweigen übergehen.
Es wird darüber gestritten: ob der Brocke nicht der
Moelibocus der Alten sey; und man ist so weit gekommen, dieses zu behaupten, und den Brocken

Moeli-

Moelibocus zu nennen. Ich kann nicht begreifen, warum man sich die Mühe giebt, Berge zu versetzen. Man lasse sie doch, wo sie sind. Der Moelibocus, teutsch Malzenberg, ein gegen den Brocken unbeträchtlicher Berg, liegt in der Hessen-Darmstädtischen Grafschaft Ober-Catzenelnbogen, Comitatus Catimoelibocensis in der Bergstrasse, nahe bey Zwingenberg. Andre Bergversetzer drehen dagegen das Blat um, sie setzen nehmlich den Brocken nach Hessen. Philander in seinen Nachrichten vom Brocken führt sogar die bey dem Brocken nahe liegenden Städte Osterwieck und Wernigerode auch mit durch die Luft nach Hessen, und setzt den Brocken in Hessen zwischen die beyden Städte Osterwieck und Wernigerode, zwischen denen überdies ganz flaches Feld ist.

Ein grosser Theil des alpinischen Harzes oder des Brockengebürges, besonders der eigentliche wahre hohe Brocke (Broccenbergus) liegt in der dem Hochgräflichen Hause Stolberg gehörenden Grafschaft Wernigerode, die zwar ihrer Lage nach eine Provinz des niedersächsischen Kreises ist, weil sie von demselben ganz umgeben wird, aber der Reichs-und Kreis-Verfassung nach, zum Obersächsischen Kreise gehört, und jetzt unter der Regierung des Erlauchten Reichsgrafen Herrn Christian Friedrich von Stolberg-Wernigrode, steht; auch ist der Brocke ein unmittelbares Reichslehn dieses alten Hauses. Von der Bestimmung seiner Länge und Breite hat Ritter in einer Tabelle neun verschiedene Meynungen beygebracht. Der Brocke ist auf keiner Landcharte der Lage nach so richtig angegeben, als auf der oben angeführten vom Fürstenthum Halberstadt, und es scheint als wenn Zückert dieser Charte gefolgt sey, wenn er sagt:

der

der Brocke liegt unterm 28ſten Grad der Länge in
21 Minuten, und dem 51ſten Grad der Breite in
50 Minuten. An ſicherſten iſt wohl die Angabe des
Herrn Ober-Conſiſtorial-Raths Silberſchlag, der
die Pohlhöhe des Brocken auf 52° 1′ 17″ und die
Höhe des Aequators auf 37° 58′ 43″ beſtimmt.

Vom Brocken iſt im Jahr 1749 in der Homan-
niſchen Landcharten-Fabrique eine von Beſtehorn ge-
zeichnete Charte unter dem Namen: Vue de la
Montagne de Blocken située dans le Territoire
du Comte de Wernigerode, qui eſt dans les forets
de Gartz, oder perſpektiviſche Vorſtellung des berühmten Blocken oder Brocksberges, nebſt derjenigen Gegend, welche von dem, der auf der Spitze
des Berges ſtehet, geſehen werden kann, ans Licht
getreten. Dieſe Abbildung ſchickte ſich gut zu des
Prätorius Blocksberg-Verrichtung, und hat gleichen Werth mit dieſem Buche. Dieſe Charte giebt
eine ſo ganz unrichtige Vorſtellung von dem Anſehen
des Brocken aus der Ferne, und von dem Proſpekt
vom Brocken aus in die Ferne, ſie iſt ſo ganz unrichtig, bildet ihn ſo ganz falſch ab, daß ich beynahe glauben möchte, ſie ſey nicht von Beſtehorn, ſondern von einem andern, der den Brocken nie mit
Augen geſehen und ihn blos aus dem Kopfe gezeichnet hätte. Nicht zu gedenken, daß dieſem Berge
der falſche Name Blocken- oder Blockenberg gegeben, und nach demſelben eine Hexenfarth von
menſchlichen Geſtalten mit fliegenden Haaren auf
Beſen, Ofengabeln, Ziegenböcken und dergleichen,
ſo wie oben auf dem Berge ein Hexenballet abgebil-
det worden; ſo ſtellet ſie nur einen ganz kleinen Theil,

den

den ich kaum den funfzigsten nennen kann, von der
weiten Aussicht vor, die man von ihm hat. Sie
giebt dem Brocken eine ganz falsche Gestalt, und
drückt nicht einen seiner hohen, zu ihm gehörenden, ihn
unterstützenden miturspünglichen Berge aus. Ihre
Ueberschrift sollte seyn: „Abbildung der Hexenfarth
„nach einem so ohngefehr gezeichneten Berge, unter
„dem man sich den Brocken vorstellen muß.„ Es
wäre zu wünschen, daß eine genaue Vorstellung
vom Brocken sowohl nach seinen verschiedenen Pro=
spekten von mehrern Seiten, als ein richtiger Grund=
riß des ganzen Brockengebürges aufgenommen wer=
den mögte. Beydes würde die Bemühung, den
Brocken zu beschreiben, sehr unterstützen, und zur
Kenntniß des Gebürges sehr viel beytragen. Meine
beygefügte Zeichnungen unterwerfe ich der Beurthei=
lung derer, die sie mit Genauigkeit gegen das hal=
ten wollen, wovon sie eine Vorstellung sind, und
verspreche mir ein günstiges Urtheil.

Die Höhe des Brocken, die Ausdehnung und
der weite Umfang seiner wie eine Heerde um ihn herum=
gelagerten Nebenberge, die Rauhigkeit seines Kli=
ma und seiner Oberfläche, die einzeln Stellen, Ge=
genden und Aussichten, von denen sich gar keine Be=
schreibung machen läßt; kurz das eigene des Brocken
übertrift alle Vorstellungen, und gewiß ein jeder,
der diese hohe Walfahrt mit Geschmak und Empfind=
samkeit gemacht hat, bricht mit dem Bekenntniß
heraus: daß er weit mehr angetroffen, als er er=
wartet. Man kömmt so ganz in eine andere Sphä=
re, wird so ganz von ungewohnten Gegenständen
überrascht, siehet und bemerket auf einmal so mancher=
ley, daß es für den Freund der Natur zu viel ist.

Die

Die stärkste Einbildungskraft findet hier des Stofs
zu viel, um alles mit Nachdenken sich eigen machen
zu können. Der erste Eindruck ist zu überspannend
für die gewöhnliche Vorstellungskraft, sie wird zu
sehr gefüllet, und das Bild nach einer ersten
Brockenreise ist daher kaum ein allgemeiner Umriß
dessen, wonach man zu sehen hat. Daher kömmt
es, daß Viele, die nur einmal auf dem Brocken
gewesen, nicht sonderlich zufrieden sind; denn sie haben im Grunde auf einmahl zu viel gesehen. Wer
also nicht blos nach den Brocken reiset, um sagen
zu können: er sey auf dem Brocken gewesen, der
muß, um seine Schönheiten und Merkwürdigkeiten
in abnehmender Zerstreuung kennen zu lernen, ihn
oft und wiederholt bereisen. Mit jeder Reise wird
solch einem Freunde der Natur der Brocke lieber
werden, und mit jeder Wiederholung der Reisen
werden seine Beobachtungen sich erweitern. Ich
kenne empfindsame Brockenreisende, denen eine
Brockenreise gleichsam ein alljährliches Fest geworden, und die einen Sommer für halb verlohren
schätzen, in welchem sie nicht auf dem Brocken gewesen sind.

Für alles dieses ist der Anblick des Brocken aus
dem Lande sehr täuschend und wenig versprechend;
denn man denkt sich nicht viel mehr dabey, als daß
er unter der unabsehlich langen Kette der Harzgebürge der höchste Berg sey. Am wenigsten nimmt er
sich in einer Entfernung von einigen Meilen aus.
Schon ist sein Anblick ehrwürdiger in einer Ferne
von 8, 10 und mehrern Meilen. In dieser Ferne
siehet man ihn allein, und seine niedrigern Fußber-
ge verstecken sich hinter die Krümmung der Erde.

Je

Je näher man ihm kömmt, je mehr schieben sich seine Vorberge vor ihm in die Höhe, hinter die er sich zuletzt, wenn man dem Harze ganz nahe ist, versteckt. Er verliehrt also in der Annäherung wie mancher Grosse der Erde, doch nicht aus gleichen Ursachen. Silberschlag giebt zur Ursache seines Verschwindens in der Annäherung an: es werde bey seiner Annäherung der Winkel kleiner, aus dem man ihn sehe. Der Brocke bleibt aber immer groß, und rächet sich für diese anscheinende Erniedrigung dadurch, daß man von seiner hohen Kuppe alles das, was bisher hoch geschienen, als Fläche wahrnimmt, und auf die höchste Harzberge wie auf eingefallne Grabhügelchen herabsiehet. Der Brocke hat von allen Seiten beynahe einerley Ansehen, nemlich eine nicht alzusteil ansteigende Höhe, die sich oben in eine kugelrunde stumpfe Spitze endiget. Diese, die in der äussern Gestalt einem Maulwurfshügel (nach den Fall-Gesetzen) ähnlichet, hat in der Ferne eine angenehm ins Auge fallende sanfte Rundung; denn von ferne sieht man die Millionen von kleinen Brocken nicht, die ihn so uneben und rauh machen, wenn man ihn näher kennen lernet. Das ganze Brockengebürge fält, wo es nicht mit Tannen bewachsen ist, und dies ist der Fall am grossen Brocken, wegen seiner nackten weisgrauen Steine, grau, wie der Kopf eines Greises, in die Augen; aus dem Lande aber nimmt sich der Brocke demungeachtet als ein schwarzer Klump aus. In einem Abstande von 8, 10 und mehrern Meilen hingegen sieht der Brocke einer lichten, weislichen über den Horizont tretenden Wolke ähnlich. In seiner grösten Pracht erscheint er aber alsdenn, wenn er mit Schnee bedeckt, und alle seine Ungleichheiten damit ausgefüllt sind. Dies ist

in

in den 9 Monaten vom Oktober an, bis in den Ju=
nius. Wenn man ihn dann aus dem Lande betrach=
tet und die höhere Sonne ihre Stralen auf seine har=
te glänzende Schnee=Rinde wirft, so kann man
ihn nicht lange ohne Verletzung der Augen ansehen.
Wenn im Lande schon der angenehme Frühling ver=
strichen und schon ganze Beete von Blumen verblü=
het sind, und man schon über die Hitze des nahen=
den Sommers klagt, alsdenn erst, und zwar mit
dem Junius, fängt des Brockens mildere Zeit an,
er legt nach und nach seinen weissen Mantel ab, und
bekommt das bunte Ansehen eines Tiegers. Dies
wäre denn vom Ansehen des Brocken in der Ferne,
wenn es ihm zuweilen gefällt, aus der Hülle der Wol=
ken hervorzusehen, hinter die er oft ganze Monate
in einsweg sich verbirget.

Eine teleologische Untersuchung; ob der Brocke,
und überhaupt der Hartz auf der Stelle, wo sie ste=
hen, nothwendig sind, und ob es nicht besser wäre,
wenn hier flache urbare Felder wären? ist für den
kurzsichtigen Menschenverstand zu wichtig, so wie die
Bejahung des zweyten Theils dieser Frage den al=
lemal guten obgleich unerforschlichen Absichten des
weisen Baumeisters der Welt, zu nahe treten wür=
de. An dem grossen und unverbesserlichen Bau sei=
ner Erde, deren Rinde wir nur wie Raupen den
Stamm eines Baumes umkriechen, muste er nothwen=
dig seyn, sonst stünde er nicht da, und thörigt ists
zu fragen: ob hier an seiner Stelle nicht was besse=
res seyn können? Wissen wir seine Bestimmung für
die Nachwelt, und kann er dieser nicht vielleicht in
der Folge nach vielen Jahrtausenden wichtiger wer=
den, als eine zehnmahl so grosse Landflur? Wer ließ
es.

es sich vor wenigen Jahren wohl träumen, daß die
allgemein verhaßte stinkende brennbare Luft, der man
bey allen Fällen als der schädlichsten verachtesten Sa⸗
che aus dem Wege gieng, jetzt sorgfältig gesammlet,
und zur Ausführung des grössesten Projects des mensch⸗
lichen Verstandes, das nach allen Kräften der Na⸗
tur unmöglich schien, zu Luftreisen, würde ange⸗
wendet werden? Kann nicht eben so die Materie des
Brocken, sein Granit, dereinst für die Nachwelt, auf
welche wir leider in allen Dingen zu wenig Rücksicht
nehmen, ein unsäglich grosser Schatz werden? Die
Bestimmung der Dinge ist so wenig, als die Zeit,
die der Erde zugemessen ist, bekannt. Jetzt misset
man freylich den Werth eines Landes nur nach der
grössern oder geringern Zahl der darauf wohnenden
ab, und nach dem, was diese von der Bearbeitung
ihres Brockens erübrigen können, um den Landes⸗
herrn mächtiger und reicher bedeutender zu machen,
und man denkt nicht darauf, daß es besser sey, we⸗
niger, aber glückliche, Unterthanen zu haben. So
würde freylich der Brocke (wenn man glaubt, daß
Land und Unterthan nur um des Landesherrn willen
da wären,) in dem Fall, wenn er die Hälfte eines Kö⸗
nigreichs ausmachte, allemal ein Unglück für sei⸗
nen Landesherrn seyn. Aber in der Gegend, wo
er liegt, und in seinem dazu verhältnismäßigen Um⸗
fange, bleibt er allemal am rechten Fleck. Wäre
an seiner Stelle flach Land, so würden auf seiner
Grundfläche zwar viele Oerter Platz finden; aber
eben diese würden in den Flächen, die um ihn herum
liegen, da fehlen, wo sie jetzt wirklich, und blos in
Beziehung auf den Harz und Brocken liegen. Diese
jetzt um den Harz herum so voll bevölkerte und in al⸗
len Fleckgen angebauete Flächen würden, wenn

kein

kein Harz in der Nähe läge, um das zu allen Din=
gen unentbehrliche Holz zu haben, weit weniger
angebauet, und um die Hälfte zu Wäldern liegen
geblieben seyn. Welch eine Betriebsamkeit verbrei=
tet nicht der Harz weit um sich her bis in weit ent=
fernte Landflächen, und wie bietet nicht der Harz
dem Lande, und das Land dem Harze wiederum die
Hand! Die grössern Handelsstädte ausgenommen,
wird wohl nicht leicht ein solches Getümmel, eine
solche Lebhaftigkeit gefunden werden können, als die=
se Verbindung des Landes und des Harzes verur=
sacht. Das Land würde ohne den Harz nicht die
Hälfte seines Korns bauen, was es bauet; wenn
nicht der Harz, und dessen über alles bevölkerter
Theil, der Vorharz, seinen Ueberfluß annähme,
durch seine Berg=Producte und glänzendes Silber
bezahlte, und Holz und Wasser hätte, die Produck=
te des Landes weiter zu benutzen und in Fabricken zu
verändern. Würden wohl in den Fluren der Graf=
schaft Wernigerode (.da innerhalb einer Längen = Mei=
le im Vorharz eine Stadt, zwey Flecken und drey
Dörfer liegen) auf einer Quadrat = Meile mehr denn
5000 Menschen ihren Unterhalt finden, wenn nicht
die Nähe des Gebürges verursacht hätte, daß sich
mehr Menschen angebauet haben, als der Ackerbau
beschäftigen und unterhalten kann, um aus dem Ge=
bürge ihr Gewerbe herzuleiten? Am Fuß des Har=
zes, im Vorharze, ist daher Ort bey Ort, und dis
ersetzt schon den Ausfall der Volksmenge auf dem
Harze selbst. Man nehme diesen Leuten und den
benachbarten Ländern den Harz weg, mache ihn zur
Fläche, und dann sehe man, wie thörigt menschliche
Anschläge sind, und wie Entvölkerung und Ver=
nachläßigung der Cultur in den Landgegenden dar=

auf

auf erfolgen würde. Sind nicht auch Eisenberg, werke und Hütten, so wie der Holtzanbau, eben so nöthig, als der Ackerbau, der ohne beydes gar nicht beste, hen kann?

Ein höchst überflüßiger und unthunlicher Vor, schlag ist es daher, wenn ein sonst grosser und nach, denkender Mann schreibt: Man sollte am Brocken noch Orte zu Fabriken anlegen. Ich weiß nicht, warum diese eben hier, am unbequemsten Orte von der Welt, seyn sollten? Der Transport der Lebensmit, tel würde allein schon ihre Arbeiten vertheuren; sie würden unendlich mehr Holtz gebrauchen, als wenn sie in warmen Landgegenden angelegt wären; der Ruin des Forsts würde bald eine Folge ihres Anbaues seyn; zum Betrieb der Hüttenwerke würde es bald an Holtz fehlen, zehn Menschen, die jetzt im Wohl, stande leben; würden gegen einen Einzigen, der dabey empor käme, verlohren gehen; das Gleichge, wicht mit dem Landmann würde aufgehoben und dadurch eine mehr als die Pest schädliche Revolution bewirket werden; denn wir würden ihm unter andern kein Holtz und Eisen mehr ablaßen können, und er würde beym Ueberfluß seiner ländlichen Producte ein an allen nothleidender Mann seyn. Der Brocke kann und darf also nicht colonisirt werden, und da, her hat man das sehr vernünftige Principium einge, führt, in den Oertern des Brockengebürges keinen mehrern Anbau und Bevölckerung auffommen zu laßen, als zur Bearbeitung der Bergproducke ich, te nur zum höchsten nothwendig sind. Hievon wer, im folgenden Theile noch einmal weitläuftiger zu re, den Gelegenheit haben.

Der

Der zweyte Vorschlag jenes Schriftstellers geht auf die Viehzucht. Vermuthlich hat er keinen von den vielen Viehhöfen, (schweizerisch: Sennen) gesehen, oder es ist ihm keine von den vielen Heerden begegnet, die das Kräuter = und Graß = reiche Brockengebürge unterhält. Diese Viehzucht könnte allerdings, was die Sommerweide betrift, noch um einigemal vervielfältiget werden: allein, dieser gute Mann müste auch Vorschläge thun, womit diese mehrere Heerden im Winter zu unterhalten wären, da die hohen Gebürge nicht über fünf Monate, und der höchste Theil des Brocken kaum 4 Monate betrieben werden können. Dieser Nahrungszweig muß daher ebenfals mit den Land = Oeconomien in einem genauen Verhältnis stehen, und auch in diesem Stücke müssen Land und Gebürge sich die Hände bieten. Eine mehr ausgebreitete Viehzucht am Brocken und auf dem Harze würde, wenn sie sonst auch thunlich wäre, auf der andern Seite wieder die Holzcultur schwächen, welche jedoch allen anderweitigen Benutzungen vorzuziehen ist, die vom Gebürge gemacht werden können. Für den Landesherrn ist nichts besser, als wenn seine Harzberge mit dichten Wäldern, die ruhig und ungestöhrt wachsen können, bedeckt sind. Durch diese setzt er seine Unterthanen in Betriebsamkeit, und sie sind ein Magnet, der seine Schatzkammer mit dem baaren Gelde des Landmanns füllt. Wie würden sonst die Forsten, die ohnedem schon der sparsamsten Forst = Oeconomie bedürftig und unterworfen sind, im Stande seyn, blos in der Grafschaft Wernigerode jährlich einige 40000 Malter Holz zu liefern, ohne welche doch die vielerley Arten von Hüttenwerken, und auf Holtz beruhende einträgliche grosse Gewerkschaften nicht bestehen könnten. Tausende von

Schroeders Abh. I. Th.　　E　　　　arbei=

arbeitenden wohlhabenden alten Einwohnern würden also verhungern müſſen, damit etwa hundert elende Bergbewohner, oder einige Heerden Vieh mehr genährt werden könnten. Der Wohlſtand des Harzes, auch der Brockengebürge, beruhet alſo allein auf der Erhaltung der Forſten, und nicht auf der Vermehrung von Menſchen und Vieh. Ein gewiſſes, der Grafſchaft Wernigerode gemachtes Compliment: „Es ſey in der Grafſchaft Wernigerode Religion, „und daher wäre zu wünſchen, daß der Brocke mit „recht vielen Oertern möge bebauet werden,‟ iſt alſo in dieſem Betracht hier am ganz unrechten Orte angebracht *)

Den Zweck des Brocken (wie ich irgend wo geleſen habe,) blos darauf einzuſchränken, daß er ſeine Länder umher bewäſſere, ſcheint mir auch nicht hinlänglich zu ſeyn. Zu Erreichung dieſer Abſicht wäre nur eine Anhöhe vom zehnten Theile der Höhe des Brocken

*) A. D. H. Ein auf Koſten aller benachbarten Länder geſagtes Compliment, gleich als wären ſie mit Heiden oder Gottesläugnern bevölkert! Ich verſpreche meinen Leſern zu ſeiner Zeit eine genaue Beſchreibung der Grafſchaft Wernigerode nach ihrer Geographie, Topographie, Geſchichte, Kirchlichen, Juſtiz, und übrigen ſtatiſtiſchen Verfaſſungen in einigen Bänden in die Hände zu liefern, worin ſie ein nähere Auskunft hierüber finden werden. So klein dieſes von der Natur zu einem der glücklichſten Flecke Teutſchlands geſchafne Ländchen auch iſt, ſo angenehm und intereſſant wird die ſehr genaue Beſchreibung deſſelben, wegen der vielen ſpeciellen Nachrichten und freyen Beurtheilungen, doch für eine gewiſſe Gattung von Leſern ſeyn.

Brocken nöthig gewesen, je es konnte blos eine hohe
Fläche, wie die Börde, die nicht ein Thal, sondern
eine erhabene Gegend zwischen 4 Thälern ist, densel=
ben Zweck erreichen.

Da das Brockegnebürge eine grosse, und nach Sil=
berschlag, wenigstens 16 Quadrat=Meilen enthalten=
de Gegend ausmacht, deren Produkte eine Gemein=
schaft der Oerter unter sich und mit den Bergen
nach sich ziehen musten; so sind nicht allein nach und
nach Wege darin entstanden, sondern es ha=
ben auch die Landesherren dafür gesorget, daß fahr=
bare Wege an und um die gefährlichste und rauhe=
ste Gebürge gemacht wurden. Dieser Wege, so zur
Ausfuhr des Holzes und der Kohlen aus den Forsten
und zur Gemeinschaft eines Orts mit dem andern
angelegt sind, enthält besonders die Grafschaft Wer=
nigerode in ihren Brockengebürgen verschiedene. Sie
sind sämtlich durch Kunst angelegt und unterscheiden
sich ganz von den übrigen Wegen durch den Harz.
Ich nenne sie daher Brockenwege. Sie fangen da
an, wo die Kennzeichen des ursprünglichen Gebür=
ges, die Granit=Bruchstücke, und der Bruch, ein=
treten. Der erste Grund dieser Brockenwege ist da=
her der, allenthalben wie Kiesel im Wasser herum lie=
gende Granitstein. An diesem sind seine herausste=
hende Ecken abgeschlagen, oder mit Bohrschüssen ab=
gesprengt, die minder schweren Stücke sind aus dem
Wege geräumt, und auf den Seiten des Weges in
die Höhe gebanset, und mit den abgeschlagenen klei=
nern Stücken sind die tiefern Stellen des Weges aus=
gefüllet. Wo der harte Granit mit Bruch abwech=
selt, sind Bäume gehauen, solche auf Unterlagen
oder Schwellen neben einander gelegt, und neben

den

den Wegen Graben zu Ableitung des Wassers gezogen. Man nennet diese Art der Brockenwege, die oft eine Stunde lang sind, Bohlwege. Sie sind, weil sie vom Morast und Wasser schlüpfrig werden, sehr unbequem. Diese Brockenwege, so unglaubliche Kosten verursacht haben, und zu welchen man in den Brüchen eine beträchtliche Menge Holtz aufgeopfert hat, bleiben noch immer sehr rauh und höckrigt, sind beschwerlich, oft gefährlich zu befahren, und erfordern jährliche Aufsicht und Ausbesserung. Im braunschweigschen Antheil am Brockengebürge ist sogar das kühne Werk ausgeführt, Abendwerts 2 Stunden unter dem eigentlichen grossen Brocken weg, durch die hohen Gebürge, eine grosse Fracht = und Heer = Strasse zu leiten. Sie ist unter dem Namen des neuen Weges bekannt, und geht von der Harzeburg aus, auf den Brockenkrug (den höchsten Ort des Gebürges, der im Winter bewohnt bleibt) bis dahin sie 3 Stundenlang bergauf steigt; von da senkt sie sich auf die Oberbrücke, theilt sich, geht theils nach Andreasberg oder Clausthal; theils und hauptsächlich aber auf Braunlahe, und von da in verschiedenen Armen nach Thüringen, Sachsen, Francken, Böhmen u. s. w. Sie wird im Sommer, (denn im Winter ist sie wegen tiefen Schnees bis lange nach Ostern unfahrbar) von Frachten, zu Vermeidung der preußischen Zölle, oder mit Waaren, die das preußische Gebiet gar nicht paßiren dürfen, von Braunschweig nach Sachsen befahren; wobey jedoch die Fuhrleute wenig gewinnen, da sie wegen der steilen Berge doppelt so viel Pferde als im Lande nöthig haben, mehr Zeit gebrauchen, die rauhen Wege ihre Wagen und Geschirr mehr verletzen, auch die Nahrungsmittel auf dem Harze theurer sind, als im Lande. Der Zoll,

der

der durch diesen Weg vermieden wird, beträgt auf
jedes Pferd 2 Rthlr. 15 Gr. Vor kurzem wurde
dieser Zoll im Halberstädtschen zu 1 Rthlr. 15 Gr.
herabgesetzt, und es schien, als wenn der neue Weg
nicht ferner würde gefahren werden. Da aber die
Direction einer benachbarten preußischen Provinz,
der der Halberstädtische Zoll dadurch gleich gemacht
würde, vorstellte, daß sich dadurch der Zug des Han-
dels und Gewerbes von ihnen wegziehen, und ihr
Stapel dadurch leiden würde: so wurde der Zoll wieder auf den alten Fuß gesetzt, und die Minderung
des Zolls dauerte kaum einige Wochen.

Meine Absicht ist aber jetzt hauptsächlich nur diese: Brockenreisenden diejenigen Wege bekannt zu
machen, welche zum höchsten Gipfel des Gebürges
führen. Wie weit unbequemer als jetzt noch vor etwa einem halben Jahrhundert eine Brockenreise gewesen sey, siehet man aus dem Ritter, wenn er von
den Wegen nach dem Brocken schreibt:

„Ordentliche gebahnte Wege, welche nach dem
„Berge führen, giebt es gar nicht, und kommt es
„hier lediglich auf einen guten und treuen Führer an,
„welchen man schlechterdings nöthig hat, und ohne
„denselben würde alles Bemühen, auf den Berg zu
„gelangen, vergeblich seyn; man ist glücklich, wenn
„man einen solchen antrift. Die Jäger der dortigen
„Forsten, imgleichen die Köhler und Holzhauer, wel-
„che von den gefährlichsten Löchern des Berges die
„beste Wissenschaft haben, werden dazu wohl am
„sichersten zu wählen seyn. Denn alle Wege, wel-
„che dahin führen, sind unwegsam, uneben, voller
„Steine und Felsen, so daß man sehr oft von einem
„Stein

„Stein zum andern springen muß, daneben sumpfig,
„theils abhängend, theils steil, und überall lang und
„beschwerlich, weßhalb man dieselbe auch nicht an=
„ders als zu Fuße thun kann, dahero die Bewoh=
„ner des Harzes, wenn sie einem alles Böse wünschen,
„zu sagen pflegen: geh an Brocken; daß du am
„Brocken wärest, u. s. w.„

Der Graf Christian Ernst von Stolberg ließ es
sich bey seiner 61 jährigen merkwürdigen Regierung
sehr angelegen seyn, auch seinen rauhen Brocken bes=
ser zu benutzen. Diesem in der Geschichte seines Hau=
ses unvergeßlichen grossen Manne hat ein jeder
Brockenreisender die Bequemlichkeiten, die er auf
dem Brocken selbst, und auf dem Wege dazu, ge=
nießt, zu verdanken. Er ließ die beyden Wege eröf=
nen, die ich jetzt beschreiben will, und brachte es so
weit, daß man jetzt zu Wagen auf den Brocken
kommen kann. Ein Werk das einem König Ehre
machen würde. Ein jeder, der zu Pferde oder
Wagen den Brocken besuchen will, muß sich schlech=
terdings so lange einen davon wählen, bis nicht ein
Montgolfierscher Luftwagen zu den Brockenreisen ge=
macht wird, worin man dann freylich der langsamen
und sehr beschwerlichen Fahrt auf der Achse überhoben
seyn wird.

Der in allem Betracht bequemste und angenehm=
ste Weg nach dem Brocken geht von Wernigerode,
so dem Brocken gerade Morgenwerts, und an sei=
nem Fuße liegt, dahin. Ein Reidender wird in
Wernigerode gleich verschiedenes bemerken, was in
denen Städten, die im flachen Lande liegen, nicht
anzutreffen ist. Unter andern wird ihm das Pflaster
der

der Straſſen ſehr auffallend ſeyn. Schon in Wer=
nigerode fangen, wie in mehrern Städten des Vor=
harzes, die unbequemen, ſchmutzigen und holen Wege
des Harzes an. Statt, daß in den Landſtädten die
Mitte der Straſſen ein erhabnes Pflaſter hat, ſind
hier die Hauptſtraſſen tief, gar nicht gepflaſtert, und
als Bette kleiner ſehr unreiner und übel riechender
Flüſſe anzuſehen, die voll loſer Steine liegen. Nach
dieſen holen Wegen hänget das an den Häuſern an=
gebrachte ſchmale Steinpflaſter ſo hinab, daß es zum
gehen ſehr unbequem, und an manchen Orten ein
Wagen in Gefahr iſt, auf ſolchen umzuwerfen, und
in den holen Weg zu ſtürzen. Wer von der einen
Seite der Straſſe zur andern herüber will, muß es
vermöge einiger Sprünge über ſpitzige, aus dem
Waſſer hoch hervorragende ſogenannte Springſteine
thun, und iſt immer in Gefahr, einen Arm oder
Bein zu zerbrechen, oder doch wenigſtens ins Waſ=
ſer zu fallen. Es läſſet ſich dieſes nun wohl jetzt oh=
ne Verſchwendung groſſer Koſten nicht mehr ändern,
weil es die Vorfahren einmal ſo hinterlaſſen haben;
inzwiſchen geben doch dieſe hole Wege bey Feuers=
gefahr den Vortheil, daß in ihnen ein groſſer Vor=
rath Waſſer aufgedämmet werden kann. *)

Der

*) A. d. H. Der Hr. Verfaſſer ſchränkt ſich auch bey Wer=
nigerode blos auf das ein, was Bezug auf den Harz
oder den Brocken hat, ſonſt würde er gewiß im Stan=
de geweſen ſeyn, mehrere und genauere Nachrichten
davon zu geben, als Zückert gethan hat. Inzwiſchen
hätte er wohl der ſehr merkwürdigen Waſſerleitung er=
wehnen können, die das auf einem mehr denn 400 Fuß
ſenkrecht hohen Berge liegende Gräfl. Reſidenzſchloß
mit

Der Brockenreisende, der in Wernigerode ange=
gelangt ist, siehet sich nun am Fuß des Gebürges
vor

mit Wasser versiehet. Diese Wasserreise (denn so nennt
man sie) ist 3856 rheinl. Ruthen lang, und wird von
noch weit höhern Harzbergen an und um die Berge
und Thäler, in töpfernen Röhren, die mit einer Mischung
von Rohr, Theer und Asche zusammengeschroben wer=
den, herzugeleitet. Sie langet zu den vielen Wasser=
Bedürfnissen des Schlosses vollkommen zu. Eine ge=
nauere Beschreibung dieses so nützlichen als kostbaren
Werks haben meine Leser bald an einem andern Orte
zu gewarten.

Wernigerode hat 7 Kirchen, die alle noch zum lutherischen
Gottesdienst gebraucht werden. Es muß also kein ganz
unbeträchtlicher Ort seyn, zumal ich die beyden geraden
und längsten Gassen zu 3724 und 3259 rh. 12 Fuß
lang befand. Die Einwohner schienen bey ihren zwie=
fachen Lasten doch ziemlich betriebsam und bemittelt zu
seyn. Der Hauptzweig ihres Gewerbes, die Brante=
weinbrennereien, verursachen einen ziemlichen Umlauf
des Geldes, der sich daraus schon mit abnehmen lässet,
daß die Accise allein in einem Jahre über 27000 Rthlr.
abgeworfen hat. Das Schloß, der Thier= und Lust=
Garten und die Gräfliche Bibliothek, die über 40000
Bände, und einen Catalogus von vortreflicher Erfindung
hat — lauter rühmliche Denkmäler des grossen Chri=
stian Ernst, bis auf das von Ihm blos wiederhergestel=
te Schloß — wären wohl die Hauptmerkwürdigkeiten,
die ein Brockenreisender auf seinem Wege hier nicht un=
besehen lassen müste. Auch soll ein Naturalien=Cabinet
auf dem Schlosse seyn, so ich aber nicht zu sehen bekom=
men

vor zwey vom Brockengebürge mit Flüssen auslaufen-
den angenehmen Thälern, und siehet den Brocken
in einer ihm nicht mehr weit vorkommenden Entfernung mit seinen Schneeflocken hervorragen. Allein
dieser Blick ist täuschend, und kaum wird man es glauben, daß dieser Blick, von dem nach dem Brocken ausgehenden Westernthore an, eine gerade Linie von 3987 rhl.
Ruthen oder (bis auf 13 Ruthen) noch 2 teutsche
Meilen

men können. Vielleicht enthält es eine gute Sammlung
von Seltenheiten zur Naturgeschichte des Brocken, so
wie in der Bibliothek ein vom Herrn Doctor Germar
verfertiges gutes Herbarium der sehr fruchtbaren Kräu-
tergegend von Wernigerode ist, in welchem ich auch eine
ziemlich vollständige Sammlung der Brockengewächse
fand.

Die ganze Grafschaft Wernigerode ist ein wahrer Lustgar-
ten, dagegen der gröste englische Park kaum ein Model im kleinen genennet zu werden verdienet. Je näher
ihrem Mittelpunkte, der Stadt Wernigerode, je schöner
und abwechselnder wird diese einem Garten ähnliche
bunte Landschaft. Diese vom höchsten, rauhesten, einsamsten Gebürge in Stufen bis zu den fruchtbarsten
und bevölkerten Flächen herabgehende Veränderungen
enthalten alles, was man sich nur schönes denken kann.
Es fehlt keine Abwechselung, die da seyn könnte, und
es scheint, als wenn die Natur alle ihre malerische und
dichterische Kräfte auf die Verschönerung dieser Landschaft hätte verschwenden wollen. Nur einen grossen
Fluß konnte sie nicht herschaffen, dagegen aber gab sie
davon mehrere kleinere, welche mehr denn 100 Mühl-
werke in Bewegung setzen. Und dieser Park ist 12 bis
15 Meilen in Umkreise und enthält über 12000 Menschen.

Meilen ausmache. Hieraus siehet man, daß eine
Reise nach dem Brocken, wenn sie nicht durch die
Luft gerade zu, wie eine Hexen = oder Montgolfiersche
Fahrt, geschiehet, nothwendig noch weiter als 2 Mei=
len seyn müsse. Zu einer Reise nach dem Brocken
mit Fuhrwerk werden von hier aus bis zum Gipfel
7 Stunden erfordert, wegen der vielen Berge, über
und um welche man weg muß.

Es ist nothwendig, daß die Brockenpilgrimme,
welche sich zu ihrer Reise eines Fuhrwerks bedienen
wollen, in Wernigerode so wohl ihren Wagen als die
Pferde und den Fuhrmann wechseln. Hier nimmt
man starke, mit hohen Rädern auch wohl einem hal=
ben Verdek versehene, auf 5 bis 6 Personen eingerich=
tete Wagen, mit denen man in den holen Wegen
und engen Schlüften der Felsen und Klippen nicht
hangen bleibt; einen des Weges und seiner gefährli=
chen Stellen kundigen Fuhrmann, und Pferde, die
gewohnt sind, in Klippen sicher zu gehen. Für eine
solche Brockenfuhre mit 4 Pferden (die man nöthig
hat) werden sechs Thaler verlangt. Ein ländlicher
Wagen, und besonders eine Kutsche kömmt nicht
nach dem Brocken herauf, und ein Versuch damit
wird nicht ohne Umwerfung, Einklemmung oder
Zerbrechung des Wagens abgehen. Stimmet die
Entfernung der Räder eines Wagens von einander,
nicht genau mit der Wagenspur des Gebürges über=
ein, entweder daß die Räder von einander zu weit
entfernt, oder einander zu nahe stehen; so klemmt
sich der Wagen in den holen Felsenwegen, als in
welche ein langjähriges Fahren mit schweren Lasten
fußtiefe Gleisen eingeschnitten hat. Gemeiniglich
sind die Landgeschirre für die Wege des Gebürges zu
weit.

weit. Die des beſchwerlichen Bergſteigens ungewohn=
ten Pferde auf dem Lande iſt man in Gefahr auf ei=
ner Brockenreiſe zu verderben, und ein Landfuhr=
mann iſt bey weiten nicht dazu geſchickt oder erfahren,
ſich in den oft fürchterlich hängenden, oft ſteilen und
engen Wegen zu helfen.

Mit einem ſolchen Brocken=Fahrzeuge verſehen,
darf man nicht ſpäter als ſieben Stunden vor der
Sonnen Untergang von Wernigerode ausfahren.
Die bequemſte Jahrszeit zu einer Brockenreiſe iſt im
Junius, nach dem Auguſt aber will ich niemand mehr
rathen, nach dem Brocken zu reiſen, wovon ich im
zweyten Theile meiner Abhandlung die Urſachen an=
führen werde.

So wie man aus dem Weſternthore kommt, ſie=
het man im Abend hinter dem ebnen und breiten
Holtzemmenthal, welches durch die beyden vereinigten
Orte Haſſerode und Fridrichsthal zwiſchen vielen
Mühlen, (worunter beſonders 4 Papiermühlen
ſind) auf das Brockengebürge zugeht und überaus
angenehm iſt, den groſſen Brocken genau vor ſich.
Die hinter dieſem Thale liegenden ſteilen Berge machen
es aber ganz unmöglich, den Brocken anders als höch=
ſtens zu Fuß, gerade zu, zu beſteigen. Der Weg
geht alſo gleich beym Weſterthore, ſo bald man ein
Brockenflüschen über eine Brücke mit 2 Bogen paßi=
ret iſt, links ab, um 2 Reihen vorliegender groſſer
Felſen=Alpen zu umfahren. Gleich bey dieſer Brük=
ke fängt das Steigen an, und hier iſt die erſte Stu=
fe zum Brocken, der Salzberg. Zu dieſem Berge
kommt man anfänglich durch ein Thal, durch welches
der kleine Salzbach im Wege zum Brocken herab=
rinnt.

rinnt. Am Salzberge selbst drehet und schlängelt
sich der Weg durch enge, tiefe, und steile Einschnit=
te in Schieferfelsen. Dieser Berg ist nicht durch=
gehends mit Holtz bewachsen, man geniesset also, noch
ehe man die gänzliche Höhe desselben erreicht, schon
das Vergnügen einer reizenden weiten Aussicht hin=
ter sich in das Land, und auf einen Theil der sich
hinter Berge versteckenden Stadt Wernigerode mit
ihrem auf einem steilen Berge liegenden Schloß. Zur
linken Seite fällt ein Amphitheater von sechs Ber=
gen, die von Wernigerode aus wie Stufen, bis zu
einer majestätischen Höhe emporsteigen, mit denen da=
zwischen liegenden Thälerchen sehr gut ins Auge.
Man erhebet sich nach und nach über jede dieser Berg=
stufen, mitlerweile man in eine Gegend kommt, da
man schon einen grossen Theil der Höhe des Salzber=
ges erreicht hat, und jenes Berg=Amphitheater
verschwindet. Hier eröfnet sich in einer Holtzblös=
se, auf einer zum Ausweichen bequemen kleinen Flä=
che zur rechten Seite, eine unerwartete herrliche Aus=
sicht nach dem Brockengebürge. Hier siehet man ne=
ben und unter sich ein Labyrinth von angenehmen
Bergen und Thälern sich entfalten; der im Hinter=
grunde immer wie eine Mauer stehende Brocke aber,
fällt, ob man ihm gleich schon einen kleinen Theil
seiner Höhe abgewonnen hat, von hier aus erhabner
ins Auge, als aus dem Lande selbst.

Bis zur gänzlichen Ersteigung des Salzberges,
dessen Spitze Rasselberg heisset, wird wenigstens
eine Stunde nöthig seyn. Ehe man diese erreicht,
drehet sich die bisherige süd=westliche Direction des
Weges völlig gegen Westen. Man kann nun sa=
gen, daß man auf dem Harze sey, denn man ist
auf

auf dem flachen Rücken eines, die gewöhnliche Höhe des
Harzes habende Bergzuges, und bemerket schon einen
starken Unterschied zwischen der Wärme, die man vor einer Stunde noch gehabt, und der hiesigen kühlen Berg-
luft. Zur linken Seite siehet man in ein finstres ruhiges
Thal, das kalte Thal, herab, welches sich in dieser Berghöhe in 2 Hauptarmen anhebt, — oder welches sich in dieser Berghöhe mit 2 Spitzen endiget.
Das hinter diesem Thale liegende Hauptthal heisset
der Schiefergrund, und hat schaudervolle Einöden.·
Zur rechten Seite des Weges bleibt das weite Thal
der Holtzemme, darin sich eine grosse Menge Nebenthäler ausgiessen, von denen sich auch verschiedene nach dem Bergrücken, worüber der Weg geht,
herauf erstrecken. Bis auf die äusserste Höhe des Salzberges wird der Weg einem Landmann, der noch
keine Harzberg-Wege gekommen ist, in schrecken-
volle Verwunderung gesetzt haben: allein nach dieser sauren ersten Stunde wird die Brockenstrasse ebner und fahrbarer. Es kommen vor der Hand weder Felsen noch Klippen, man befindet sich auf dem
geraden und über eine Stunde lang in einem zur
Stadt Wernigerode gehörenden angenehmen jungen
Walde von zerstreueten Tannenbäumen, geniesset aber
(welches etwas langweilig ausfällt) weiter keiner
Aussicht, als einigemal gegen die zur Rechten sich
hin drehende hohe Gebürge. Diese Annäherung fällt
sehr vortheilhaft für den Brocken aus, denn der beträchtlichen Höhe, die man erlanget hat, ungeachtet,
scheint er sich erst recht zu heben. Bey diesen Stellen
fand ich die Empfindungen meiner Gefährten oft auf
sehr entgegengesetzte Seiten getheilt. Einige, denen
der bisherige rauhe Weg nicht behagen wollen, murre-
ten, und schienen sich über die sich nicht vorgestellte
Höhe

Höhe und Ferne des Brockens zu beschweren; an=
dere aber wurden desto mehr mit Erwartung und
Ehrfurcht über den hohen Gegenstand ihrer Reise an=
gefüllt. Bisweilen führt der Weg auch wieder ein
Eckgen abwerts in die Spitzen kleiner, in diesem Berg=
rücken gleichsam sich erzeugender Thäler. Wer aber
genau Acht giebt, bemerket leicht, daß man im=
mer almälig bergan steigt, welches almälige Steigen
unvermerkt doch eine beträchtliche Höhe ausmacht.
Eine solche Stelle des Weges fällt gleich nach erreich=
ter Spitze des Salzberges vor. Man fährt in eine
bruchigte Tiefung herab, worin ein kleiner Bach
fliesset, der sich in das kalte Thal ergiesset. Diese
Stelle heißt: die Ochsenpfühle. Gleich dahinter
geht es aber wieder bergan.

Nach einer Fahrt von 2 starken Stunden, da=
von die erste unter starkem Bergansteigen, die andre
aber in fast unbemerklichen Steigen auf dieser Berg=
fläche verflossen, gelanget man in einer thalähnli=
chen Tiefung zu einem muntern Harzbach. Dieser Ab=
schnitt des Weges heißt: Die Meile, und von hier
aus wird Holtz nach Wernigerode geflößet. Neben
der Fahrt ist, im Fall der Bach angeschwollen wäre,
eine Brücke. Der Bach selbst bleibt beständig lin=
ker Hand, und man berührt ihn nur in einer Krüm=
mung, bey der zur rechten Seite neben einer natür=
lichen Ruhebank, einige starke ganz ungemein wohl=
schmeckende kühlende Quellen hervorquillen. Hier
macht man eine Pause, um sich und die schon ziemlich an=
gegriffenen Pferde mit einem kühlen Labetrunk zu er=
quicken. Die Geschichte dieses überaus nützlichen,
nur aber oft sehr klein werdenden Baches, ist zu merk=
würdig, als daß ich hier nicht schon einiges davon er=
wehnen sollte. Er ist hier eigentlich nicht von Na=

tur

tur, sondern ein Werk von Menschenhänden, und
bekommt erst in dieser Gegend, wo er ein natürli=
ches Thal findet, seinen Namen: Zillicher=Bach
oder Zillybach. Anfänglich wird er: der Worms=
graben genannt, und ist eine vor vielen Jahrhun=
derten angelegte, und um ein hohes Brockengebürge
herum geführte Wasserleitung, um durch einen sonst
in den kalten Bode=Fluß gehenden kleinen Fluß: die
Wormke, die Stadt Wernigerode mit mehrerem Was=
ser zu versehen. Der Ursprung dieses Baches ist
im Jacobsbruche, einer grossen Bruchfläche des
Brockengebürges, ohngefehr 4 Stunden von Wer=
nigerode. Von da an ist über eine Stunde lang an
den Hohne=Klippen ein Canal in Felsen und Klip=
pen eingesprengt, durch die er sich nach dem
landesherrlichen Vieh=und Stuterey=Hofe: die
Hohne, ergiesset, durch die angenehme Bergwiesen
dieses auf einer ziemlich grossen Bergfläche liegenden
Orts herabrieselt, und endlich, nachdem er aus vie=
len Nebenthälern Verstärkung an sich gezogen, durch
ein langes, zuletzt tiefes, und beym Ausgange mit
vielen Mühlen angebauetes, ausserordentlich angeneh=
mes Thal auf die Vorstadt und Flecken Möschenrode
und Stadt Wernigerode fliesset. Er versiehet den
Ort, besonders die vielen Brantewcinbrennereyen des=
selben, reichlich mit Wasser, und verschaft den Vor=
theil, durch Schleusen die ganze Stadt bey entstehen=
der Feuersgefahr unter Wasser setzen zu können. Ein
Theil desselben durchkreuzet die Stadt in einer Men=
ge Wasserreisen unter der Erde; einen andern Theil
werden meine Brockenreisende wahrnehmen, wenn
sie ihn vermöge einiger Brücken paßiren, und der drit=
te wilde Theil geht unter dem Namen: Fluthrennen
ausser der Stadt um die Stadtgräben, wo ihn die
Brocken=

Brockenreisenden bey der Ueberfarth über, jene beym Westernthore angelegte Brücke, werden bemerkt haben. Nicht weit unter dieser Brücke ist er über einen Canal der Holzemme, vermöge eines hölzernen Flußbettes (eines der Wahrzeichen der Stadt) geleitet, und fällt neben einer Gräflichen Niederlage von Bauholz, beym Flößplatz der Holzemme, in diesen Fluß. Das übrige von diesem Wasser werde ich bey der Beschreibung der Brockenflüsse nachholen.

Gleich hinter diesem Ruhepunkt der Meile, geht der Weg eine beträchtliche Strecke wieder bergauf, bis man auf einer sanften Höhe eben diesen Bach unter dem Namen Wormsgraben durchführt. Hier hat dieser Theil des Stadtforstes, welcher über 2 Stunden lang ist, sein Ende. Die Fahrt geht nun an einer Holzblösse (härzisch: Hay) in einem steinigten rauhen Wege fort. Jenseits einem hohen Tannenwalde bleibt zur rechten Seite der erwehnte Viehhof, die Hohne. Diese Gegend hat bey der Austheilung der Benennungen den Namen Jsaak bekommen. Gleich hinter dieser Holzblöße führt der Weg wieder durch eine etwas rauhe, wässerigte, klippigte Gegend, welche von einem kleinen Wässerchen benetzt wird. Hier trift man die ersten Granitbruchstücke an, die gleichsam als Vorposten eines nahen Brockenberges dastehen, von dem sie hieher herabgerollt sind. Der Weg ist durch sie geleitet, und, wie man an den gesprengten Steinen siehet, durch Bohrschüsse eröfnet. Dieser Brockenbergische Fleck verliehrt sich aber nach einigen Schritten wieder, da man wieder auf secundarischen Grund und Boden kömmt. Eben dieser nahe Brockenberg: die Hohneklippen, ist es, der durch seinen rauhen und hohen Nacken die Brockenfahrer hindert,

gerade

gerade zu zu reisen. Nun ist man an seinem sübli=
chen Gesenke, und fährt an solchem über eine Stun=
de lang, in einem stossenden Wege abwechselnd Berg
auf und ab, doch beydes gelinde, und im ganzen
bergan. Die beyde Bäche, durch welche man fährt,
heissen: der Mägdeborn, und Steinbach. Die
Verhüllung in einen finstern Wald dicht stehender
hoher Tannen, benimt die Hinsicht auf die hohe Alpe der
Hohneklippen, zwischen deren Spitze und dem Wege
der Wormsgraben gezogen ist. Beyde erwähnte
Bäche entspringen noch unter dem Canal, erhalten
aber aus selbigem, wo er schadhaft ist, Zufluß, und
gehen südwärts zur kalten Bode herab. Einmal öf=
net sich zur linken Seite des Weges eine, den Ein=
druck tiefer Einsamkeit nachlassende Aussicht über ei=
nen Theil des Unterharzes weg, besonders auf die
Gebürge bey der hohen Geiß, und im Hohnstei=
nischen.

Man wird ohngefehr anderthalb Meilen gefah=
ren seyn, wenn man zu einem hohlen, nach einem Tha=
le herab gehenden ziemlich bequemen Wege kommt.
Zur linken Seite dieses Weges geht der Fußsteig an
einem kleinen Bergkopfe der: Pferdekopf, neben
einem sehr reinen und kühlen Quell vorbey. In die=
sem Thale, das von Norden nach Süden zur kalten
Bode herabgeht, ist über den kleinen Fluß die
Wormke, woraus jener Wormsgraben geleitet
worden, neben der Durchfahrt, auf den Fall, daß
der Fluß nicht durchfahren werden könnte, eine
Brücke.

In diesem engen Thale der Wormke befindet
man sich in der Abweichung von dem gerade von

Wernigerode aus über Hasserode nach dem Brocken
gehenden sehr beschwerlichen Fußsteige, oder der
Gesichtslinie von Wernigerode nach dem Brocken,
die 2 Meilen beträgt, auf dem entferntesten Punk=
te. Ziehet man in Gedanken von hier aus, da man
auf der weitesten Abweichung der Fahrstrasse nach dem
Brocken gegen Süden ist, nordwärts eine gerade
Linie, bis zu jener Gesichtslinie von Wernigerode
aus nach den Brocken, so wird solche eine kleine
Meile betragen. Der bisherige Fahrweg wird nehm=
lich die Hypotenuse, die gerade Linie von Werniges
rode nach dem Brocken der Kathetus, und die Ent=
fernung beyder von einander die Basis ausmachen.
Da diese Basislinie eine teutsche Meilt ausmacht,
so ist es natürlich, daß die Fahrstrasse nach dem
Brocken eine Länge von 3 Meilen, und mit den Krüm=
mungen, noch darüber betragen müsse.

Nun fängt man die zweyte merkliche Stufe der
Brockenstrasse zu steigen an, und die Scene verän=
dert sich nach und nach. Der Berg, der sie ver=
anlasset, heißt der Feuerstein. Er ist ein mittelba=
rer Theil des Brocken, oder der südliche Fuß der
ersten östlichen Felsenkette des Brockens, die ich, wie
ich in der Folge deutlicher ausführen werde, unter
dem allgemeinen Namen: Rennekenberg begreife.
Die Strasse windet sich als hohler Weg tief einge=
schnitten ziemlich steil diesen hohen Bergsatz in die
Höhe. Die höher am Feuerstein heraufstehende
Tannen bekommen schon ein brockenmäßiges rau=
hes kümmerliches Ansehen, und ihre Aeste sind mit
langem haarigten grauen Moose, das von einem ge=
wissen Barte in einiger Ferne nicht unterschieden wer=
den kann, durchaus behangen. Dieser Feuerstein,
                                             obgleich

obgleich Theil eines alpinischen, oder Brockenberges,
ist nicht alpinisch, oder besteht nicht aus Granitgestein, sondern beynahe bis auf seine Höhe aus lauter mehrentheils kleinen, losen, schwarzblauen, glän-
zenden, sehr festen Steinen, die, mit einem Feuer-
stahl gerieben, lebhafte Funken von sich geben. Ich
zweifle, daß sie ein bloßer Schiefer sind. Die Sal-
petersäure greift sie nicht an, sie können also wohl
kein Kalkschiefer seyn, und als Gipsschiefer würden
sie mit keinem Stahl Feuer geben. Ich überlasse es
den Steinkennern, damit nähere Versuche zu machen,
die diese Steine um so mehr verdienen, weil sie einiges Ansehen vom Basalt haben. Wäre dieses,
so hätten wir durch sie eine Urkunde eines gewesenen
Vulcans, und so würden hier in einem kleinen Bezirk alle drey mögliche Arten von Bergen, nehmlich
ursprüngliche, nichturprüngliche von Fluthen und
nichturprüngliche von Vulcanen beyeinander seyn.
Inzwischen habe ich keine Spur eines Craters oder
gewesenen Schlundes eines Vulcans auffinden können, wovon überhaupt am ganzen Harze meines
Wissens, und am Brockengebürge sicherlich nicht
das geringste Merkmal vorhanden ist. Meinen Lesern aber Hypothesen vorzuträumen, und nach eig-
nem Gefallen die Craters hinzusetzen, wo die Natur
keine dargestellt hat, ist meine Sache nicht, und mögen Fremde, die das Brockengebürge wenig kennen,
allein diese Freyheit für sich behalten.

Auf der Höhe des Feuersteins ist eine ziemliche
breite Senkung, in der der Weg von Elbingerode
in unsre Straße einfält. Hier schneidet sich der blaue
glasartige Stein des Feuersteins völlig ab, und
wechselt mit dem wilden Granit. Zur rechten Sei-

F 2   te

te des Weges siehet man eine ziemlich grosse Gegend von Bergwiesen mit alpinischen Kräutern. Eine, am Wege von diesen Wiesen, so nach. dem Hüttenwerk Schierke gehören, gezogene Mauer von grossen, rohen, auf und neben einander gelegten Granitbrocken, wird sicherlich als die erste ihrer Art die Augen des Brockenfahrers mit Verwunderung auf sich ziehen.

Hier hört die Hülle des Tannenwaldes auf. Die durch ein vierstündiges Bergauffahren erregte Vorstellung, man müsse bey der schon erreichten beträchtlichen Höhe, die doch kaum zwey Fünftheile des Brocken beträgt, nicht eben sehr viel mehr nach dem Brocken zu steigen haben, fällt gleichsam wieder in eine grosse Tiefe herab. Nun siehet man um sich herum nichts als ungeheure dickmaßige, wolkenhöhnende Brockenberge, hinter denen der Brocke nur erst von weiten mit einer Erhebung, die hier höher lässet, als von seinem Fusse im Lande, hervorgukt. Man siehet hier auf einmal, wie hinter einem aufgezogenem Vorhange, eine ganz neue Scene sich aufthun, welcher die auf der 2ten Meile der Reise eingewiegte Aufmerksamkeit des Brockenfahrers wieder rege macht.

Bis auf den höchsten Fleck des Feuersteins ist man dem Wernigerödischen Wege nach dem Gräflichen Hüttenwerk Schierke gefolgt, welches man in einem schwarzen Thale unter den Füssen, zwischen hohen alpinischen Gebürgen und Klippen an der kalten Bode eingeklemt, vor sich liegen hat. Bis hieher ist man Abendwerts und etwas südlich gefahren, auf einmal aber macht die Brockenstrasse eine unvermuthete spitze Abweichung vom Schierkischen Wege.
Hier

Hier wird nun die eigentliche wahre Brockenstraße auch Brockenweg, und die Festigkeit des Wagens wird auf die Probe gesetzt.

Mit dieser Abweichung fängt sich die dritte Scene des Brockenersteigens an. Man drehet sich anfänglich ganz nach Nord-Ost, bald aber in einem Bogen mehr Abendwerts um einen zur linken Seite im jungen Gehölz liegenden schrecklichen Bruch- und Klippen-Wechsel zu umziehen. Der Weg führt im Gebiet des Rennekenberges durch junges Laubholz in einer Richtung nach Nord-West, immer aufwärts, bis man zu einer abhängigen geräumigen Holzblöße kömmt.

Ein Blick auf der einen Seite gegen die Brockengebürge, die sich immer höher zu heben scheinen, und auf der andern Seite über den nun schon als Fläche ins Auge fallenden ganzen Unterharz, mit darüber wegliegendem Petersberg bey Halle, hebet schon die Seele des Brockenfahrers zur Vorempfindung und Erwartung höherer Freuden. Man fühlt sich schon almälig mehr, es wird einem wohl, man ist aber so zwischen dem Begrif vom tiefen Lande, und dem hohen Brocken, getheilt. Zur linken Seite gegen Süd-west erblickt man hervorragende mit ihren Trümmern umgebene in jeder Minute neue Abfälle drohende, hohe, und wie Ruinen colossalischer orientalischer Palläste ins Auge fallende Felsen; und indem die Seele ganz mit diesen Vorfreuden des Brockens angefüllt wird, hebt sich der rauhe Weg unter beständigem Steigen an einem zur rechten Seite hoch über dem Scheitel liegenden Sprossen des Brockengebürges den Artebeer- (Erdbeer-) Kop,

Kop, durch Abwechselung von Bruch, Quellen,
Waſſer und Granitklippen, zu einer angenehm ins
Auge fallenden groſſen alpiniſchen Bergfläche, die
man nicht erwartete, in die Höhe.

Nun ſiehet man den Brocken, wenn er nicht im
Wolkenbette ſchläft, in Nord=Weſt noch hinter an=
dern Vorgründen von Bergen, wobey ſich noch
mehrere hervorſtehende Spitzen und Felſenketten des
alpiniſchen Gebürges entwickeln. Zur rechten Seite
Nordwerts ſiehet man auf den Grund der gedachten
Fläche, an deren öſtlichen Seite ein weiſſes noch be=
wohntes Haus ſteht. Dieſes iſt ehemals eine Torf=
ſtecherey geweſen und führt mit dieſer aus einem ganz
unwegſamen Bruche beſtehenden flachen Senkung
den Namen: der Jacobsbruch, nach dem ehema=
ligen Gräflichen Bergrath Herrn Jacob Bierbrauer.
Hinter ſich gegen Oſten hat man über dieſes Haus
weg die Ausſicht auf eine lange Kette von Felſen,
welche theils noch wie Thurmſpitzen theils wie Stücke
einer eingefallenen babyloniſchen Mauer in die Höhe
ſtehen. Hier ſieht man in dieſem langen Berge die
Hohneklippen, und zwar von hinten, und bemerkt,
warum man ſoweit gegen Süden umfahren müſſen.
Ein blos überhin gehender Blick zeigt ſchon, daß es
beynahe unmöglich ſey, über dieſe verworfene Klip=
penwüſteney einen Weg zu bahnen. Doch gehen
über dieſe ſogenante Hohneklippen auch einige den
Hirten und Arbeitsleuten im Forſt bekannte, wie=
wohl ſehr unbequeme den Treppen ähnliche Stiege,
die allenfals einem Brockengänger zu Fuß, wenn
er keine Ermüdung ſcheut, zu wählen ſtehen; wie
ich ſie denn ſämmtlich beſtiegen bin und keine Gefahr
geſcheuet habe, auf einige von dieſen hervorſtehen=

den

den Spitzen zu steigen, die in der Nähe weit größer und schrecklicher sind, als von ferne.

Der Weg geht nun auf einem erhabenen Bergrücken in weichem hohem Grase, auf Flächenart sanft steigend gerade nach dem Brocken zu. Man vertieft sich auf solchem bald in einen jungen sehr dicken, wie eine Allee ausgehauenen Tannenwald, der mit dem Rauhen der schon gesehenen Gegenden, durch sanftern Weg und Gegenstände, contrastiret. Diese angenehme Abwechselung, die mir einst im Julius zum Schutz gegen ein Schauer Glatteis diente, dauert aber nicht lange; denn bald dahinter kommt man, nachdem man zur linken einzelne Stücke von hohen Felsen-Ruinen gelassen, an den südlichen Abhang des Rennekenberges, des nähesten Fußschemels des Brocken. Um sich herum, und neben dem stauchenden höckrigten Brockenwege, liegen verworren grosse Klippen, zwischen denen aus bruchigter Erde kümmerlich und kärglich junge, ein altes Ansehen habende Tannen entspriessen. Auch steht eine Felsenruine, die Capelle genannt, oben auf der Höhe des Rennekenberges zur rechten Seite, hinter der in einem tiefen Grunde die fürchterliche Gegend, die Hölle, verdekt liegt. Neben der Capelle kommt der Fußsteig von Wernigerode über Hasserode wieder zur Fahrstrasse. Zur linken siehet man in ein Brockenweg-Thal welches ohne Absehen in die Tiefe nach der kalten Bode geht und das Schuppenthal genannt wird. Der Weg geht immer an der zur rechten Seite bleibenden Höhe des Rennekenberges fort, bald bergauf, bald etwas abwärts, auch ist man unvermerkt durch eine Schluppe dieses Berges, an einem Kopfe desselben weg, der zur linken bleibt, gekommen. Dieser Kopf heißt

der

der Pferdekopf, und auf demselben befindet sich ein Felsenbouquet.

Endlich senkt man sich, voll Sehnsucht nach dem hochvorliegenden Brocken und nach dem warmen Ofen des Brockenwirths, in eine kleine Tiefe vom Rennekenberge herab. Bey diesem Abfall glaubten meine Brockengefährte oft, wann wir mit Wolken umwehet waren, oder der Brocke dem Auge durch das Dunkel der Wolken entzogen wurde, sie wären nun schon auf dem Brocken gewesen, und fielen gleichsam an der andern Seite wieder herab, zumal sie ein Haus sahen, welches sie für das den Brockenpilgrimmen bestimmte Brockenwirthshaus hielten. Hier ist man nun zwischen dem langen Rennekenberge und dem noch längern Brocken auf der höchsten flachen Spitze eines zwischen beyden gelegnen Thalgrundes. Diese Fläche heißt das Brockenbette, welchen Namen die darauf befindliche Torfstecherey, wozu erwähntes Haus gehört, gleichfalls führet. Der Name Brockenbette ist eine gute Erfindung. Der Fleck, der also benennt wird, ist einem Küssen sehr ähnlich, sowohl wegen seines elastischen weichen Torfbruchs, als weil gleichsam der Brocke darauf mit ruhet. Dieses Brockenbette hat bereits die hohe Lage, daß es seine Quell- und Seewasser zwischen der Elbe und Weser theilet. Es ist gleichsam der Kopf von dem nördlichen nach der Weser seine Wasser herabschickenden Ilsethal, und von dem Schuppenthale, in welchem gegen Süden die Wasser ihren Abfall nach der Elbe haben. Hier commandirt man also gleichsam 2 Flüsse, und ich habe mit wahrem Vergnügen nach einem starken Regen bemerkt, wie sich auf einer Stelle, wo nur wenige Menschen Platz haben, gleich

neben

neben einander die ablaufende Waſſer theilten, und mir erlaubten, nachdem ich nun dem einem oder dem andern Strome eine Gnade erzeigen wollte, ſie mit einer Handvoll Torf-Erde entweder nach der Elbe oder nach der Weſer herabzudämmen. Man kann ſich leicht vorſtellen, daß ich mich hier nicht wenig zu ſeyn dünkte, wenigſtens war ich in dieſem Falle der auſſerordentlichſte Menſch der ſeyn kann. Hier würde das Bild eines Flußgottes mit 2 Geſichtern nach Süden und Norden, und einer Urne, deren Waſſer er mit einem Spaden theilte, ſehr gut angebracht ſeyn, wenn es jemanden etwa einfallen ſollte, ſich am Brocken ein Denkmal zu ſetzen. Die zweyte Merkwürdigkeit des Brockenbettes iſt die Vereinigung beyder Fahrſtraſſen nach dem Brocken. So bald man das Brockenbette erreicht hat, fält man in dieſen, zur rechten vom nördlichen Abhange des Brockenbettes, dem Anfange des Ilſethals, von Ilſenburg heraufkommenden Brockenweg ein, und —

Hier mögen ſich meine bisherigen Brockengefährten mit ihren müden Pferden ein Weilchen ausruhen, denn ſie ſind nun glüklich bis an den ganz unmittelbaren Fuß des eigentlichen wahren Brocken gekommen, und haben nun blos noch die beyden letzten und merkwürdigſten Stufen ihres Heranklimmens vor ſich. Ich will indeß meine andre Brockenwanderer, welchen den zweyten Hauptweg über Ilſenburg gewählt haben, erſt nachholen, und, mit ihnen beyden vereint, den Brocken ſelbſt befahren.

Ilſenburg, ehemals eine Stadt, nunmehr aber ein Flecken, bisweilen auch ein bloſſes Hüttenwerk genannt, liegt von Wernigerode eine Meile in Weſtnord-

norb = weſt, vom Brocken aber beynahe gegen Nor=
den und noch ein weniges oſtwärts. Was der aben=
theuerliche Prätorius darunter meint, wenn er ſagt:
„Ilſenburg läge gleich unter dem Plankenberge,‟
verſtehe ich nicht. Vom Brocken aus, bis zum Ma=
rienhofe, einem Gräfl. Landhauſe in der Mitte von
Ilſenburg, durchſiehet das Auge in gerader Linie ei=
ne Entfernung von 2479 rheinl. Ruthen, oder bey=
nahe eine und eine viertel Meile. Man würde ſich
aber ſehr in ſeiner Rechnung irren, wenn man glaub=
te, in einem Zeitraume, den man gewöhnlich zur Zu=
rücklegung von fünf viertel Meilen gebraucht, auch
nach dem Brocken kommen zu können.

Dieſer angenehme, weitläuftige, mit Teichen,
Gärten, Häuſern, Wieſen, Waſſerleitungen und
Werkſtätten der Cyclopen abwechſelnde, lebhafte
Ort, liegt näher und noch mehr eigentlich am Fuſ=
ſe des Brocken, auch ſchon 348 Fuß höher als Wer=
nigerode, doch, gleichwie Wernigerode, neben dem
flachen Lande, halb im Vorharze, am Ausgang ei=
nes langen, äußerſt wilden engen und ſteilen Brok=
kenthals, das mit ſeinem Ilſefluß die nord= und nord=
öſtlichen Quellen auch Schneewaſſer des Brocken bis
an ſeine Spitze einſammlet, und durch tauſende von
gröſſern und kleinen Waſſerfällen herabführt. Der
obere Theil von Ilſenburg liegt auf einem alpiniſchen
Grunde, denn der Erdboden iſt hier eine Miſchung
von bruchigten Stellen und groſſen durcheinander
liegenden Granitſtücken. Doch ſcheinen dieſe Brok=
ken wohl nicht hier eigentlich zu Hauſe zu gehören,
oder bey der allgemeinen Zerrüttung des Brockenge=
bürges, hieher herab geworfen zu ſeyn. Sie ſind
vielmehr durch ſtarke Fluthen aus dem Ilſethal vom
Brok=

Brockengebürge herabgewälzt worden, wie man denn
noch jetzt oft in dem Flußbette der Ilse, wenn sie in
den warmen Frühlingsmonatten vom Schneegange;
stark angelaufen gewesen, hie und da neu hinzugekom=
mene grosse herabgewälzte Steine findet, welche, um
den Fluß nicht zu hemmen, mit Pulver gesprengt,
und weggeräumet werden. So wenig ich mich auf
eigentliche Geschichte der Orte, die ich anführen muß
(wenn sie nicht im Brockengebürge selbst liegen) ein=
lassen kann, und werde; so kann ich doch wohl nicht
ganz die in die Naturgeschichte des Brockengebürges
einschlagenden ausserordentlichen Begebenheiten mit
Stillschweigen übergehen. Hier aber haben wir von
diesen Ilseburger Granit=Bruchstücken eine historisch
glaubwürdige Nachricht aufbewahrt erhalten. Es
erzählt nehmlich Peter Engelbrecht, gewesener derzei=
tiger Gräflicher Administrator in Ilsenburg, so im
Ausgange des sechzehnten und zu Anfang des
siebzehnten Jahrhunderts gelebt, in seiner, von Leuk=
seld aufbewahrten Chronik der Aebte von Ilsenburg *):
„daß am 24sten May 1576 die Ilse von einem auf=
„serordentlich starken Regen so angeschwellt worden
„sey, daß sie Steine von unermeßlicher Grösse (im-
„mensae magnitudinis) und Gewicht von der Stel=
„le bewegt, und weit mit sich geführet, durch wel=
„che Ueberschwemmung in einer Nacht zu Ilsenburg
„36

---

*) Diese in grossem Ansehen gestandene Benediktiner=
Abtey lag auf einem kleinen Berge über der Ilse;
ihre ansehnlichen Gebäude sind hernach in ein Gräfl,
Residenz=Schloß verwandelt worden, und werden noch
bewohnt. Der Weg nach dem Brocken geht dicht am
Fuß des Schloßberges neben der Ilse weg; es wird also
den Brockenreisenden von selbst in die Augen fallen.

„36 Menschen und 22 Gebäude zu Grunde gegan=
„gen.„ Wäre doch auch solch ein Engelbrecht bey
den ältern und weit wichtigern Wasser=Revolutionen
gegenwärtig gewesen, um solche der Nachwelt zu
beschreiben; dann würden wir entübrigt seyn, uns
mit Hypothesen, Muthmaßungen und Wahrschein=
lichkeiten von der Art und Weise, wie die Gebürge
ihre jetzige Gestalt bekommen haben, abzugeben.
Der Leser verzeihe mir diesen kleinen Aufenthalt bey
Ilsenburg, es soll hernach desto rascher bergauf
gehen.

Die Berge, zwischen denen das Ilsethal ausgeht,
nemlich zur linken Seite der Schloßberg, Cammer=
berg und Stumpfrücken, und zur rechten der Buch=
berg, Kalkberg, und ein Theil des Westerberges, sind
noch nicht brockenartig, sondern bestehen aus Schie=
fer, Eisen= und andern nicht zum Granit gehören=
den Gestein; sie sind also vermuthlich durch grosse
Wasser=Revolutionen angesetzt worden. Kaum ist
man am Ende dieses Orts, der sich mit seinen Vul=
canischen Werkstätten, Eisendrathhütten und Säge=
mühlen bis weit ins Thal hinauf dehnt, (so lange
es nehmlich nicht zu enge wird,) und ist insonderheit
beym Waldhofe durchgefahren, wo der nunmehro
im Forstwesen auswärts sehr berühmte Gräfl. Ober=
forstmeister Hr. von Zanthier wohnte, und seinen
Unterricht ertheilte; so findet man schon feste Kno=
chen von Granit, und sieht sich zwischen ursprüng=
lichen Bergen und dem brockenartigen Abfall der
höh=rn alpinischen Berge.

Man sieht schon weit aus dem Lande von der Mitter=
nachts=Seite her, am linken hohen Bergufer des
Ilse=

Ilsethals eine aus dem sehr steilen Berge: der Stumpfrücke, herausgehende Felsenbrust. Es ist dieses der sehr merkwürdige Ilsenstein, ein senkrecht aus dem Grunde des Thals bis zu einer Höhe von 230 Fuß (nach des Hrn. O. C. R. Silberschlags Ausmessung) oder nach dem Ritter fast sechzig Klafter, und nach einer noch andern Angabe von Ilsenburg aus, 600 Fuß hoch heraufstehender nakter Fels von Granit. Dem Ansehen nach hängt er gegen das Thal mit seiner Spitze über, allein es kann ein optischer Betrug seyn, der nur gar zu leicht vorfällt, wenn man aus einer ungewohnten grossen Höhe in eine grosse Tiefe, oder umgekehrt, siehet. Der Ilsenstein ist allemal der beträchtlichste Fels, den das Brokkengebürge noch als eine Reliquie seiner ehemaligen ungeheuren Felsen-Riesen aufzuweisen hat. Er steht mit seinem Rücken im Berge fest, und eben dieses macht, daß er jenen Zertrümmerungen trotzen können. Hätte er frey gestanden, so würde er dem Schiksal nicht entgangen seyn, das die übrige Brockenfelsen und der Brocke selbst erlitten hat. Ich könnte mir keinen majestätischern Blick denken, als den auf dem Ilsenstein, wann er so auf allen Seiten wie eine Felsensäule frey stünde, als er auf der Seite nach dem Thale hin senkrecht da steht. Ausser der alle Vorstellung übertreffenden schrecklichen Felsen-Wildnis beym Roßtrap, die eine abgesonderte alpinische Gruppe auf dem Harze ist, weiß ich mich keines Felsen zu erinnern, der dem Ilsenstein gliche. Nur jene sind ihm an die Seite zu setzen, oder vielmehr übertreffen ihn noch.

Es führen einige Fußwege an den Bergen weg zu ihm herauf, wovon der beym Schlosse zu Ilsenburg

burg an dem steilen, kahlen Stuinpfrücken sich längs
dem Thale sanft in die Höhe schlängelnde der bequemste ist. Auf diesem Wege kann man binnen einer Stunde hinauf kommen. Schon auf diesem
Wege wird manchem, der zum Schwindel geneigt
und des Blicks in die Tiefe nicht gewohnt ist, bange, denn der Abhang des Berges ist zwischen horizontal und perpendiculär, ja ich sollte beynahe glauben, daß die Abdachung des Berges an manchen
Orten einen Winkel von mehr denn 50 Graden mache. Die Aussicht von diesem Wege auf 3 Seiten,
nach noch höhern Bergen und auf der 4ten über
ganz Ilsenburg weg, bis tief ins Land gegen Norden nach Braunschweig hin, gehört mit unter die
ausgesuchtesten des Harzes. Ueber und unter diesem schmalen Jägerstige trift man nichts als lose
Steinarten von Quarz, Schiefer, eisenschößigen
Spath u. s. w. an, die wie schweizerische Schnee-
lauinen in grossen Heerden aus hängen, und bey
einer kleinen Berührung mit erschrecklichem Gepras-
sel sich bewegen, und näher zum Thal sich herabsenken. Schon vor dem Ilsensteine kommt man zum
Granit. Der Weg führt bey einigen ehrwürdigen
gut ins Auge fallenden Granitfelsen weg, die theils
sichtbarlich bey dem nun eingetretenen Wechsel des
ursprünglichen und nachher entstandenen Gebürges aus
der Bedeckung des erstern mit andern Steinarten,
hervorstehen. Diese einzelne hervorstehende Granit-
spitzen gehen bis zum Gipfel des Sumpfrückens in
die Höhe, der noch um vieles über den Ilsenstein hervorsteht. Einer dieser kleinen Felsen hat
neuerlich den Namen: der Friedrichsfelsen, davon
erhalten, weil des jetzt regierenden Herrn Grafen
Erlauchten einen starken Hirsch von selbigem aus, er-
legt haben.                Zinn

Zum Ilsenstein selbst geht man nun mit bangem Tritt auf einem schmalen, zu beyden Seiten in die Tiefe herabgehenden, etwa 100 Schritt langen Felsenrücken, etwas abwerts. Zur obersten dem Anschein nach überhangenden Spitze des Felsen führt wie zu einem Keller ein stufenartiger Gang hinab. Hier siehet man sich in einer natürlichen Grotte von etwa 12 Schritt in der Länge und 3 Schritt bis zum Abgrunde in der Breite, eingeschlossen. Ein überhängendes festes aus einem Stück Granit bestehendes hohes Felsengewölbe, wie ein Thronhimmel, vermehret das feyerliche dieser Einsiedeley. Zum Sitzen bietet ein Theil des Felsen in Form eines Canapee, welche Benennung dabey auch recipirt ist, seinen Dienst an. Wenige Fuß nach dem Abhange hin verhüllen einige, dem Felsen ihre Nahrung abzwingende Gesträuche, den nahen Abgrund. Man nahet sich ihnen mit schaudern, um in die steile Schwindel erregende Tiefe, wo die Ilse schäumend vorbey rauscht, hinab zu sehen. Hier fallen alle Gegenstände, die vorbeyreisenden Menschen, der Fahrweg, das Bette der Ilse, wie ein Miniatür-Gemälde ins Auge. Ritter sagt: „steht jemand oben drauf, oder „unten an demselben, und wird von den vorüber„gehenden im Thal, oder von denen, welche auf dem „Felsen stehen, angesehen, so siehet er nicht grösser „aus als ein 3 oder vierjähriger Knabe.„ Man würde hier in der harmlosesten Stille wonnevolle Einsamkeit geniessen können, wenn nicht der Gedanke, so nahe am zerschmetternden Abgrunde zu ruhen, zu beunruhigend wäre. Siehet man am Ilsenstein aus dem Thal in die Höhe, so findet man aus seiner steilen senkrechten Wand eine Menge kleiner und grosser Spitzen, wie Zierrathen eines Gebäudes im

Gothi-

Gothischen Geschmack heraus stehend, zwischen denen Adler und andre Raubvögel ihre sichere Raubwohnung haben.

Gegen über, übers Thal weg, sieht man hohe Berge, an denen ein gleichmäßiger Ilsenstein angelehnt gewesen zu seyn scheint: denn seine Ruinen erstrecken sich noch von der Höhe des Westerberges bis ins Thal herab. Entweder ist er durch die Zeit aufgelöset, von Erderschütterungen umgeworfen; oder durch starke Fluthen, die ihn anspülen konnten, ergriffen, in seine einzelne Stücke so herabgerissen. Nur noch an einigen Stellen siehet man feste hervorstehende Felsenrücken, sichere Beweise des ehemaligen grössern Ganzen.

Der Aberglaube, der die entfernte Geschichte des grauen Alterthums in Hexen = Mährchen und dergleichen Kinder scheumachende Erzälungen verhüllet hat, setzt ein altes verwünschtes Schloß, worauf eine reiche schöne Prinzeßin, Ilse, gewohnt haben soll, auf den Ilsenstein. Ja es finden sich noch jetzt Leute, die versichern, diese reizende Ilse liesse sich noch zuweilen sehen, und wasche sich alle Morgen im Ilsefluß. Erwähnter Peter Engelbrecht hat aber das Wahre dieser Geschichte aus den Urkunden der Abten Ilsenburg gerettet, wenn er meldet: „Es habe „auf diesem Ilsensteine ein Raubschloß gestanden, „wovon dem Kaiser Heinrich grosser Schade zuge= „füget sey. Es sey aber auf Ansuchen des Abt Mar= „tin des Fünften aus dem Hause Hessen beym Pabst „Paschalis dem Zweyten, auf des letztern Befehl, „im zwölften Jahrhundert vom Erzbischof Adelbert „zu Magdeburg und Grafen Ludewig von Sachsen ein=

genom=

genommen, dem Abt Martin gegeben, und an solchem von Grund aus zerstöret worden. Die Schätze des verwünschten Schloßes, die hier gefunden werden, will ich niemanden beneiden, doch ist der Fall nicht ganz unmöglich. Noch neuerlich während des baierschen Successions = Krieges, versteckte ein junger Mensch, der angeworben zu werden befürchtete, seine Baarschaft an einem Orte beym Ilsenstein, wohin keinen eine bloße Neugier treiben würde.

Dieser fürchterlich schöne Fels setzte einst den Dichtergeist der Frau Karschin zu Berlin ins Feuer, sie machte ein seiner würdiges Gedicht, worin sie die mir sehr glaubwürdige Meinung, daß diese Felsen ehemals zusammen gehangen, und von Fluthen auseinander gerißen worden, selbst als Dichterin unterstützt. Nie ist wohl was schöners von diesem Felsen gesagt worden, als in diesem Gedicht, ich glaube auch, daß es an keinem Orte seinem Leser mehr gefallen wird, als wenn er im Vorbeireisen nach dem Brocken sich auf eine Trümmer des Felsen beym Grabe des unglücklichen Mädchens niedersetzt, und dann ihr nachempfindet. Ich füge es also hier bey.

## Die Felsenbrüder.
### an den Reichsgrafen zu Stolberg Wernigerode 1761.

Du Herr der Felsen, die einander gleichen,
Wie Söhne die Ein Weib gebahr;
Stolz wuchsen sie empor, den Himmel zu erreichen:
Auf ihren Gipfel floh ein Paar

Bayerische
Staatsbibliothek
München

Verliebte, als für ihre schwarze Sünde
Die erste Welt im Wasser schwomm!
Da forschte Gott, ob er sie schonenswerth befinde,
Und ihrer beyder Liebe fromm.

Ein Blick in sie aus seines Dunkels Hülle
Fand ihre Seelen ganz verderbt;
Und, daß ihr Leben nicht die Erde neu erfülle
Mit Bosheit, sprach der Rächer: sterbt!

Die Fluth vernahm es, die Orcana hörten
Und stürzten auf die Felsen los,
Wie Kriegesheere, die Jerusalem zerstörten:
Da bebten von der Wellen Stoß

Der mütterlichen Erde Zwillings=Söhne
Dreymahl; und die Gewalt zertrieb
Sie also reissend, daß auf einem Fels die Schöne,
Der Jüngling auf dem andern blieb.

Die Wolken=Welt, die über ihren Köpfen
Mit ganzen Meeren Wasser hing,
Ward finster; schien sich selber zu erschöpfen
Indem das Mädchen unterging.

Die dicke Luft erscholl von dem Geheule
Des Jünglings, der zum Wasser sprach:
Komm schnell herauf gestiegen Wasser! eile!
Es kam, er schwomm den Mädchen nach.

Sie kämpfte noch mit ihrem Untersinken,
Als ihr Geliebter sie umfing,
Und geizig war, den Geist in sich zu trinken,
Der an den kalten Lippen hing.

Die

Die Muſe ſagt, ſie lägen an dem Fuſſe
Des einen Felſen, wären Stein,
Unkennbar durch die Zeit, wie ein vom Regenguſſe
Verwaſchnes Bildnis pflegt zu ſeyn.

Die Felſen aber mit erhabnem Haupte
Verkündigen des Höchſten Hand,
Der über eine Welt, die keine Gottheit glaubte,
Den Tod in Wolken abgeſandt.

Sie ſehen ſich, troz allen Ungewittern
Unumgeſtürzt einander an:
So ſteht, wen Schlag auf Schlag die Erde wird er-
ſchüttern
Der Chriſt, und der rechtſchafne Mann!

Hier will ich meine Leſer noch erinnern, daß ſie
ſich mit Aufſuchung des groſſen Craters nicht ver-
weilen, den ein ſonſt ganz vortrefliches Buch ſo un-
beſtimmt in dieſe Gegend geſetzt hat. Schon die
Angabe ſeiner Lage macht ſeyn Daſeyn unmöglich.
Er ſoll ſich nehmlich zwiſchen dem Brocken, dem
Ilſenſtein und Ilſenburg befinden. Wenn er zwiſchen
dieſen angegebenen drei Punkten liegen ſollte, müſten
ſolche ein Dreieck in ihrer Lage ausmachen, ſie machen aber eine gerade Linie aus. Der Crater (Be-
cher, Trichter, Erdfall) könnte ſich alſo nicht zwiſchen
dieſen drei angegebenen Punkten befinden, und müſte
denn allenfalls zwiſchen zweien derſelben liegen.
Ich habe aber weder zwiſchen dem Brocken und Ilſenſtein, noch zwiſchen dieſem und Ilſenburg die
geringſte Vertiefung bemerkt, die einem Crater ähnlich wäre. Den Hypotheſen dieſes Buchs nach,

G 2         wäre

wäre er hier freylich wohl schiklich anzubringen gewesen
Auch finde ich am Ilsenstein keine besondre Tannen,
sondern die hier und da in seine Riße eingewurzel=
te Tannen sind aus dem Saamen entstanden, den
der Wind von den nahe liegenden Tannenwäldern da=
hin gewehet hat. Die Abbildung dieses Felsen hin=
ter Hrn. O. C. R. Silberschlags erstem Theile seiner
Geogenie hat gar nichts ähnliches von seinem Ur=
bilde.

Der Ilsenstein und sein Gegenstein sind hier
gleichsam ein Paß oder Thor zum Brocken. Hinter
diesem wird das Ilsethal enger und grausender, da=
bey der Weg beschwerlicher und steiler. Zur linken
Seite kommt am Ilsenstein vom Berge: der Pater=
noster ein kleines Thal, so wie zur rechten vom Ro=
henbrockberge ein gleiches, herab. Man paßiret
die Ilse mehrmals vermöge einiger Brücken und läs=
set diesen Fluß endlich beständig zur Rechten. Nicht
weit von hier fällt wieder von der linken Seite ein
Thal und kleiner Bach: das Lodmecke, wodurch der
Weg nach dem am Tannenklint belegenen Gräfl.
Jagdhause: die Flossenburg herauf geht, ins Haupt=
thal ein. Ferner bleibt der Drey = Sageblocks=
berg zur linken, hinter welchem ein vom Pfor=
tenberge herkommendes, durch das Speiken=
loch gehendes Wässerchen herab fällt. Zur rechten
aber sieht man jenseit der Ilse in ein aus mehrern
Thälern, Nebenthälern und Quellen zusammen lau=
sendes grosses Thal, die Grue. Man fährt in
unabgebrochnem entsetzlich steilen Steigen immerfort
bergan, indem zur rechten Seite unter dem schrof=
fen Abhang der einzigen im Felsen eingearbeiteten Wa=
genspur, sich die Ilse in schwarzer Tiefe über Felsen
herab=

stürzt. Die grüne Decke der Bäume schützt gegen
die in diesem engen und tiefen Thale sehr brennende
Hitze, wenn bey stillen Sommertagen hier alle Cir=
culation der Luft fehlt. Der Weg zieht sich fer=
ner am Gebbersberge weg, einem Berge von großen
Umfange, über den ein näherer Brockenstieg geht.
Zur rechten Seite der Ilse und des Thals, das sei=
nen Namen Ilsethal in Kerbenthal, weil es wie ein
enger Einschnitt oder Kerbe in die hohe steile Gebür=
ge anzusehen, verwandelt hat, steht der Meinecken=
berg. Am Ende des Gebbersberges kommt aus
hohen Gebürgen von Sonnenklee, Sohlwinkel,
und Schmuckbruch ein flaches Thal herunter, des=
sen ziemlich lebhaftes Wasser die Schmalebeck,
Schmalze oder Schleuse genennt wird.

Ehe man zu diesem Brockenbergswasser kommt,
gestattet der eine kleine Weile in einiger Fläche fort=
gehende Weg, den äusserst angegrifnen Pferden eini=
ge Erholung zur Vorbereitung auf den von nun an
wieder ununterbrochen bergan und mehrentheils steil
zum Brocken herauf klimmenden Weg. Unter dem
Einfall des Schmalebecks in die nun nahe zur Rech=
ten gehende Ilse, führt eine Brücke über solche, zu
dem da hinten in einer angenehmen Dickung von Bloch=
wänden, angelegten kleinen Gräfl. Jagdhause: die
Spiegelsluft, neben der ehemals eine Sägemühle,
die Ilsenmühle benannt, gelegen hat. Bey diesem
Jagdhause hat man ohngefehr die Hälfte der Länge des
Weges nach dem Brocken von Ilsenburg zurückge=
legt. Als am 16ten Junius 1782. des Nachmit=
tages, der Königl. Grosbittannische Prinz Fridrich,
Bischof zu Osnabrück, von Sr. Erlauchten dem
Herrn Grafen von Stolberg=Wernigerode, nach dem
                                        Brocken

Brocken geführt wurde, machte diese hohe und zahl=
reiche reisende Brocken=Caravane hier einen Halt,
und erquickte sich mit allerley Erfrischungen, die dem
Königl. Brockengast in diesem arcadisch mit Blumen
gezieret gewesenen Häuschen, von der jungen Gräfl.
Familie auf eine geschmackvolle und überraschende
Art überreicht wurden.

Mit dem zweyten Absatz dieses Weges, der nun
anhebt, nimmt das Laubholz almälig ab, und aus
der Mischung mit Tannenbäumen wird zuletzt ganz
Tannenwald. Der Weg, der von Ilsenburg an be=
ständig über Klippen von Granit gegangen, führt
uns endlich näher zum Fuß des an seine Vorberge
stossenden wahren Brocken. Man siehet bald des=
sen untern Theil in seiner weitumfangenen runden
nackten Gestalt. Die Ilse nimmt in ihrer Krüm=
mung zur Rechten, verdeckt den Kellbach auf, der
von der allerhöchsten Spitze des Brocken, durch den
Brockengletscher, das Schneeloch, zwischen dem Buch=
horst zur Linken und dem Pflasterstoß zur Rechten
unter dem Geitstein, dreien Bergen, weg, seinen Ab=
fluß hat, nachdem sie in ihrem Laufe schreckliche Ge=
genden, besonders das Tatarnloch, berührt hat.
Der Hr. O. C. R. Silberschlag meint vermuthlich
diese Gegend, wenn er schreibt: der würde sein Le=
ben wagen, der aus dem Ilsenthal;gerade herauf
den Brocken besteigen wollte.

Nun drehet sich die Fahrstraße wegen des steil
entgegenstehenden grossen Brockens und der im tiefen
Grunde rollenden Ilse, unvermerkt im steilen Steigen
mehr zur linken Seite und südwärts. Der majestä=
tisch ins Auge fallende Brockenweg hat sich um die
nörd=

nördliche Spitze des schauderhaften Rennekenbergs, des hohen, langen, dem Brocken entgegenstehenden östlichen Felsenketten=Berges erster Classe, gebrehet. Man siehet auf seinen über sich herragenden Kamme die hangenden aufgethürmten Zeterklippen mit Entsetzen, so wie im Abhange des Rennekenberge bey der Ilse, das Tatarnloch, welches im Schrecklichen, mit jenem noch um den Vorzug streitet, zurRechten verdeckt bleibt. Der Weg selbst scheint, um allen Hindernissen der Natur Hohn zu sprechen, angelegt zu seyn. Um ihn herum liegen nichts als unbewegliche vielgestaltige Granitbrocken, zwischen denen aus dem untergemischten Bruche die Quellen über den Weg zu Ilse geleitet sind. Er geht mitten zwischen beyden, nemlich der Höhe und dem Fuß des Rennekenberges, am Abhange desselben über der Ilse, Brocken aufwerts. Bey seinem langen Fortwähren und beständigen Steigen, bemerkt man immer mehr, daß die Tannen kümmerlicher und frostiger werden. Das Ilsethal verliehrt sich nun almälig zwischen demBrocken und Rennekenberge, es wird sanfte ansteigend, die Gegenstände werden ungewöhnlicher, das Klima rauher, und man siehet nun bisweilen schon hinter sich über andre hohe Berge weg, ins Land. Unter diesen, eine höhere Bergregion verkündigenden Abwechselungen kommt man endlich aus der schattigten grausenden Einkerkerung eines über 3 Stunden lang in einsweg steil in die Höhe gehenden Thals, zum Ursprung der Ilse. Diese entspringt am nördlichen Abhang des Brockenbettes, unter Vermehrung einzelner vom Brocken selbst kommenderQuellen, in einem mit dem Granit gemischten Bruche, zur rechten Seite des Brockenweges, der immer am Abhange des Rennekenberges eingeäzt bleibt. Nun vereiniget

man

man sich, ehe man sichs versieht, mit dem oben beschriebenen Wernigeröder Wege, und beyde gehen nun als die
einzige Fahrstrasse, zum höchsten Wunsch des Brok-
ken-Pilgrims. Hier finde ich also meine vorhin ge-
lassenen Gefährten wieder, mit denen ich nur noch
ein weniges von den Verschiedenheiten beyder Wege
sprechen muß.

Den Weg über Ilsenburg habe ich jederzeit meinen Freunden wiederrathen, den Brocken aufwärts,
zu wählen. Er ist weit beschwerlicher und für Pferde und Wagen verderblicher als jener von Wernigerode aus, der mehr weiche Stellen, und mehr abwechselnde Flächen hat, auch nicht so ganz ununterbrochen, wie ein Dach, steil in die Höhe geht. In
Ilsenburg sind Wagen und Pferde weit schwerer zu
bekommen, dagegen solche in Wernigerode sehr
gut und bald bey den Postfahrern zu erhalten stehen. Auf dem Ilsenburger Wege wird das Auge
nicht so durch almälig sich entwickelnde mannigfaltige
Aussichten belustiget als bey jenem, wo man das
Rauhe des Gebürges nur mehr von ferne sieht, aber
dafür auch weniger von den Beschwerlichkeiten des
Weges empfindet. Bey dem Wege von Wernigerode herauf, gewöhnt man sich nach und nach zur Ehrfurcht für den Gegenstand der Reise, und seine steigende Scenen erhalten den Geist des Reisenden in
mehrerer angenehmen Erwartung und Aufmerksamkeit. Auf dem Wege durchs Ilsenthal überfält den
Brockenreisenden gleich anfänglich ein Schauder, der
zuletzt ohne durch angenehmere oder sanfte Zwischenge-
genstände unterbrochen zu werden, den Weg lustig
macht. Die Höhe des Brocken ist auf dem Ilsenburger Wege, obgleich Ilsenburg schon an sich selbst 348
Fuß

Fuß höher als Wernigerode liegt, wegen Mangel an
Abwechselung und sanftern fahrens in Flächen, auf=
fallender, lästiger und für den Reisenden beschwerli=
cher. Man glaubt und wünscht immer, daß man
auf dem Brocken sey, so übel gemeint, und an sich
schlim diese gebräuchliche Verwünschung auch sonst
ist — und aus der Idee, die man vom Brocken
nach seiner Beschauung vom Lande her hat, denkt
man schon, wenn man noch nicht die halbe Höhe er=
klimt hat, es könne nun nicht viel höher mehr zu ihm
herauf seyn. So wird man also bey dieser, aus
dem einförmigen des lästigen Weges herrührenden Un=
geduld weniger unterhalten, als bey jenem erst be=
schriebnen Wege, wo man bey der almäligen Besteigung
der verschiedenn Stufen, durch öftere herrliche Vorem=
pfindungen aufgemuntert wird. Ueberdem ist von Wer=
nigerode aus über Ilsenburg der Weg nach dem Brok=
ken eben so weit, als jener erste Weg. Denn von
Wernigerode bis Ilsenburg ist eine Meile, und von
da als dem äussersten Punkte der Krümmung des
Weges bis zu jener Gesichtslinie, die von Werniger=
rode nach dem Brocken zwey Meilen beträgt, ist
gleichfals eine kleine Meile; also muß man auch hier
wenigstens drey starke Meilen bis zum Brocken rei=
sen. Allenfalls ist mein Rath, diese Ilsenburger
Brockenstrasse zum Rückwege zu wählen. So äus=
serst beschwerlich auch den Pferden das Aufhalten in
diesem steilen über glatte Granitklippen gehenden We=
ge ist, so kann ihnen solches doch durch Hemmung
der Räder und Aussteigen der Reisenden erleichtert
werden, wozu aber eben auch ein geschickter Fuhr=
mann, wohlgewöhnte starke Pferde, und ein fester
Wagen erfodert wird. Es ist immer gut, und zur
genannten Kenntniß des Gebürges fast nothwendig,

wenn

wenn man bepde interessante Wege in ihren ganz ent=
gegen stehenden Verschiedenheiten und Schönheiten
kennen lernt.

Der weiteste Abstand bepder Wege van einan=
der beträgt durchs Gebürge zwischen der Ilse und
dem Zillicherbach etwa drep gute Stunden. Durch die=
se zur Anlegung einer fahrbaren Straße nach dem
Brocken weit unbequemere Gegenden, die ein Irr=
garten von Thälern, Bergen, Felsenspitzen, Klip=
pen, Brüchen und Bergflächen sind, und den ver=
worresten Fleck des Brockengebürges ausmachen, ge=
hen inzwischen einzelne Fußstiege und Näherwe=
ge nach den Brocken. Diese sind aber so rauh, un=
gebahnt, unkenntlich und so zum verliehren gleich=
sam geschaffen, daß man sich ohne recht gute Füh=
ter und zwar nicht anders als zu Fuß darauf wagen
darf. Es bleiben daher für Fremde, die nach dem
Brocken fahren wollen, blos bepde beschriebne Wege
übrig, die aber weit bequemer zu Pferde, wenn sol=
che sicher gehen und der Gebürge gewohnt sind, be=
reiset werden können. Eine Reise zu Fuße bleibt
aber allemal, zumal für einen Beobachter, die be=
quemste, und schlage ich wieder in diesem Betracht
fürs erstemal bepde Wege nemlich den von Werni=
gerode aus neben Schierke weg, herauf, und den
Ilsenburger herunter zu gehen, vor. Hieben muß
ich doch noch anführen was der gute Ritter überhaupt
bep einer Brockenreise, die damals nicht anders als
zu Fuß geschehen konnte, nothwendig macht. Er
schreibt: „Ein solcher Brockengänger nun muß mit
„tüchtigen Schuhen, und keinen engen Beinkleidern,
„wegen der vielen steinigten und sumpfigten Wege
„versehen sepn ( glaube mir, als einem, der es selbst
„erfah=

„erfahren hat,) er muß auch ein leichtes Kleid anha=
„ben, weilen einem die vielen Kluften und beschwerli=
„chen Wege, da man nicht selten einen Sprung über
„sümpfigte Oerter von einem Stein zum andern wa=
„gen muß, den Schweiß über und über auspressen;
„nicht weniger muß er einen Regenmantel vor den
„dicken Dünsten, und der feuchten regnigten Luft,
„imgleichen einen Pelz oder andern dickenRock, sich der
„oben auf dem Berge wehenden kalten und heftigen
„Winde zu erwehren, bey sich führen, auch einen
„tüchtigen Stock in die Hand nehmen, wann der
„Fuß etwa ausgleiten sollte. Ferner muß er ein gu=
„tes Feuerzeug bey sich stecken, damit er Licht anzün=
„den, und eine Pfeiffe Toback rauchen könne, theils
„Zeit und Reise sich kurz und angenehm zu machen,
„theils die bösen und schädlichenDünste zu vertreiben.„

Von den übrigen Seiten gehen noch nach dem
Brocken mancherley Wege, es sind aber nur Fuß=
stiege, die sämtlich so verwachsen, unkentlich, und
rauh sind und über unweggeräumte Granitklippen
gehen, daß man Gefahr läuft Hals und Bein auf
solchen zu zerbrechen. Unter diesen ist inzwischen der
von Ober=Schierke aus zum Brocken aufsteigende,
für Brockenreisende der gangbarste und bekannteste.
Er führt zwischen dem Schuppenthal und dem Thal
der schwarzen Schluft (indem man ersteres zur Rech=
ten und lezteres zur Linken Seite läßt), auf dem
Rücken der in die Tiefe zur kalten Bode sich herab=
streckenden Heinrichshöhe, binnen ohngefehr zwey
Stunden von Schierke aus nach dem Wirths=
hause des Brocken. Ritter giebt an, er habe von
Schierke bis auf den Brocken 3 volle Stunden zu
gehen gehabt. Er ist sehr steil und einer stei=
nern ruben Treppe ziemlich ähnlich, fält auch her=

nach

nach) in den läſtigen Bruch der Torfſtecherey zum
Quitſchenhey. Er kan alſo nur gegangen werden.
Wer den erſtbeſchriebnen Weg von Wernigerode aus
bis Schierke nimt, kan hier ſein Fuhrwerk ſtehen
laſſen, beſiehet zugleich den Bizarren und einzigen
Kirchort des Brockengebürges, (wovon ich im 2ten
Theil ein mehrers ſagen werde) und geht ferner zu
Fuß auf den Brocken.

Doch es wird nun endlich wohl einmal Zeit, daß
ich meine Leſer auf dem Hauptwege zum Brocken
herauf führe. Sie befanden ſich bey der Vereini=
gung der Ilſenburger und Wernigeröber Wege zwi=
ſchen dem Brocken und Rennekenberge, auf einer
von zwey gegen einander in die Höhe laufenden
Thälern formirten kleinen Fläche, nemlich auf dem
Brockenbette. Sie ſehen hier ein groſſes bretternes
Hauß mit Arbeitern umgeben in einem Torfbru=
che liegen, um Torf zu ſtechen und in dieſem Hauſe
ferner zu trocknen auch zu verkohlen. Dieſes, einige
Mannslängen tiefen Bruches wegen, muſte der
Weg um ſolchen herum geführt werden, doch geht
über gelegte Bretter ein näherer Fußſteig durch ſol=
chen vom Fuhrwege ab, und fält in ihn hernach
wieder ein. Der Fuhrweg ſenkt ſich alſo Mittag=
werts ein Weilchen in die hohe Spitze des Schuppen=
thals, in eine wilde Gegend herab, nimmt aber bald
ſeine Richtung wieder gegen Abend etwas Mitag=
wärts. Nun geht er aus ſeiner lezten Senkung an
dem einen herausſtehenden Arm des Brockens: der
Quitſchenhey, in groſſen, wegen der Steile nothwen=
digen Krümmungen auf den Gipfel des genannten
Theils des Brocken: die Heinrichshöhe zu, und be=
ſtändig aufwärts.

Dieſe

Diese ist nun die vierte und vorlezte Stufe des Weges von Wernigerode, und die dritte des Ilsenburger Weges. Mit jedem Schritte steigt nun die Ehrfurcht für den ungeheuren, und so sehr von allen bisher gesehenen Gegenständen verschiednen Bau dieses höchsten der Brockenberge. Man gesteht sich frey heraus, daß seine Höhe und Umfang alle Erwartung, die man nach seinem Ansehen aus der Ferne von ihm erhalten, bey weiten übertreffe, und wird noch mehr angereizt, seine lezte Kräfte der Ersteigung zu widmen. Mit jedem steigenden Schritte entwickeln sich dem Auge neue Schönheiten, neue Aussichten über das sich immer tiefer demütigende Land, und die vorher so hoch geschienenen immer kleiner werdenden übrigen Brockenberge, über welche man wegzusehen bald das Vergnügen hat. Gewöhnlich empfindet man hier schon stärkere Vorbothen des höhern unangenehmen Brocken-Klima's, die entweder in empfindlicher Kühle, starkem Winde oder Wolken, und mehrentheils in allen dreyen bestehen. Bey meinen mehresten von denen neunzehn Brockenreisen so ich gethan, war es unten im Lande so warm, daß meine Begleiter ihre Kleider auszogen, und mich auslachten, wenn ich mit Winter-Handschuh und doppelter Bedeckung meine Reise antrat. Noch oft, ehe wir an unsere 4te Stufe, den Brocken selbst kamen, baten sie mich aber, ihnen aus meiner Brocken-Garderobe einiges mitzutheilen, und suchten alle Mittel hervor, sich gegen die ungeglaubte Unwitterung zu schützen. Die vorher lästigen Kleider wurden bestens zugeknöpft, und man klagte jezt eben so sehr über Kälte, als vorher über Schweis und Hitze. Man athmet leichtere Luft, der Schall wird schwächer, Bäume werden zu Gesträuchen,

und

und verliehren sich zuletzt ganz und gar. Eben dieses
Abnehmen und zuletzt gänzliche Aufhören der Bäu=
me macht die Aussicht frey, dagegen aber auch die
Witterung empfindlicher. Der Weg selbst bleibt
immer künstlich gemachter Brockenweg, ist aber weiter
herauf sehr erträglich und geht über gleich gemachte
Granitstücke oder über den Sand desselben. Einige
Quellen des Torfbruches zum Quitschenhey, an der
linken Seite, der gleichsam über den Weg in die Hö=
he quillt, machen ihn vest, und laufen darin herun=
ter. Insonderheit geht der Weg neben einem küh=
len starken Quell von vortreflichem Geschmak vorbey.
Zuletzt aber verliehrt der Weg immer mehr von sei=
ner Rauhigkeit und wird trocken. So ersteigt man
endlich diesen vierten steilen Aufsatz der Berge auf
Bergen binnen etwa 3 viertel Stunden, nachdem
man von Ilsenburg bey mitlerer Geschwindigkeit in al=
lem vier, und von Wernigerode etwa sechs Stunden auf=
wärts unter Weges gewesen. Ritter hat von Ilsenburg
aus 5 Stunden bis zum Brocken nöthig gehabt. Zu=
letzt gelangt man noch vor eine Samlung zur linken
Seite wild übereinander gethürmter grossen Granit=
steine, die das Brockenthor heissen. An diesem
Brockenthor liegt ein Häuschen, hinter dem Schutz
desselben, ostwerts, das frappant und romantisch in
die Augen fält, und das gewis das einzige in seiner
Art ist, so man je gesehen hat. Hier empfängt die
von manchen tausend Stössen des Wagens ermüde=
ten, hungrigen und überdem kalten Brockengäste der
gefällige Brockenwirth, und bietet ihnen sogleich sei=
ne kleine finstre aber allezeit mit meinen halbglühen=
den Ofen erwärmte wilkommne Stube dar. Von
diesem Hause und der Brockenwirthschaft werde ich
meinen Lesern im folgenden Theil, da es eigentlich
nicht

nicht zur Form oder Materie des Brockens gehört,
noch viel unterhaltendes zu sagen haben.

Man hat nun also den vierten Absatz oder Stufe völlig erstiegen, und ist auf der den Brockenreisenden bekannten Heinrichs-Höhe, so auch der kleine Brocke genannt wird (ich will einem jedem Reisenden wünschen, ohne Umwerfen, Zerbrechung des
Wagens oder sonstiges Unglück) angekommen. Vor
diesem Hause endiget sich der Fahrweg, und man
ist genöthiget, nachdem man Pferde und Wagen dem
Brockenwirth übergeben, die nun gegen Norden
majestätisch liegende höchste Spitze, den wahren sogenannten grossen Brocken zu Fuß zu besteigen. Der
Brockenwirth wird ihnen hiezu die nötigen starken Pil-
gerstäbe von selbst in die Hände geben. Diese fünfte und
letzte Stufe erfodert bey mäßigem gehen drey Viertel
einer Stunde. Wenn Brockenreisende bey gutem
Wetter noch vor Sonnen-Untergang bey dem Wirthshause angekommen sind, so werden sie wohl thun,
wenn sie diese letzte Stufe noch ersteigen. Vielleicht
sind sie so glücklich, einen reinen Untergang der Sonne, den man so selten trift, zu sehen. Sie werden
die Sonne unterweges schon einigemal auf einige Zeit
aus dem Gesichte verlohren haben, da sie ihnen hinter den hohen Bergen untergegangen ist, und in diesem Falle, wird sie bey der Ankunft auf der Heinrichshöhe, auch schon hinter dem grossen Brocken untergegangen seyn. Sie haben also den im flachen
Lande oder bey kleinen Bergen unmöglichen, sonderbaren Vorfall, in einem Nachmittage einigemal
Nacht und wieder Morgen zu haben, oder in wenig Stunden die Sonne einigemal auf und unter-
gehen zu sehen. Es wird sie nicht wenig freuen, wenn
sie den grossen Brocken im Nachtschatten bestiegen,

und

und nun die Sonne des Abends noch einmal wieder jenseit des Berges hoch überm Horizont hervorragen sehen. Kommen sie also noch vor gänzlichem Abendwerden bey hellem Wetter, zur Heinrichshöhe, so rathe ich nochmals, bey der Ungewißheit eines folgenden Wolkenreinen Morgens, der oft alles auf Wochen lang im Dunkel begräbt, noch auf die letzte Scene zu treten. Der Unterschied der Brockenluft von der warmen Landluft, welcher auf der von drey Seiten freyen Heinrichshöhe noch um vieles empfindlicher geworden ist, wird sie von selbst erinnern, sich in warme Ueberkleider, wär es auch Pelzwerk, einzuhüllen, und so treten sie in Begleitung des aus dem Wirthshaus mitgenommenen Führers, ihre lezte Walfahrt an.

Wenige Schritte vom Wirthshause liegt ein eben so gebautes andres, für den Hofstaat bestimmtes, mit Erde gegen die Kälte bis nahe unters Dach bewalletes, niedriges Haus. An diesem gehen sie zur linken Seite weg, und kommen darauf in eine kleine wenig bedeutende Senkung, die als ein langer Bergrücke den grossen Brocken und die Heinrichshöhe zusammen vereiniget. In dieser Senkung ist die Torfstecherey: Heinrichshöhe. Zur linken Seite siehet man über einen tiefen Einschnit in den Brocken, die schwarze Schluft genannt, nach dem Brockentheil: Der Königsberg, auf dessen Rücken, der ihn mit dem grossen Brocken verbindet, in einem entsetzlichen Torfbruche ein starkes Torfwerk: das lange Werk, liegt. Rechter Hand siehet man tief über das Brockenbette, das Ilsethal, und eine Menge rauher Brockenberge, auf den schwarzen Unterharz, und ein für Menschenaugen zu grosses, unübersehliches flaches

Land

Land herab. Nahe am Fußsteige bleibt zur Rechten
ein Torf=Trocken=Haus nebst dem angehängten Brenn=
Hause, und die Trümmern von drey andern, so der
Wind umgeworfen hat. Der Fußsteig führt ferner
über einen elastischen schwammigen Torfbruch, (wo ehe=
mals ein natürlicher Teich, der Hexenteich, war,)
worüber jedoch Bretter gelegt sind, ohne welche man
nasse und kalte Füsse bekommen würde, bis an den
Abhang des nun gerade vorliegenden steil angehenden
grossen Brocken oder der höchsten Kuppe des eigent=
lichen wahren Brocken; bis hieher ist man vom Brok=
kenwirthshause 25392½ Wernigeröder Werkfuß ge=
gangen. Hier wird sie ein kleiner Handweiser warnen,
nicht auf dem Fußsteig, der zur linken Seite nach dem
Langewerk gehet, abzuirren, denn der Brockenstieg
geht gerade fort nun bergan.

Der mir so heilige Stieg zu den grossen Auftrit=
ten, die meine Brockenreisende auf dem Gipfel er=
warten, ist immer mühsam, beschwerlich, höckrig,
naß und hin und her sich drehend. Man steigt von
einer Klippe zur andern, tritt bisweilen auf ein altes
in den nassen Quellenbruch eingelegtes Brett, und
hilft sich und seinen Gefährten, so gut man kann,
immer den Sternen näher in die Höhe. So hat man
im ziemlich beschwerlichen Steigen einen Steig von
1573½ Wernigerödischen Werkfussen zurück - ge=
legt, da man denn nun an den wirklichen Abhang
der grossen Brockenkuppenfläche kommt. Nun wird
der Berg trockner und gangbarer, und man geht ei=
ne Strecke von 869¼ Fuß sehr gelinde bis dahin
bergan, wo zur linken Seite der Fußsteig nach dem
berufenen Hexen = Altar und Kanzel abgeht. Je
höher und weiter man nun kommt, je kahler, unbe=

wachſener wird der Brocke, und je trockner eben und bequemer wird der Weg, und man iſt unvermerkt auf der Höhe. Dieſe bemerkt ein pyramiden= förmiger, zwiſchen einem Steinhaufen neuerlich 'auf= gerichteter Granitſtein, als bis wohin nur noch 888 Fuß zu gehen geweſen. Dieſer wichtige Punkt wäre noch wohl einer beſſern Verherrlichung werth.

Hier hebt ſich die Seele, ganz von dem ſtolzen Gedanken hingeriſſen, mit einem Blick auf einem klei= nen Standpunkte, in einer zulezt ſich dem Auge ent= ziehenden neblichten Ferne, über ein Land von der Gröſ= ſe und dem Werth eines Königreichs wegſehen zu können. Wäre dieſer einzige, ſo viel umfaſſende Blick wohl nicht allein ſchon einer Brockenreiſe werth? Wo iſt wohl ſonſt noch ein Standpunkt, da man über die rund umherliegende Wohnungen von mehr denn drittehalb Millionen, ja im weiteſten Begrif wohl über 5 Millionen Mitmenſchen vom gröſten König bis zum ärmſten Betler, unter denen man in eben dem Augenblick der höchſte iſt, wegſehen kann? Ein Blick im umdrehen, der vielleicht der einzige ſeiner Art in der Welt iſt! denn alle andere hohe und höhere Ber= ge der Erde ſtehen entweder in entvölkerten Wüſten, oder doch wenigſtens nicht in einer ſo bevölkerten Ge= gend, die eine der menſchenreichſten in Teutſchland iſt. Und doch ſiehet man, das Segment dieſer Ausſicht von der Brockenhöhe gegen die Rundung der Erde berechnet, noch nicht den eilftauſendſten Theil der Erd=Oberfläche, und den zweyhundertſten Theil von Europa. Ganz von dem Meiſterſtück des hohen Baues des Schöpfers in Bewundrung geſetzt, em= pfindet man eine Wonne, die keines Ausdrucks, kei= ner Beſchreibung, keiner Erſättigung fähig iſt.

Man

Man wird von allen nie vorher geſehenen Gegenſtän⸗
den zu nie vorher möglich geweſenen Eindrücken
und Betrachtungen hingeriſſen, und doch ſiehet man
ſich im Zirkel von einigen Millionen Menſchen, deren
fruchtbare Felder man überſieht, in einer unbeſchreibli⸗
chen Verlaſſenheit, Einſamkeit und Wüſteney. Al⸗
les was groß war, was man je groſſes geſehen oder
gedacht, verſchwindet hier dem Auge und der Vor⸗
ſtellungskraft. Nur allein der Brocke bleibt groß,
bleibt Berg, und ſeine zerſtöhrte Nebenalpen werden
etwa Hügel und ſcheinen zufrieden zu ſeyn, nur die⸗
ſes noch ſeyn zu können, und der doch ſo hohe Harz
wird eine kaum vom Lande unterſcheidbare ſchwarze
Fläche. Es ſcheint, als wenn das umherliegende
nur um des Brocken willen da ſey, und Dörfer,
Städte, Feldfluren, ganze Provinzen ſind Kleinig⸗
keiten, ſind nur kaum bemerkliche Fleckgen, wie ein
leichtes Wölkgen im Hintergrund eines Gemählbes.
Die Erde ſcheint hier Jahrtauſende älter, und man
glaubt auf den Ruinen einer ältern Welt zu ſtehen.
Man kann auch wirklich auf der Erde nichts älteres
ſehn, nichs, was ein ſo veraltetes und entkräftetes
Anſehen hätte, als den Brocken. Man athmet den rein⸗
ſten Othenzug, der je möglich iſt, und man glaubt
dem Himmel näher zu ſeyn. Der Anblick des kah⸗
len, unſerm ländlich angenehmen Klima ganz entge⸗
gegenſetzten Bodens verſetzt zugleich den Gedanken
in eine dem Nordpol nahe, unbebauete Wüſte, wo
die Milde des Himmels aufhört. Doch ich muß hier
abbrechen, und will meine Brockenreiſende ihren eig⸗
nen fernern Betrachtungen überlaſſen. Ich habe ſie
nun auf dem Brocken ſelbſt herumzuführen, wobey
ich verſpreche, ihnen im zweyten Theil noch ein ganz
weitläuftiges Capitel von der Ausſicht vom Brocken,

dem

dem Hauptbewegungs-Grunde der gewöhnlichen Broke
kenreisenden zu dieser hohen Walfahrt, zu lesen zu
geben. Jetzt bleibe ich so viel wie möglich nur noch
immer bey der Form und Materie des Brocken.

Der hohe Gipfel, oder (besser nach härzischer Art
einen gerundeten Berggipfel zu benennen:) der Kopf
des Brocken, bestehet aus einer kahlen, glatten, runden und nur mäßig sich von ihrem Mittelpunkt ab-
neigenden, also nicht ganz vollkommnen Fläche, noch
weniger Ebne, von ziemlichem Umfang. Ich glaube wenig anzunehmen, wenn ich ihren Durchmesser
zu 1200 bis 1500 Fuß, und ihre Peripherie zu
viertehalb bis fünftehalb tausend Fuß annehme. Ganz
genau lässet sich dieses nicht bestimmen, so wenig ich:
allemal entscheiden darf, ob hier ein Fleck noch zur
zur obern Fläche des Kopfes, oder schon zum Abhange desselben gerechnet werden müsse. Denn so:
kann ich an einigen Orten einen geraden Durchmesser, der über 2000 Fuß beträgt, und hiernach eine
Peripherie von mehr denn 6000 Fuß ziehen. Ich
bin diese obere Fläche, wo es thunlich war, und gegangen werden konnte, einigemal umgangen, da ich
denn beynahe eine halbe Stunde darauf zubrachte.
Diese Scheitelfläche des Brockenkopfs ist immer so
groß, daß man sich drauf verliehren kann, und dieses geschiehet so oft, daß der Fall in einem Jahre
gewiß mehr denn zehnmal vorkommen wird. Dieser
Fall ereignet sich leicht und kann gefährliche Folgen
haben. Ich habe ihn selbst einigemal bey dicken Wolken erlebt, denn ich verlohr im umsuchen nach Kräutern bey ganz stiller Luft die Direction, konnte keine Himmelsgegend mehr unterscheiden, und gieng auf
dem Scheitel des Brockens, den ich Meilen groß

hielt,

hielt, immer im Zirkel herum, bis ich einige mir
bekannte mich wieder zu recht weisende Gegenstände
antraf. Ich will daher anrathen, bey dicken Wolken
ja nicht ohne Führer, (der auch ein Compas seyn
kann,) oben auf dem Brocken allein zu seyn. Man
braucht sich nur drey Schritte von seiner Gesellschaft zu
entfernen, so ist man von ihr getrennt, und alles Ru-
fen hilft hier nichts, den aller Schall fällt in solchem
Wetter vollends ganz weg. Wird ja eine Gesellschaft
plötzlich von einer dicken Wolke überfallen, so thut
sie gut, wenn sie sich in die hernach zu beschreibende
Freystatt begiebt, und da eine Weile das Wetter ab-
wartet. Tritt ein zu lang anhaltendes, übles, finstres
Wetter ein, und die Brockengäste bleiben zu lange
aus, so pflegt der Brockenwirth wohl so gefällig zu
seyn, sie aufsuchen zu lassen. Von diesen kan man
mehrere Beyspiele von dergleichen Verirrungen erfahren. Das vernünftigste in diesem Fall ist, daß
man nur oben auf der Fläche bleibt; denn geht
man zum Abhang herab, so findet man sich noch
weniger wieder zurecht, und ist in Gefahr, sein Leben in einer Kluft zwischen den Klippen einzubüssen.
Bis dahin, daß der Abhang zu steil zu werden anfängt, glaube ich immer, daß auf der obern Brok-
kenfläche Raum genug für eine kleine Stadt sey.
Könnte ich doch auf diese Spitze eine von den egyptischen Pyramiden hinwünschen! Freylich würde sie
hier gegen die Höhe des Berges noch immer eine armselige Figur ausmachen, und würde bald durch harte
Witterung zur Ruine, wie der Brocke selbst, werden.
Doch würde sie immer den Gesichtskreis wenigstens
um ein doppeltes vergrössern.

Diese

Diese hohe Fläche des grossen Brocken ist bis
auf den herlichen Quell an seiner nordlichen Seite
ganz trocken, und bestehet aus Granit=Bruchstücken
und Granit=Sande, der nur mit weniger Erde ge=
mischt ist. Die Granitsteine liegen auf der Fläche
nicht so rube über und durch einander, als am übrigen
Brockengebürge. Sie sind nicht so herausstehend,
mehr flacher, und bedeckt. Es ist also der oberste
Theil des Brocken der am wenigsten rauhe Theil und
die mildeste Gegend desselben. Ganz falsch ist aber,
was eine der besten Brockenbeschreibungen berichtet,
daß auf dem Gipfel des Brocken eine grosse Menge
Kalk= Marmor= Jaspis=und dergleichen nicht brok=
kenartige Steine lägen. Ich habe deren nie einen ge=
funden, ob ich gleich den Brocken bey jeder Brocken=
reise, der Botanik halber, genau durchsucht habe, und
mir diese Steinarten dabey sehr auffallend in die
Augen geleuchtet haben würden. Der Granit=
stein beweiset, daß die Oberfläche des Brocken
ehemals weit mehr mit vielen und grössern Gra=
nitsteinen bedeckt gewesen seyn müsse als jetzt, und
man siehet daraus, wie weit mehr die Witte=
rung hier geschickt gewesen, den wahren Hauptbe=
standtheil des Berges aufzulösen, um ihn ebner zu
machen, als an andern Orten. Schon die ganze
sanft abgerundete höckrigte Gestalt dieser Fläche zeugt
von einer, in Reihen von Jahrhunderten geschehenen
Abschleifung von der Witterung, die in ihrer grö=
sten Strenge den Brockengipfel von allen Seiten her
angreifen kann. Der Brocke ist also auch selbst noch
nach seinem ersten Einsturz, oder nach der Verwan=
delung aus einem Felsen in einen Berg, höher ge=
wesen, als jetzt. Wie viel dies aber betragen habe,
lässet sich wohl ohne genaue Beobachtung seines fort=

währen=

währenden almäligen Kleinerwerdens nicht bestim=
men, und selbst hiezu ist ein Menschenleben zu
kurz.

Auf dieser kahlen Fläche fallen die gewöhnli=
chen vielen Kräuter des Brockens weg. Der Brok=
ke scheint nur einige von ihnen zu würdigen, sein
Haupt zu schmücken. Unter diesen fält vor allen
andern die vorzüglich schöne Brocken=Blume oder
Brocken=Anemone ins Auge. Sie steht blos auf
dieser höchsten trocknen Fläche, hat eine angenehme
weisse, grosse, unter den Blättern blaulichte Blu=
me, und trägt, wenn sie verblüht ist, einen rauhen
papescirenden Saamenkopf, der wie graue fliegende
oder berganstehende Haare, nach der Vorstellung
einer Hexe, aussieht. Man nennt sie daher auch
Hexenblume. Ich habe bemerkt, daß dieses Kraut,
so beynahe eine Spanne hoch wächset, von Jahr zu
Jahr seltener wird: denn ein jeder fällt auf dieses
schöne sonst nie gesehene, und als das Wahrzeichen
des Brocken berühmt gewordne Kraut, und nimmt
zum Beweise, daß er oben auf dem grossen Brocken
gewesen sey, mehrere Stücke davon mit nach Hause.
Es ist daher nicht ganz unbillig, wenn ich hier um
der Nachkommen willen, eine Fürbitte für dieses
Kräutgen wage, und um mehrere Schonung des=
selben bitte, damit es nicht ganz ausgerottet werde.
Vielleicht trägt es zu ihrer Schonung etwas bey,
wenn ich versichre, daß dieser Hexenblume nicht gar
zu viel zu trauen, und sie etwas giftig sey. Ein
mehreres von dieser Blume haben meine Leser im
dritten Theil meiner Abhandlung bey den Vegetabi=
lien zu gewarten.

Im

Im übrigen ist der Brocke ziemlich kahl und haupt=
sächlich nur mit einer niedrigen kriechenden Heide,
und einigen dürren Gräsern bedeckt. Die hie und
da am Abhange der Fläche aufgekeimte Tannen sind
nicht über einige Fuß hoch, sehen kläglich und krank
aus, und haben gegen die Abend = oder = Wind = Sei=
te keine, oder wenigstens doch früher absterbende
Zweige. Man glaubt, daß diese Tannen, die man
Zwerg = Tannen nennt, Jahrhunderte alt sind, denn
eben die harte Witterung und der lange Winter, der
ihren Wachsthum zurückhält, härtet sie zugleich ab,
und macht sie eines hohen Alters fähig. Ich habe
alte Leute gekannt, die mir dergleichen Brocken = Tan=
nen gewiesen, an denen sie binnen einem halben Jahr=
hundert keine Veränderung bemerkt haben wollen.
Sie sterben inzwischen zuletzt ab, und dann sieht ihr
festes maserigtes, der Fäulung wiederstehendes Holz
so weiß aus wie Knochen. Man findet Stellen, wo
ihrer so viele neben einander stehen, daß es von
weiten aussieht, wie ein Cabinet von Skeletten.
In der Ritterschen Abbildung vom Gipfel des
Brocken ist solcher zwar kahl angegeben, allein doch
ein grosser Kreis hoher Bäume um denselben gezo=
gen. Dieser ist nicht vorhanden, doch ist es richtig,
daß ehemals grössere Tannen an den niedrigern Ge=
genden des Brocken gestanden haben, die wohl schwer=
lich unter einigen Jahrhunderten sich wieder anzie=
hen werden. (Siehe den folgenden dritten Theil.)

Ein weniges unter dem höchsten Punkte der
Brockenfläche, und nur in einer Entfernung von 332
Werkfuß mehrentheils gegen Norden, steht ein klei=
nes Haus. Bis zu diesem Häuschen ist man von dem
Brocken = Wirthshause einen ziemlich geraden Strich

von

von 6202 Wernigeröder Werkfüssen oder 5639 rhein-
ländischen duodecimal Füssen gegangen. Dieser letzte Pilgerstieg oder die fünfte Stufe beträgt also etwas
über eine gute Viertelmeile, und man geht gewöhnlich drei; Viertelstunden, und nur bey langsamen
gehen eine kleine Stunde darauf.

- Dieses kleine Haus hat keinen rechten festgesetzten Namen, und man umschreibt es damit, daß
man sagt: das Häuschen oben auf dem Brocken.
Sein grosser Erbauer; Graf Christian Ernst, sahe es zu sehr für eine Kleinigkeit an, seinen Werken
Namen zu geben, er nannte auch nichts nach sich,
und suchte sich nur mehr durch gute Handlungen als
durch Namengeben auf die Nachwelt zu bringen.
Inzwischen verdient dieses wichtige Stück der Brok-
ken-Topographie allerdings, sowohl wie andre Dinge, einen eignen Namen. Wäre es ein halbes Jahrhundert ehe angelegt worden, so würde es gewiß im
Geschmack der damaligen Zeiten, den Namen Heren-
häuschen oder Heren-Tempel bekommen haben.
Sollte es wohl unrecht seyn, wenn ich meine Leser
bäte, solches nach seiner Bestimmung und Lage, da
es mehrentheils in Wolken liegt, und die Brockenwandrer gegen die Wolken schützen und aufnehmen
soll, das Wolkenhäuschen zu nennen? Ein deshalb wahrlich ehrwürdiges Häuschen, das einem
Brockengänger oft ganz unentbehrlich und seine einzige Rettung ist. Ueberdem hat es so etwas von dem Ansehen einer Pagode oder eines Tempels, und das unerwartete, hier noch eine Spur von sorgsamen Menschenhänden zu finden, hat so ganz was heiliges in sich.
Nie hat wohl der herlichste Pallast so vielen Personen von allerley Ständen, vom Allerdurchlauchtig-
ſten

ften an bis zu dem Bettler, seinen Schutz angebo=
een, als diese so nützliche, armselige, unbewohnte
Hütte. In meinen Augen ist daher sein Rang (den
Rang eines Dinges messe ich aber allemal nach sei=
nen Verdiensten und nach dem Nutzen ab,) höher als
der der stolzen egyptischen Pyramiden.

Die Gestalt des Wolkenhäuschens ist ein Viereck,
dessen jede Seite etwa 12 Fuß lang seyn wird. Die
Steine seiner dicken Mauer sind grobe zusammenge=
lesene Granitsteine, die statt des Kalks, der hier
wegen Kälte und Nässe keine Dauer hat, mit Moo=
sen zusammen gemauert sind, oder zwischen deren
Fugen Moos gestopft ist. Die Zierde dieser Mauer
von aussen sind eine Menge an den Wänden ange=
wachsene Brocken Usneen und Moose, unter denen das
Isländische oder Renthiermoos seit einigen Jahren ziem=
lich ab botanisirt ist. Sie sind also gleichsam ein botani=
scher Moos=Garten, und das ganze Wolkenhäuschen
könnte zur Noth einen Platz in einer Naturalienkam=
mer haben. Diese vier gemauerte Seiten bedeckt ein
kleines hölzernes Dach von Schindeln, oder kleinen
dünnen handbreiten und doppelt so langen, aufge=
nagelten Tannenbretterchen. Dieses Dach, wor=
ran man beynahe mit dem Kopfe stößt, und die 4
Wände, machen also das ganze Wolkenhäuschen aus.
In der Spitze des gewalmten Daches ist eine Oef=
nung oder Schornstein. Auf der Seite nach Mor=
gen zu ist eine Thüre, die von jedem, der in die=
sem kleinen Schutztempel gegen die oft plötzlich ein=
brechenden Wetter des mürrischen Brocken, Schutz ge=
sucht hat, wieder angeschoben und festgemacht wer=
den muß, damit der Sturm sie nicht zerschlage,
oder gar in das Häuschen hereinbreche, und es sei=
                                                    nem

nem Grimme aufopfere. Neben der Thür ist ein
Sandstein neuerlich eingemaurt, so eine vom Gra=
fen Heinrich Ernst angewandte Reparatur anzeigt,
mit der Inschrift: H. E. G. Z. S. B. 1778. Das
B. ist Steinhauerfehler, denn die Inschrift soll die
Worte andeuten: Heinrich Ernst, Graf zu Stollberg.
Das Innere dieser Freystadt ist eine steinere Erhö=
hung wie ein Altar, worauf nicht von den Hexen
geopfert, sondern von den Brockenwandrern Feuer,
wie auf einem Heerde, angemacht wird, um sich
wieder zu erwärmen. Die der Thür entgegen ste=
hende Seite, wie die beyden andren, enthalten breite
hölzerne Bänke, um allenfalls ein Schläfgen darauf
zu versuchen, das dem Müden oft gut gelingt, ob=
gleich statt der Kopfkissen nur einige Granitsteine
darauf gelegt, und mit Moosen bedeckt sind. Dies
Wolkenhäuschen, das man von der Ost=und Nord=
Seite im Lande als ein kleines Spitzchen sieht, ist der
erste Bau, der auf dem Brocken im Jahr 1736
vorgenommen worden. Ritter in seiner Beschrei=
bung gedenket seiner schon, und giebt seine Seiten je=
zu 16, seine Höhe aber zu 12 Fuß an.

Vor Erbauung dieses in seiner Art so merkwür=
digen und wichtigen Häuschens, musten sich die Bro=
kengänger alle mögliche Unbequemlichkeiten der Wit=
terung gefallen lassen, und wollten sie des Nachts,
um den Aufgang der Sonne abzuwarten, oben blei=
ben, so musten sie sich zwischen den Klippen eine
Kluft oder Hölung zum Schutz aufsuchen. Ich bin
einmal im Anfange des Augusts drey Stunden lang
ein Wettergefangner darin gewesen. Es war vorher
das beste Brockenwetter, nemlich hell, mäßig kalt,
und der Wind gieng nach Brockenart leidlich, und
nur

nur so stark als wie im Lande, wenn es heißt: es ist stürmisch Wetter. Ich betrachtete mit meiner Gesellschaft ein kleines weisses Fleckchen in Nordwest, so auf dem Lande in der Gegend der Nordsee zu liegen schien, und einem weissen Tuch ähnlich war, das ich aber sonst da nicht bemerkt hatte. Es schien anfänglich zuzunehmen, dieses Scheinen wurde aber bald sehr merklich, so daß wir es gar für ein aus dem Meere aufsteigendes Wölkchen hielten. Binnen einer Stunde veränderte es sich aber dergestalt, daß wir es nur als eine dicke schwarze Wolke erkannten, die mit mehr als vogelschneller Eile den Berg zu bestürmen andrang. Wir glaubten noch immer dafür sicher zu seyn, ob sie gleich schon das ganze Land und den Oberharz bedeckte, bis sie sich unten an den Fuß des eigentlichen Brocken anlehnte. Hier machte sie erst tausenderley Veränderungen, und Figuren. Sie thürmte Wellen auf, bildete Schiffe mit Masten und Seegeln, hohe wunderbare Felsen, Städte, Ruinen, Bäume, streckte Fühlhörner aus, wie der Norwegische Kraack. Endlich kam ein stärkerer Windstoß, der ihr neue Kraft gab. Nun kam sie, als wollte sie uns und den Brocken bestürmen, sich wälzend, den Berg herauf gelaufen. Diese Catastrophe der Witterung war plötzlich und schrecklich. Der Wind erlaubte kaum auf den Füssen zu stehen, der Sturm brausete wie ein erregtes Meer, und die Kleider sogen wie ein Schwam die Nässe der Wolken an sich, aus denen auch einzelne Tropfen fielen. Wir seegneten mit Recht das Wolkenhäuschen. Zuletzt konnten wir uns kaum des Frostes mehr erwehren, denn es glateisete, und der Duft der Wolken, legte sich, wenn man aus der Thür ging, als Glatteis an, und candirte die Haare. Der

Ver=

Versuch, Feuer anzumachen, wollte uns anfänglich wegen ganz erstarrter Finger nicht gelingen, endlich aber machten wir ein Feuer von zusammengetragner Heide und nassen Holz an. So wohlthätig dessen Schein auf einer Seite aber war, so sehr litten wir wieder vom Rauch, den der Wind nicht zum Schornstein herauslassen wollte. Nach einigen so zwischen erstickendem Rauch und zum Erfriern kalten und nassen Gewölke zugebrachten Stunden, musten wir uns endlich doch wie Belagerte durchschlagen, da wir denn mit auf der Windseite erstarrten, und auf der andern, nassen Kleidern, wieder zur Heinrichshöhe herabkamen.

Die Thür und Balken des Wolkenhäuschens sind ein Namen = Catalogus von einer Menge Brockengänger ohne Absichten. Lächerlich aber ists, wenn Ritter sagt, daß in den hier herumliegenden Steinen dergleichen eingeätzt wären. Man wird ohne Aufopferung vieler unnütz angewandten Zeit, und ohne Beyhülfe sehr starker Werkzeuge (beyde aber führen Brockengänger nicht bey sich) in einen so festen und groben Stein so leicht nichts eingraben können. Ich erinnre dieses deswegen, damit nicht ein Brockenwandrer, durch den Ritter verleitet, hier etwa Namen von Personen aus seiner Genealogie vergebens aufsuchen möge. Rittter scheint überhaupt der Verewigung dieser Namen in Stein, die er doch selbst nicht hat finden können, und sie wieder durch eine unnütze Hand ausgekratzt seyn lässet, nur deswegen zu gedenken, um dabey seine Schulgelehrsamkeit in Anführung einiger Strophen aus dem Naso anbringen zu können. Die um drey Seiten des Wolkenhäuschens von auseinander gelegten

ten Brockenſteinen gezogene, nun mehrentheils wie‑
der eingefallne niedrige Mauer, ſollte ein Behält‑
niß zu einem botaniſchen Garten abgeben.

Meine Leſer werden mir dieſe Ausſchweifung von
der Materie und Form des Brocken, zu einem Ge‑
genſtande des zweyten Theils meiner Brocken ‑ Ab‑
handlung, verzeihen. Sie werden wenigſtens das
Wolkenhäuschen bey der erſten Hinführung auf den
Brocken eben ſo gern kennen lernen, als an dem
Orte, wo ich es eigentlich hernach hinzubringen hätte.

Vom Wolkenhäuschen 202 Fuß, demſelben beynahe
gegen Morgen, befindet ſich eine der gröſten Merk‑
würdigkeiten des Brocken, eine lebendige Quelle oder
Brunnen, der nie verſieget, und ſich immer ſo ziem‑
lich gleich bleibt. Bis zu dieſem Quell kann man auf
dieſer Seite den Gipfel, oder die oberſte, flächen‑
ähnliche Höhe des Brocken rechnen, denn hier wird
der Brocke an dieſer Seite ſchon abhängiger. Weil
beynahe alles, was man auf dem Brocken nur anſieht,
einen Namen vom Teufel oder Hexen hat, ſo iſt es
nicht zu verwundern, daß auch dieſer, obgleich einer
geſunde, unſchuldige und vom Ueberfluß der Güte
Gottes zeigende Quell, die ſo wenig paſſende Benen‑
nung: Hexen ‑ oder Zauber ‑ Brunnen erhalten hat.
Inzwiſchen müſſen wir immer dieſen ſchrecklichen Na‑
men beybehalten, und ihn gelten laſſen, wie das
Geld, ſo ſchlecht beydes auch oft iſt. Genug, wenn
wir die Phantome der Alten, die uns nun nicht
mehr bange machen, wegwerfen; gegen ihre Na‑
men darf man immer tolerant bleiben.

Er

Er ist mit einem niedrigen Gewölbe von mehren=
theils gebrannten rothen Thon=Steinen, in der Form
eines halben Mondes, vom Grafen Christian Ernst
bedeckt und eingefaßt werden. Sobald, als er aus
diesem Gewölbe herausläuft, formirt er gleich einen
sehr morastigen abhangenden Torfbruch, in welchen
er nordöstlich vom Brocken herabfällt; dann läuft
er durch den in der Folge zu beschreibenden Brocken=
gletscher das Schneeloch, und dessen tiefen Ein=
schnitt hinab, vertheilt sich aber überall in Bruch
und Klippen, und wird oft ganz unsichtbar bis er
zuletzt, nachdem er mehrere Quellen an sich gezogen,
unter dem Namen: Kellbeck, als ein starker Bach in
die Ilse fält, die ihn am Fuß der Brocken auffängt.
Sein Becken enthält beynahe sechs Cubicfuß Was=
ser, ist anderthalb Ellen lang, eine breit und fünf
Viertel tief. Nach Hrn. O. C. R. Silberschlag
ist der höchste Punkt des Brocken 18 rh. duod.
Fuß über die Wasserfläche des Brunnen erhoben,
und dessen Entfernung von diesem höchsten Punkt
des Brocken soll 55 rh. Ruthen seyn. Ich habe die=
Entfernung aber nur zu 534 Wernigerödischen Werk=
fuß gemessen. Er soll in einer Minute einen Cubic=
fuß, folglich in einem Tage 1440 Cubicfuß Wasser
fliessen lassen. Er würde also nach meiner Mey=
nung, in einem Jahre, einen Ueberfluß von mehr
denn 500000 Eimer Wasser von sich geben,
der mehr als hinreichend wäre, die ganze Ca=
vallerie des Königes von Preussen vier Tage lang
zu tränken.

Nie habe ich ein so angenehmes, reines, von al=
lem fremden Geschmack freyes und dabey überaus
kaltes Wasser getrunken. Es ist werth, daß sich
die,

die, so zu ihm zu kommen das Glück haben, einander
ihre Gesundheit im Hexenwasser zutrinken; dabey
wünsche ich, daß dies der einzige Ort bleibe, wo noch
Gesundheiten getrunken werden, weil dadurch ge=
wiß niemand seine Gesundheit und Verstand vertrin=
ken wird. Vielleicht haben die Hexen diesem Quell
ihre Gesundheit zu verdanken gehabt, denn die Hexen
erreichten gewöhnlich ein hohes Alter. Gedachte.
gute Eigenschaften des Hexenquell = Wässers rühren
Theils von der Kälte des Bodens her, woraus er ent=
springt, theils weil dieser aus blossen reinem Gestein
und hauptsächlich aus Sande besteht, wozwischen nur
wenig Erde liegt. Der Kreis seines Ursprungs ist
nicht sehr groß, dabey rein, kalt und ohne Schlamm;
er kann also nicht, wie die mehresten Quellen des fla=
chen Landes, die oft meilenlang unter der Erde
durch Kalk = Salpeter = Alaun=Morast=oder andre
Erden und Mineralien gehen, einen fremden Ge=
schmack und heterogene Theile an sich nehmen. Es
ist daher nichts ungereimtes, daß das Hexenbrunnen=
Wasser sich in seiner Güte ganze Jahre lang in rei=
nen verwachten Gefässen halten soll; und es kann
immer seyn, daß der König Fridrich Wilhelm von
Preussen, wann er in Halberstadt gewesen, aus die=
sem Brunnen sich Wasser bringen lassen und es gern
getrunken habe.

Ein genannter guter Brocken = Schriftsteller nimmt
bey der Erklärung des Entstehens dieses Brunnen,
seine Zuflucht zu einer Hypothese. Er denkt sich nem=
lich in dem obern Kopfe des Brocken eine Höhle
oder Grotte, die er so eintheilt, daß ihre Decke 9
Fuß dick sey, und die stärkste Höhe ihres Gewöl=
bes wieder 9 Fuß seyn müsse. Nach seiner ganz rich=

tigen

tigen und mehr als zu billigen Ausrechnung, könnte das Gewölbe dieser Höhle 1,440,000 duodecimal Quadrat = Fuß enthalten, auch wohl doppelt so viel ohne das Gewölbe zu schwächen, und er meynt, daß ein Fuß alsdenn in einer Minute nur einen Tropfen Wasser abzuschwitzen haben würde. Er stellet sich ferner vor, daß unter dem Brocken ein Wassersee seyn müsse, aus welchem das Wasser in die Höhe stiege, und sich an den Seiten dieses Gewölbes so anseße, wie der Schweis im Winter an unsere Stubenfenster. So lässet er den ganzen Brocken, um seine Quellen zu erklären, aus vielen über einander aufgebaueten grossen Felsengewölben bestehen, dagegen das grosse egyptische Labyrinth kaum würdig seyn würde, ein Model im kleinen abzugeben. So führt er bey diesem Brunnen den Leser aus einer wirklichen in eine eingebildete Welt, daß ihm ganz bange werden muß, es mögte diesen Gewölben ihre grosse Last, die sie zu tragen haben, einmal zu schwer werden, daß sie einstürzten; zumal dieses wegen der einzelnen nicht gleichförmigen Granitstücke und des Sandes, woraus doch der Brocke, wie ich erwiesen habe, besteht, und zu welchem letztern er sich immer mehr und mehr durchs Wasser auflöset, schon längst hatte erfolgen müssen, oder nächstens zu befürchten wäre. Würde dieses obere flache Gewölbe von losen, nicht aneinander hangenden, mit Sand gemischten unförmlichen Steinen wohl im Stande seyn, solch einen Druck auszustehen? Oder soll man auch gegen den klaren Augenschein annehmen, daß der ganze Brocke noch aus einem fest miteinander verbundenen einzigen Granitfelsen bestehe?

So richtig diese Hypotheſe in ihrer Ausrechnung iſt, ſo wenig gründen ſich doch ihre Data auf die Wirklichkeit und auf die Natur. Ich bin ſonſt überzeugt, daß, wenn man auf dem Gipfel des Brokken kleine Schachte von 18 Fuß niedertriebe, ſie einen feſten aus Sand und einzelnen Steinen beſtehenden Boden treffen würden, und es müſte ſich gleich nach den erſten 9 Fuß zeigen, ob ſich ein Gewölbe vorfände, das denn auch ſo flach, ſo wenig gerundet ſeyn würde, daß es ſeine Laſt unmöglich tragen könnte. Jene Hypotheſe geht alſo von den gewöhnlichen Geſetzen der Natur ab, darnach das Waſſer, als ein ſchwerer und dabey flüßiger Körper, ſich in die ſtärkſte Tiefe, die es erreichen kann, ſenkt, daß es immer Abfluß ſucht und nicht anders, als durch eine gröſſere Schwere oder Druck zu einem höhern Ort herauf ſteigen kann. In der Atmosphäre, wo ein Gleichgewicht der Luft, Winde, veränderliche Wärme und Kälte, anziehende Kräfte und Auflöſung des Waſſers in Dünſte anzutreffen ſind, iſt es freylich mit dem Steigen des Waſſers als Auflöſung in Dünſte, eine andre Sache.

Daß das Entſtehen der Quellen nicht aus Höhlen und vom Anſchwitzen des Waſſers an ſelbige herzuleiten ſey, beweiſen die Gegenden des Harzes, wo der Bergbau getrieben wird. Die Bergrücken dieſer inwendig ganz durchwühlten Harzgegenden liefern eine Menge waſſerreicher Quellen, und doch hat man ſeigerrecht unter ihnen, auch bey den tiefſten Gruben von mehr denn 200 Lachtern, dergleichen groſſe Grotten, die durch das Anſchwitzen des Waſſers an ſelbige, Quellen erzeugten und in die Höhe führten, nicht angetroffen, ſondern noch immer

mer

mer bemerkt, daß sich die Quellen in den dichten
Theilen der Berge, von den in solche hineindrin-
genden Atmosphären-Wassern sammlen, und endlich
an einem tiefern Orte nach den Gesetzen der Schwere heraus sintern. Wie viel Wasser aber können solche ungeheure Massen von Bergen nicht nach
und nach einsaugen, und nach und nach wieder von
sich geben? Wären Hölen bey Gebürgen nothwendig, um auf ansehnlichen Höhen die Quellen zu erzeugen, so müsten auf diesen Gebürgen, in welchen,
wie der Bergbau zeigt, keine Höhlen vorhanden sind,
auch keine Quellen angetroffen werden.

Daß auch selbst in den Höhlen die Quellen
nicht aus dem aufsteigenden Schwitzwasser sondern
aus der Höhlendecke entstehen, beweiset die Baumannshöhle auf dem Unterharze. Hier findet man
die ganze Decke des Höhlen-Gewölbes, so wie die
Seitenwände, mit Dripstein oder Stalactiten überzogen, und binnen weniger Zeit setzen sich noch neue
Steinzacken an, an denen das Wasser herabläuft.
Kämen diese herabträufelnden Wasser nicht aus der
in Marmor oder Kalk bestehenden Decke her, so
könnten sie keine Steintheile dieser Art ansetzen.
Kein Mensch aber wird glauben, daß in die Höhe
steigende Dünste, im ruhigen Zustande, schwere
Steintheilchen mit sich in die Höhe führen können,
Je nässer die Witterung, je mehr tröpfelt die Bau-
mannshöle; und fällt auf die Höhle in langer Zeit
kein Regen, so hört das Tröpfeln beynahe ganz auf.
Das auf der Höhle liegende Erdreich ist allein der
Schwam, der auf ganze Monate Wasser einsammlen
kann, um es nach und nach durch enge Gänge der
Höhle zuzuführen. Die kleinen Wasser oder stehen-

den Sümpfe der Bäumaunshöhle kommen also nicht aus dem Boden herauf und legen sich an die innere Gewölbedecke an, sondern sie kommen nach den Gesetzen der Schwere aus der Decke, die aus der allgemeinen Mutter der Quellen, der Atmosphäre, ihre Wasser bekommt. Ueberdem kann man auch von der Baumannshöhle keinen Schluß machen, daß der ganze Harz aus dergleichen Höhlen aufgethürmt sey. Die Baumannshöhle ist die einzige Höhle auf dem eigentlichen Harz, so wie ihre Gegend die einzige ist, wo auf dem eigentlichen Harz Marmor gefunden wird. Ich habe aber schon angezeigt, daß die Höhlen des Harzes nur blos im Kalkstein befindlich sind.

So unerwartet auch auf diesem hohen Berge die Quelle ist, so glaube ich doch nicht, daß es nöthig sey, solche auf eine besondre, unbegreifliche und durch gar nichts bewiesene Art zu erklären. Man sollte immer nur bey allgemeinen Wahrheiten stehn bleiben, und nicht aus Neigung zum Wunderbaren und zu Hypothesen, die alsdenn nur statt finden, wenn kein Weg zur Wahrheit mehr übrig ist, und doch dabey auch immer wahrscheinlich bleiben müssen, davon abgehen. Die Atmosphäre mit ihren Dünsten, die bald in Regen, bald in Schnee, bald in Thau, bald in Nebel sich wieder zur Erde herablassen, und so durch ihr Aufsteigen und Niederfallen gleichsam eine Ebbe und Fluth machen, bleibt allemal, wo nicht einzelne Ausnahmen hinlänglich bewiesen werden können, die Mutter aller Quellen, und aller Bewässerung der lan sich trofnen Oberfläche des Erdboden. Sobald diese, ihre naßen Schätze eine Zeitlang an sich behält, und es nicht regnet, so entsteht, es mag Sommer oder

Winter

Winter seyn, am mehresten aber im Sommer bey
langen, heissen, Tagen und austrocknendem Son=
nenschein, eine Dürre, wobey ein grosser Theil Quel=
len gar versieget, die übrigen aber mit jedem Tage
merklich abnehmen. So hat es Beyspiele gegeben,
daß schifbare Ströme, z. B. die Elbe, so seicht ge=
worden, daß man zu Fuß durch sie hat gehen kön=
nen. Geschahe das aber bey Regenzeiten? Nein!
bey lang anhaltender Dürre, da die mehresten Quel=
len versiegten. Sobald der Seegen des Himmels
wieder in Tropfen herab fiel, thaten sich gleichsam
die Brunnen der Tiefe wieder auf, und fingen wie=
der an zu laufen; und nachdem der Regen stark ist,
nachdem laufen auch die Quellen der Flüsse mehr oder
weniger aus. Bey gar zu grosser Tränkung der Er=
de mit Wasser, da die gewöhnlichen Quellgänge ih=
ren Ueberfluß nicht ganz wieder abführen können, ent=
stehen sogar an Orten, wo sonst keine Quellen sind,
dergleichen. Dies sind die so genannten, dem Land=
mann schädliche Hungerquellen, die nur aus einem
kleinen nicht tiefen Strich der Erdoberfläche herkom=
men, und sobald wieder versiegen, wenn sie den zu
grossen Ueberfluß des Wassers mit abzuführen gehol=
fen haben. Hätten die Quellen einen andern Ur=
sprung als aus der Bewässerung der Erde von der
Atmosphäre, so sähe ich nicht ab, warum nicht auch
auf den Spitzen der hohen Berge die über die Wol=
ken erhoben sind, Quellen entstehen könn=
ten. Meines Wissens aber sind auf diesen höch=
sten Bergspitzen, wo kein Schnee mehr liegt, kei=
ne Quellen, so wie sie auch nicht da seyn kön=
nen.

Diese

Diese Wirkung der Atmosphären-Wasser verspüret man am allermeisten an den Quellen und Flüssen der Gebürge, besonders des Harzes und des Brocken. Diese bey nasser Witterung so sehr anschwellenden, reissenden Flüsse werden bey anhaltender Trockenheit des Himmels so klein, daß dadurch bey den Hüttenwerken oft ein beträchtlicher Schade entsteht; diese stehen sodann ganz still, und ganze Ortschaften werden dadurch ausser Nahrung und Geschäfte gesetzt. Sogar nehmen die tiefsten gegrabnen oder künstlichen Brunnen bey anhaltender Dürre sehr ab, und manche trocknen sogar aus, wie auch insonderheit in dem lange anhaltenden, trocknen und kalten Winter dieses Jahres geschahe, da Brunnen in einer Tiefe, wohinein der Frost nicht dringen konnte, deswegen austrockneten, weil von oben her kein Wasser auf die Erde kam. Hingen nun aber die Quellen und deren Zusammenlauf, die Flüsse, nicht lediglich von dem Wasser des Dunstkreises ab, so würden wir bey hellen und trocknen Zeiten keinen Wassermangel haben; und fiele nach den dürresten und heissesten Tagen nicht ein Theil der Dünste wieder in desto reichlicherem Thau herab, so würden unsre Harzflüsse beynahe ganz versiegen. Ich habe an einigen Quellen der Berge bemerkt, daß sie des Morgens stärker laufen als gegen Abend. Eben dieses kommt von dem wohlthätigen Einfluß des Dunstkreises her; denn die durch zweymaligen Thau genässete und erquikte Erde kann ihnen des Morgens mehr Nahrung zu schicken, als gegen Abend nach einem langen und heissen Tage. Auch schon anhaltende Nebel auf dem Gebürge geben den Flüssen wieder etwas Nahrung. Es ist dieses eine unterm Brocken nie bestrittene, sondern ausgemachte Wahrheit, und wenn der Müller nach

langen

langen heitern Tagen den Brocken nur mit Nebel
verhüllt sieht, so freuet er sich, daß das Wasser wie=
der zunimmt, und giebt zur Ursach an: die Brüche
zögen den Nebel in sich, und wenn sie voll wären,
so käme wieder mehr Wasser in die Flüsse. Sie
haben darin ganz recht, denn so lange wir Nebel und
Wolken am Brocken haben, ist kein gänzlicher Was=
sermangel zu befürchten. Ich glaube also aus Er=
fahrungs=Sätzen hinlänglich gezeigt zu haben, daß
alle Quellen ihre Nahrung vom Wasser des Dunst=
kreises haben, dessen Feuchtigkeiten uns daher eben
so unentbehrlich sind, als die Luft selbst; denn ohne
die wohlthätigen Einflüsse der Atmosphäre würden
binnen weniger denn Jahresfrist alle Quellen aufhö=
ren, und der so reich bewässerte Harz würde dem dür=
ren Arabien gleich werden.

Man könnte mir endlich den Einwurf machen,
daß das Regen= und Schnee=Wasser kaum einige
Fuß tief in die Erde eindränge, folglich zur Erzeu=
gung und langen Erhaltung der Quellen wenig bey=
tragen könne. Ich will jene Meinung nicht be=
streiten, habe aber bey der Untersuchung derselben
sie wenig bestätigt gefunden, vielmehr das Gegentheil
davon wahrgenommen. Hiezu diente mir insonder=
heit ein hoher bey Wernigerode belegner Berg, der
gemeinhin der Zwölfmorgen heißt, und mit seinen
Nebenarmen eine beträchtliche Ausdehnung hat. Ich
umging diesen ganzen Bergzug einigemal zu denen
Zeiten wo er noch voll Schnee lag, der eben bey hel=
ler mäßiger und warmer Witterung nach und nach
verschwand. Ich glaubte hie und da ( wie bey star=
kem Regen oder Schneeschmelzen) kleine herabrieseln=
de Wasserbäche zu finden, allein ich traf davon nicht
einen

einen. Hingegen liefen theils nahe an seinem Fuße,
theils näher seinem Gipfel herauf, mehr wie 20 Quellen ausserordentlich stark aus. Nach langsam weg-
geschmolznen Schnee und bey heissem Sommerwet-
ter versiegte ein Theil dieser Quellen ganz, die andern wurden sehr wasseram. Warum liefen sie nun
beym langsamen Schneeschmelzen stärker, als bey
einer Dürre? Warum entstanden beym Schneeschmelzen Quellen die hernach wieder aufhörten? Wo
bleibt das Wasser des geschmolznen Schnees? Natürlicher Weise zog es sich tief ins Innre des Berges;
tränkte solchen, und gab ihm Wasser um eine lange
Zeit hindurch Quellen zu unterhalten, die mehr oder
weniger wasserreich sind, nachdem der Schwam des
Berges noch mehr oder weniger Wasser hat, und
aus den Wolken mehr oder weniger wieder angenäs-
set wird.

Die Anwendung hievon auf den obersten Quell
des Brocken, den Hexenbrunnen, sowohl als auf
seine übrige unzählige Quellen, davon jener Autor
nur einige kennen gelernt hat, ist nicht schwer. Es
würde in meinen Augen ein grösser Wunder seyn,
wenn am Brocken gar keine Quellen wären, als es
ist, da welche dran sind, denn es wäre mir sonst
unbegreiflich, wie er sich seiner vielen vom Thau, Wolken, Schnee, und Regen eingesogenen Wasser wieder entledigen wollte. Wo soll er sie lassen? Verschlucken kann er sich nicht auf immer, er mus sie
also wieder von sich geben, gleichsam von sich drü-
ken, und das geschieht weniger wunderbar und weit
leichter als im flachen Lande, weil das nach den Gesetzen
seiner Schwere in den Boden gedrungene Wasser
zwischen den losen Steinen und im Sande eher Canäle

näle findet, die denn an dem allemal naßen Abhan⸗
ge leicht und bald als Quellen einen Ausgang finden.
Eben die Leichtigkeit des Ausgangs macht auch, daß
am Brocken gegen das flache Land 20 gegen eine
Quelle zu finden sind, denn im Lande sind nicht al⸗
lemal gleich Abhänge oder Gründe zur bequemen Aus⸗
sonderung vorhanden, und ein Quell muß daher oft
lange Reisen unter der Erde machen, ehe er einen
Ausgang finden kann.

Nehme ich den obersten über den Herenbrunnen
erhabnen Kopf des Brocken nur eben so groß an,
als jene Rechnung die Decke ihres darin steckensollen⸗
den Gewölbes angiebt, nemlich 1,440,000 rh.
duodecimal Quadrat Fuß, (ob ich gleich das doppel⸗
te, ja nach jener Berechnung die vier doppelte Zahl
annehmen könnte, da die äussere obere Rundung des
Brockengipfels weit grösser seyn muß, als das nur
halb so groß angegebne Gewölbe, welches inwendig
darunter stecken soll): so würden 1440 CubicfußFläche
erfodert, um in 24 Stunden einen Eimer oder Cu⸗
bicfuß Wasser anzunehmen, und wieder von sich zu
geben. Und hiezu ist allein schon (der des Abends
und Morgens auf den Brocken fallende häufige Thau
hinlänglich). Ein jeder Brockenreisender wundert
sich über die fruchtbare Menge des Thaues auf dem
Brocken; denn, wennn man des Morgens kurz nach
Sonnen Aufgang nur einen Schritt durch das voll
Tropfen hangende Gras Ithut, so läuft das
Wasser schon häufig über den Fuß weg. Ich gebe
also diesem Thau mit Recht das Beywort häufig, und
ich habe bemerkt, daß je höher die Lage, und je hef⸗
tiger die Kälte einer Gegend ist, desto stärker ist der
Thau; denn die Masse des Brockens ist kalt, und
zieht

zieht die Dünste der wärmern Luft weit mehr an sich,
als ein warmer Körper. Man setze nur, wenn man
aus der Kälte kömmt, sein spanisch Rohr in eine warme
Stube, so wird es so gleich mit Dünsten beschlagen
seyn, daß man bey dessen Abwischung eine nasse
Hand bekömmt; die Stelle des Stocks aber, wo
man ihn in der Hand getragen hat, und welche daher schon warm gewesen, wird nicht so stark
oder gar nicht beschlagen. Der Brocke zieht also die
Feuchtigkeiten aus der Atmosphäre an sich.

Nun komme ich wieder auf meinen Beweis, ob
diese auch zu Nährung des Hexenbrunnen hinreichend
sind. Ich breitete zu dem Ende des Morgens am
Brocken mein Taschentuch auf einem Fleck aus, wo
hinterm Schutz der Zwergtannen hohes Brocken-
gras stand, an denen die Tropfen des Thaues hängen geblieben, und vom Winde noch nicht abgeschüt-
telt waren. In dieses Tuch ließ ich die Tropfen des
Thaues hineinziehen, und ob ich gleich wohl kaum
die Hälfte desselben damit auffaßte, indem ein grösserer Theil beym Anrühren des Grases gleich herab-
fiel, auch das Graß selbst noch immer Nässe genung
behielt, so wurde doch das ganze Tuch, ohne einen
trocknen Fleck zu behalten, naß. Ich breitete auf
eben die Art dieses Tuch nochmals auf einer frischen
Stelle aus, und da hatte es schon so viel Wasser
in sich gesogen, daß ich beynahe eine Caffe-Tasse voll
Wasser herausdrücken konnte. Sollte ich nun wohl
nicht, wenn ich mit meinem kaum vier Quadratfuß
enthaltenden Tuche so fortgefahren hätte, bis ich
von einem Theil der Oberfläche des Brockengipfels,
der 1440 Quadratfuß enthielte, alle Tropfen des
Thaues eingesammlet und wieder jedesmal ausgetrock-

net

net hätte, einer CubicfußWasser erhalten haben? Und
dieser häufige sich sogar auf den hohlen Steinen samlen=
de Thau fällt binnen 24 Stunden zweymal vom milden
Himmel herab, jedoch pflegt er des Morgens stär=
ker zu fallen als am Abend.

Man könnte mir hiergegen zwar einwenden, daß
dieser Thau ja vorher aus dem Brocken selbst erst
aufstiege. Allein ich habe schon gezeigt, daß es
Dünste sind, die der nicht schwitzende sondern kalte
Brocke aus der wärmern Luft an sich zieht. Diese
anziehende Kraft macht ihn zu dem bruchigten naffen
Berge der er ist. Durch diesen Versuch wurde es
mir also einleuchtend, und ich völlig überzeugt, daß
allein der Thau des Himmels hinlänglich sey, diese
Quellen zu unterhalten, ja nach allen diesen sehr gerin=
gen Verhältniffen ist er gar im Stande, eine weit und
wenigstens 16 mal stärkere Quelle, als der Heren=
brunnen ist, mit Wasser zu versorgen. Der Thau,
der auf der Spitze des Brocken fällt, kann und muß
also noch andern Brockenquellen was abgeben, und
daß er dieses thue, zeigen die rundherum weiter un=
ter der Fläche hervorkommenden Quellen an, die oh=
ne diese Subsidien nicht so stark seyn könnten, in=
dem sie den Herenbrunnen bey weiten an Ergiebig=
keit übertreffen.

Diese Rechnung und Versuch bewieß nur, wie
viel an bloffem Thau täglich auf die Oberfläche des
Brocken falle. Nun will ich noch zeigen, daß die
Maffe der Oberfläche des Brocken im Stande sey
auch eine groffe Menge Wasser in sich zu verschlucken,
um es dem Herenbrunnen nie daran fehlen zu laffen.

Nach

Nach meiner obigen Angabe des Durchmessers der Brockenfläche würden wieder, nach jener Angabe der Höhe des obersten Punktes derselben über dem Spiegel des Brunnen, im geringsten Resultat 20 Millionen und 250000 Cubicfuß als Inhalt der Masse herauskommen, aus welcher nach dem Hexenbrunnen Wasser hineinfliessen könnte. Ist nun dieser Brockengipfel kein Gewölbe oder hohler Scheitel, wie er es denn gewiß nicht ist, besteht er vielmehr aus einer dichten Masse von Steinen, Sand und wenig Erde: so sind doch wohl über 20 Millionen Cubicfuß einer solchen aus unberechenbaren vielen kleinen Zwischenräumen bestehenden Masse im Stande, auf einen Tag 1440 Cubicfuß Wasser einzusaugen, und es nach und nach dem Hexenbrunnen zuzuführen. Ja nähme ich auch an, daß es in einem ganzen Monate weder regnete, noch thauete, noch Schnee schmölze, noch Wolken auf dem Brocken wären, und der Gipfel doch 43200 Cubicfuß oder Eimer Wasser für den Hexenbrunnen gäbe: so braucht es demohngeachtet noch keiner Zuflucht zu jener Schwitz=und Grotten=Hypothese; denn es würde nur erfodert, daß in den Zwischenräumen von 468 Cubicfuß dieser obern Brockenflächen = Masse ein Cubicfuß Wasser stecke. Ich traue einem jeden zu, der den feuchten obgleich nicht sumpfigten Brockengipfel gesehen hat, daß er in 468 Cubicfuß von seiner Masse, sich immer den 468sten Theil als Wasser vorstellen werde. Wer dieses aber nicht glauben kann, mag zur Probe das Wasser aus einem Cubicfuß Sande abrauchen oder abdestilliren lassen, so wird er gewiß überzeugt werden, daß der 468ste Theil dieser Masse aus Wasser bestehe, ja er wird gewiß finden, daß das darin befindliche Wasser noch weit mehr als

den

den 468ſten Theil ausmache. Es ſcheint mir ſogar
nichts unmögliches zu ſeyn, daß dieſe, zum Hexenbrunnen das Waſſer hergebende Scheitelfläche des
Brocken auf einmal einen Vorrath fürs ganze Jahr
enthalten und annehmen könne, denn in dieſem Fall
würden doch nur etwa 40 Cubicfuß Brockenwaſſer
einen Cubicfuß Waſſer in ihren Zwiſchenräumen enthalten. Und ein dergleichen Cubicfuß Brocken-
Maſſe kann immer weit mehr Waſſer in ſich aufnehmen. Was die Erde, beſonders der Sand, an Waſſer verſchlucken könne, zeigt die tägliche Erfahrung,
und wer davon eine überzeugende Probe haben will,
der nehme nur einen Cubicfuß groben recht trokuen
Sand, und mache einen Haufen daraus. Nun
gieſſe er Waſſer dazu und laſſe es nach und nach in
den Sand einziehen. Er wird bald ſehen, daß der
40ſte Theil eines Cubicfußes an Waſſer, lange noch
nicht hinreichend ſey den Haufen voll zu tränken, ſondern daß der Sand, nachdem er beſchaffen iſt, fähig
ſey die Hälfte oder ein Drittel ſo viel als ſeine Maſſe beträgt, an Waſſer aufzunehmen ehe der Haufen
anfängt es wieder irgendwo an ſeinem Rande in Form
einer kleinen Quelle heraus ſikern zu laſſen. Sobald dieſes geſchieht, höre man auf zuzugeben, und
man wird finden, daß der Haufe dem ungeachtet eine zeitlang fortfahre Waſſer flieſſen zu laſſen, und
dieſes wird gewiß wenigſtens den 40ſten Theil der
ganzen Maſſe des Sandhaufens betragen. Wenn
nun die Maſſe des Theils des Brocken, ſo 18 Fuß
höher liegt als der Hexenbrunnen, fähig und groß genug iſt, auf einmal ſoviel Waſſer zu enthalten, als
in einem Jahre aus dem Brunnen herausquillt, wie
vielmehr wird er im Stande ſeyn, es für einen Tag
zu enthalten, zumal er an jedem Tage weit mehr

Feuch-

Feuchtigkeiten erhält, als zu dieser Aussonderung nöthig ist.

Ueberdem ist dieser überflüßig hinreichende Thau nur bey weiten der geringste Theil der Feuchtigkeit, so die Atmosphäre auf den Brocken absetzt. Der Brocke liegt in manchen Jahren wohl 9 Monat in trübe wässerichte Wolken eingehüllt; wenigstens erscheint er die Hälfte des Jahres in seiner Nachtmütze (wie man zu sagen pflegt) unter der er gleichsam schwitzt, Wer aber nur einmal in dicken Wolken oben gewesen ist, wird wissen, wie nur in der kurzen Zeit einer Stunde seine Kleider vom Duft der Wolken getränkt werden, des mit untergemischten Regens und des wenigstens zwey Drittel des Jahres auf seinem Scheitel liegenden Schnees nicht zu gedenken. Selbst die Luft ist oben bey heitern Himmel beständig feucht, und ich habe bey einem Versuch, da ich im Sande ein Loch von etwa einem Fuß tief grub, befunden, daß sich sogleich Wasser darin zusammen zog. Diese Ausflusse des Dunstkreises theilen also der ungeheuren Masse des Brocken, der mit einem Schwamme zu vergleichen ist, und dessen oberste Spitze, als eine in ihrem Mittelpunkt 18 Fuß dicke Scheibe, schon über 20 Millionen Cubicfuß enthält — so viel Nässe mit, daß ganze Monate hindurch, ja sogar im Winter, wenn kein Thau fällt, seine Quellen hinlänglich damit versorgt werden. Man stelle sich also den Brocken, anstatt sich ihn als einen Aufsatz von 5, 6 und mehr Gewölben zu denken, als einen zwar festen, aber doch porösen, Körper vor, kurz man lasse ihn einen Schwam seyn, man sehe jene zu 20 Millionen Cubicfuß berechnete kahle Platte des Brocken wieder an, und thue nun gleich darauf

auf einen Blick auf den übrigen Körper des Brocken, so wird jener Gipfel mit seinen 20 Millionen
Cubicfuß als ein fast nicht zu nennender Theil gegen
die übrige Brockenmasse verschwinden; und alle
die vielen wasserreichen Quellen des Brocken werden
ihr wunderbares verliehren, sind und müssen natürlich da seyn, und bedürfen keine Hypothesen von
zerbrechlichen schwitzenden Gewölben. Hätte jener
vortrefliche Schriftsteller die Quellen alle gesehen,
die der Brocken von sich giebt, so würde ihm selbst
seine Art, das Wasser in den Höhlen in die Höhe
schwitzen zu lassen, unzureichend für alle diese Quellen geschienen haben, und er würde, damit das Aufsteigen der Schwißdünste desto geschwinder und reichlicher von statten ginge, jene angenommene Wassersee unter dem Brocken müssen kochen lassen, und der
Brocke würde dann gar eine Destillir-Maschine geworden seyn, wobey der große Brocke etwa den Helm
abzugeben hätte.

An dem Hexen-oder Zauber-Quell habe ich keine
gar grosse, und nur eine fast unbemerkbare Ab-und
Zunahme bemerkt, so daß ich), alles meines drauf
Achtens ungeachtet, noch immer im Zweifel stehe,
ob ich mit Gewißheit eine Veränderlichkeit in seiner
Stärke behaupten könne. Die weiter unten entstehenden Quellen aber sind gleichsam wie Wettergläser;
sie steigen und fallen mit der Veränderung der troknen und nassen Witterung. Sind sie also wohl was
anders als Folgen derselben? Und muß der Hexenquell zu seinen geringern Bedürfnissen nicht noch außser Regen, Wolken, und Schnee, eine andre Hülfe haben, die allemal da ist, wenn jene wegfallen?
Was ist dieses aber anders, als der Thau? der zwar
alle

allemal für jene auch eine grosse Hülfe bleibt, aber
doch zu ihren täglichen Ausgiessen nicht hinreichend ist.
Im ganzen aber empfängt der Brocke und Harz ungleich mehr Wasser vom Himmel, als seine Quellen
und Flüsse wieder abführen *). So ist es also gar kein
Wun-

---

*) Daß das Harzgebürge seine verschluckten Atmosphären,
Wasser nicht einmal alle sogleich wieder zu Tage aus
fliessen lässet, sondern daß ein Theil davon in eine gröf-
sere Tiefe falle, und erst wieder unterm Harze heraus-
bringe, scheinen mir verschiedene, auf keine andre
Weise erklärbare Flüsse zu beweisen. Die Rume kömmt
bey Rumspring im Eichsfelde, auf der Grenze zwischen
dem Grubenhagenschen und Maynzischen, in einem kleinen Thale hinter einem Steinbruch, im rothen Thon
am Rodenberge, aus einigen nicht gar grossen aber
sehr tiefen Löchern gleich so stark heraus, daß sie einen
starken Kahn tragen kann, und das Ansehen eines wass-
serreichen Flusses annimt, der auch wirklich zum flössen des Bauholzes in die Leine gebraucht wird. Die
Salze bey dem Dorf Salze ohnweit der Reichsstadt
Nordhausen, in der Herrschaft Klettenberg, welche
der König von Preussen im Besitz hat und zur Grafschaft Hohnstein gehört, entspringt unter einem Kalk-
berge, dem Kohnstein, ebenfalls aus einem grossen
Sumpfe, und treibt auf der Nordhäusischen Grenze sogleich eine ziemliche Anzahl beträchtlicher Mühlen.
Andrer dergleichen starker um den Harz hervorkommen-
der Quellen nicht zu gedenken. Wo sollten die grossen
Höhlen seyn (und diese müsten doch höher liegen, als
ihr Ausfluß oder Abzug, der Quell) in denen Platz
genug

Wunder, wenn das Brockengeburge, so nach jenem belobten Autor 16 Quadrat-Meilen enthält, eine Mutter so vieler wasserreichen Flüsse ist.


Daß in der Erde zur Abführung des von der Atmosphäre hineingelegten Wassers Canäle sind, ist wohl unleugbar. Sie gehen in flachen Ländern, wo sie nicht allemal Gelegenheit haben gleich wieder zu Tage auszubrechen, oft ganze Meilen unter der Erde fort, und zeigen sich bey gegrabnen Brunnen oft in der grösten Tiefe. (Nicht alle gegrabne Brunnen aber werden von dergleichen Quell-Canälen genährt,
der

genug wäre, wenn nur ein Quadratfuß von der Gewölbedecke alle Minuten einen Tropfen Wasser liefere te? Vermuthlich (denn ich nehme nicht einmal das allerwahrscheinlichste sogleich für Gewißheit an) sind sie die Mundlöcher der Abzüge von dem überflüßigen Wasser, welches der Wolken anziehende Harz verschluckt hat, aber zu sehr in die Tiefe hereingesikkert ist (man findet solche Wässer hier in den Gruben) als daß es an und auf den Bergen selbst wieder herausbringen könnte. Es sammlet sich daher in grössere Canäle, und wird, weil es von grossen Höhen herabkommt, unterm Harz wieder herausgedrückt. Weil diese Canäle tief gehen und aus dem Innersten des Harzes herauskommen, so sind sie beständiger, und der Austrocknung weniger unterworfen. Sie sind aber zugleich mit die Räuber der höher herauskommenden Quellen, denen sie einen Theil ihres Wassers entführen.

Schroeders Abh. I Th.                K

der gröſſeſte Theil iſt nur ein Sammelort, wohin ſich die in dem nächſt darum befindlichen Erdreich ſteckenden Feuchtigkeiten ziehen) Das Meer kann dieſe Quellen nicht hergeben, ſonſt würden ſie ſalzig ſeyn, es liegt auch tiefer, und kein Waſſer ſteigt ohne Druck in ſolchen Röhren in die Höhe.

Meine Abſicht iſt hier aber nicht, das Entſtehen dieſer Quellen durchgehends zu beweiſen; ſondern ich rede hier nur vom Brocken, da ſolches keine andre Urſach haben kann, als vom Dunſtkreiſe. Warum kam dieſer Quell aber nicht ganz aus der höchſten Spitze des Brocken heraus? Nach jener Grotten- und Höhlen-Hypotheſe konnte ja das Waſſer, da es ſo weit heraufgeſtiegen war, nun vollends noch, die 18 Fuß in die Höhe ſchwitzen. Nach den Geſetzen der Natur, ſie mögen nun aus der Schwere, dem Druck der Luft oder der Bewegung erklärt werden, konnte aber der Hexenbrunnen nicht ganz oben entſpringen, wie auch nicht geſchiehet.

Daß jener groſſe Mann die Zugänge des Hexenbrunnen nicht gleich finden, oder mit bloſſen Augen ſehen können, iſt kein Beweiß für ſeine Meynung, oder Urſach, ihn durch eine Hypotheſe entſtehen zu laſſen. Selbſt bey dieſer iſt ja doch auch ein Abfluß aus dem Gewölbe nach dem Brunnen höchſt nothwendig; und hierin iſt es einerley, es komme aus einem Gewölbe oder dichten obwohl poröſen Erdreich des Brockenkopfes. Die Zugänge waren für ein bloſſes Auge nur zu fein, zu wenig ſichtbar, weil der Granitſand das Waſſer wie ein Filtrum nur in ganz kleinen Tröpfgen durchſeigern läßt. Kann nicht auch im Grunde des Waſſerbeckens ſelbſt, als dem tief-

ſten

ſten Punkte, der Ausgang oder Zuſammenlauf des
Waſſers ſeyn?

Bey einigen Materien werden es mir meine Leſer
erlauben, wenn ich den Ritter zuweilen zur Hand
nehme, damit ſie ſehen, wie ſich dieſes oder jenes
geändert oder aus welchem Geſichtspunkt man es in
ehemaligen Zeiten angeſehen habe. Von Hexenbrun=
nen ſchreibt er bey Erwähnung der Quellen des Brok=
ken: „Der Zauberbrunn, der Hexenbrunn auf dem
„Gipfel des Berges zwey Fuß breit: an demſelben
„liegt ein Stein, in welchem man annoch einen ei=
„ſern Ring mit Bley befeſtiget ſiehet, woran vordem
„eine eiſerne Kette, mit einem groſſen kupfernen, an=
„dere ſagen eiſernen Löffel, zur Bequemlichkeit derer=
„jenigen gehangen, welche ihren Durſt daraus lö=
„ſchen wollen, welchen aber eine biebiſche Fauſt ſchon
„vorlängſt heiſſen mitgehen, daher ein Durſtiger,
„welcher weder Glas noch Krug bey ſich führet, die
„flache Hand oder Huth zum ſchöpfen gebrauchen
„muß. Es darf aber ein Curioſus ſich des fürchter=
„lichen Namens halber eben nicht abſchrecken laſſen,
„aus dieſer Quelle zu trinken, denn deſſen Waſſer
„ſchmeckt ſehr lieblich und ſüß, und erquickt wegen ſei=
„ner Kühle die von der langen und beſchwerlichen Reiſe
„abgematteten Glieder „ Hiebey bemerke ich, daß die
eiſerne Kelle oder Löffel von der biebiſchen Fauſt noch
nicht wieder hingebracht worden. Dennoch iſt es nö=
tig, ein Gefäß zum ſchöpfen zu haben. Es iſt mir
immer ohne dergleichen äuſſerſt ſauer geworden, ei=
nige reine und nicht mit Torfſchlamm gemiſchte Tropfen
zu erhaſchen. Es iſt alſo nöthig, ein Gefäß zum ſchö=
pfen bey ſich zu führen.

Das

Das Rittersche Verzeichnis der Quellen oder
Brunnen (wie er sie nennt,) des Brockengebürges,
ist sehr mangelhaft, denn er hat von denen, die einen Namen haben, nur überhaupt vier angegeben.
Ich könnte meinen Lesern hier ein langes Verzeichniß
davon geben, und wenn ich die ungenannten unzäligen
Quellen beschreiben wollte, ein halbes Alphabet damit anfüllen, es würde aber sehr langweilig zu lesen
seyn. Im ganzen sind alle gleicher Art, und gleichen Ursprungs, und formiren Flüsse, in deren nächst-
folgenden Beschreibung ich meinen Lesern das übrige davon sagen werde. Was Ritter aber unter dem Brunnen auf der Seite des Zaubertisches oben auf dem
Blocksberge (dieser Name klingt mir schon aben-
theurlich) meynt, kann ich nicht begreifen. Mir ist
weder ein Zaubertisch noch ein Brunne daneben bekannt, die meinen Nachforschungen doch nicht entgangen seyn könnten. Eben so verhält es sich mit
dem zuletzt beschriebnen unergründlichen Loche, wovon er zuletzt sagt: „Andre weniger bekannte Quel-
„len oder Brunnen wollen wir jetzo mit Stillschwei-
„gen übergehen, und nur noch diesen beyfügen das
„Loch von dem Zauberbrunnen gegen Abend belegen,
„wovon man glaubt, daß es unergründlich tief sey;
„dieses Loch hat in der Breite über 24, und in der
„Länge 40 Fuß, es sollen darin kleine schwarze Fi-
„sche schwimmen, von was Art, wissen wir nicht,
„weilen man noch keinen einzigen derselben wegen der
„grossen Tiefe jemals gefangen hat.„ Dieses Loch
(schade daß es nicht auch einen fürchterlichen Namen
vom Teufel oder Heren hat) muß dem guten Ritter
aufgebunden seyn, und er hat es aus Neigung des
menschlichen Herzens zum wunderbaren und roman-
haften auch geglaubt, und treulich wieder erzält,

ohne

ohne dabey den unverzeihlichen Widerspruch, der in der
Beschreibung der gefangenen Fische liegt, zu bemerken.
Wie viele mögen es nicht durch seine Erzälung verleitet,
schon gesucht haben? Ich selbst habe, seiner Angabe
nach, mich nach einer Veranlassung zu dieser Fabel umgesehen, aber nicht eine einzige Vertiefung gefunden, die
zu dieser Erzälung. Gelegenheit geben können, vielmehr
ist vom Hexenbrunnen an bis auf den höchsten Fleck
des Brocken, und so über seine ganze Fläche weg,
alles fest und gleich. Gleiche Bewandnis hat es mit
der Stelle: „der Zauberteich oder Hexenteich, nicht
„weit von dem Zauberbrunnen, von der Grösse
„dreyer Morgen Landes, ist voller Schlangen, Ey-
„dexen, Kröten, und andern scheuslichen Thiergens;
„gewiß recht niedliche Speisen, womit die Walpurgis-
„gäste bewirthet werden!„ Auch von diesem Teich ist
mir nichts bewußt. Unter dem Hexenbrunnen ist
zwar am Abhange des Brockenkopfs, wo der Ausfluß des erstern zum Kellbeeck wird, und aufs Schneeloch zuläuft, ein sehr schwammiger Torfbruch, darin
neue Quellen entstehen, aber kein Teich, der auch
am steilen Abhange sich nicht wohl denken läßt, und
über dem Zauberbrunnen ist bekanntlich alles trocken.
Ich glaube, Ritter ist, wie die mehresten, die nur
ein, oder einigemal auf dem zur Bezauberung so
sehr Anlage habenden Brocken gewesen, in der Gegend irre geworden. Mich wunderts, daß er von einer
Merkwürdigkeit des Brocken dieser Art, die doch damals, als er den Brocken besuchte, noch vorhanden
war, nichts angeführt hat.

Diese war ein Teich neben dem grossen Brok-
ken (also weder auf dem grossen Brocken, noch am
Hexenbrunnen, noch dem Hexenbrunnen gegen
Abend)

Abend) auf dem Bergrücken, der die Heinrichshöhe
mit dem groſſen Bröcken verbindet, doch nahe am
groſſen Brocken, wo noch jetzo der Torf geſtochen
wird. Wenn man von der Heinrichshöhe den gewöhnlichen Fußſteig nach dem groſſen Brocken geht,
und anfangen will ihn zu beſteigen, ſo befindet man
ſich auf dem Fleck, wo dieſer Teich, der der eigentlich
ſogenannte Zauber-oder Hexenteich war, gelegen
hat. Auf dieſer Stelle ſteht der Torf noch fünf bis
zehn Fuß oder zwey Mann tief, und der Boden iſt
ſehr ſchwammig. Der Hexenteich war mehr ein groſſer Sumpf, der ſich aus den Quellen des groſſen
Brocken hier geſammlet hatte, als ein Teich. Dieſer muſte eben die Lage haben, die das Abflieſſen dieſer Quellen entweder Morgenwerts nach der Ilſe und
Weſer noch zum Brockenbette hin, oder Abendwerts
in das Schlufthal zur kalten Bode und ſo ferner nach
der Elbe hin, erſchwerte. Sonderbar genung, daß
auf einer ſolchen Höhe ein ſtehend Waſſer geweſen,
das obendrein die auſſerordentlich ſeltne Lage gehabt,
ſeine Ueberflüſſe nach zwey Hauptſtrömen unſers deut-
ſchen Vaterlandes hinſchicken zu können. Als man
angefangen hier Torf zu graben, iſt dieſer Teich ab-
gelaſſen, oder ſein Waſſer hat ſich von ſelbſt verzo-
gen, und der Grund des Teiches iſt nun eine fette
Torfgrube. Da der Torf (wiewohl ſehr langſam) wieder wächſet, ſo kann ſich hier immer nach einem Jahr-
tauſend wieder ein neuer Hexenteich formiren, denn
die Anlage dazu bleibt eben dieſelbe. Im übrigen
kann ich nicht begreifen, wie ehemals nach Ritters Angabe in dieſem Teiche Schlangen und Kröten ſollten
geweſen ſeyn, da ich doch nie, auch nicht einmal im troknen, am Brocken dieſe Thiere bemerkt habe.

Ich

Ich habe den Brocken ein alpinisches Gebürge
genannt, und ihn mit den Alpen verglichen *) Seine noch in ihren Ruinen grosse Würde, seine Höhe,
Kräuter, Materie u. s. w. kurz seine ganze Beschaffenheit ist alpinisch. Damit ihm aber nichts fehlen möge, was auf den Alpen vorkommt, so hat ihm
die Natur auch einen Gletscher beygelegt. Ich be-
diene mich hier abermal einer Schweizerbenennung,
weil unsre Sprache für die Sache sonst kein eignes
Wort hat, und das Wort: Gletscher hier doch völlig anwendbar ist; denn unter einem Gletscher versteht man in der Schweitz eine Gegend des Gebürges, die auch ausser der Winterzeit mit Schnee und
Eise bedeckt ist. Diesen Fall haben wir auch am
Brocken, wiewohl ich gerne einräume, daß unser
Brockengletscher den ausgedehnten Eißfeldern der
Alpen nicht an die Seite gesetzt werden könne. Die
kleine Zwergtanne des Brocken bleibt immer ein Baum,

eine

*) Selbst ein gebohrner Schweizer, einer meiner ehe-
maligen Brocken- und Harz-Reise-Gefährten, der
Kayserliche Professor der Chymie zu Freyburg in Bris-
gau, Hr. Menzinger, bestätigte diese Vergleichung des
Brocken mit den Alpen. Er freuete sich nicht wenig
als er am Brocken so viel in der Naturgeschichte gegrün-
dete Aehnlichkeiten mit seinen Schweizer-Alpen fand.
Er nannte daher die Brockenberge beständig Harz-Al-
pen. Mehrere meiner Freunde und Brockengesell-
schafter, die die Schweizer-Alpen besucht hatten, fanden sich ganz in Gedanken wieder auf jene Alpen hin-
versetzt; und es war ihnen wie schweizerisch zu Sinne, wenn ich ihnen die Naturgeschichte dieser weiten
Harz-Alpen-Ruinen erklärte.

eine Tanne, es fehlte ihr nur an der Gele=
genheit das zu werden, was ihre Brüder auf einem
Boden wurden, der mehr für sie geschaffen war.
Eben so verhalten sich die Schweizer = Gletscher ge=
gen Brockengletscher. Die Natur gab zu derglei=
chen weiten Eißfeldern den Brocken=Alpen nicht die=
selbige Anlage, wie den Schweizer=Alpen, oder
vielmehr, sie zerstörte sie, indem sie die steilen ho=
hen Felsen herabwarf und mit ihnen die tiefen engen
und finstern Klüfte ausfüllte, wo sonst Gletscher ge=
wesen waren. So ist jetzt der eigentliche Brocke
ein von allen Seiten freystehender, dem Sonnen=
schein, dem Regen und allen Winden blos gestellter
einzelner Berg. Die Schweizeralpen hingegen sind
gleichsam ein Volk von noch unzertrümmerten Brok=
ken. Sie sind steil in die Höhe gehende, stehen ge=
bliebene Felsen, Monumente der ersten Schöpfung,
zwischen denen sich im Gegensatz tiefe Klüfte finden.
Da deckt ein Fels den andern gegen die Thauwinde,
und hält die Sonnenstralen von ihm ab, die Circula=
tion der Luft wird durch sie gehemmt, die Luft kann
nicht erwärmt werden, und so schaffen sich die Glet=
scher eine eigne zu ihrer Erhaltung dienende kalte At=
mosphere, worin sie gleichsam wie einbalsamirt ru=
hig liegen, und einen ewigen Schlaf der Natur ver=
ursachen. So müsten nothwendig in den Schweizer=
alpen ( wiewohl dieselben an sich von der See aus
auf einem ungleich höhern Terrain als der Brocke lie=
gen,) zwischen dem Schutz mehrerer steiler Felsen in
ihren dazwischen eingeschnittenen Gründen, mehrere
solche Gegenden entstehen, wo der zumal von höhern
Oertern herabgewehte und aufgehäufte Schnee be=
ständige Winter=Landschaften bildet.

Daß

Daß nicht die Höhe der Schweizeralpen allein die Ursach der Gletscher sey, zeigt der Brocke. Auch eine geringere Höhe kann Gletscher tragen, und den Schnee erhalten. Denn tief unter der höchsten Fläche des Brocken, wenigstens 400 Fuß tiefer, ist erst dieser Brockeugletscher, der noch lange gefroren bleibt, wenn um Pfingsten der bistahin einem Gletscher ähnlich gewesene Brockenkopf sich seiner weissen Schneebürde entlediget. Dieser wahre Brockengletscher heisset: Das Schnee=Loch oder Eiß=Loch. Der Schnee schmilzt darin entweder gar nicht, oder doch erst spät im Jahr. Man sieht solches von Norden und Nordost sehr weit im Lande, und ich habe es in manchem Jahre noch im Anfang der Erndte in einer Entfernung von mehr, denn einer Tagereise, auch auf den Wällen von Braunschweig, durch seinen weissen Glanz von den übrigen Gegenden des Brocken unterscheiden können.

Das Schneeloch ist eine Kluft oder Einschnitt, eine Art eines kleinen Thals in der Nordseite des grossen Brocken, in der Gegend, die man: am Brocken, nennt. Die Richtung des Abfals dieses Risses in den Klippengrund des Brocken, geht ziemlich von Mittag nach Mitternacht herab. Das Schneeloch ist daher keinen andern, als den kalten Nordwinden ausgesetzt. Die Morgen= und Abend=Winde streichen über selbiges weg, und gegen den Mittagswind ist es ganz durch den über solches hervorragenden hohen Kopf des Brocken gesichert. Eben so verhält es sich mit dem Sonnenschein. Von diesem fallen nur in den längsten Tagen des Morgens und Abends einige schiefe matte Stralen beym Auf=und Untergange der Sonne hinein.

ein. Die Strahlen der hohen Mittagsſonne fallen
ebenfalls ſo ſchief auf den Schnee, daß ſie nur wenig Wirkung haben können; denn dieſe Gegend iſt
ſo ausſerordentlich ſteil, daß man Mühe hat in die
Höhe zu klimmen. Nur öftere warme Regen ſind
daher vermögend, das Eiß hier zu Waſſer zu machen.

Ich beſuchte dieſen Brockgletſcher zum erſten mal
am 1ſten Julius 1782. Weil dieſe Gegend ſo leicht
nicht zu finden iſt, und auch nicht eine Spur eines Weges dahin führet, ſo begleitete mich der gefällige je-
ßige Brockenwirth, Reiche, dahin. Ohne dieſen Führer, der den Brocken, welchen er unter ſich hat, ganz
genau kennt, würde ich, ohne das Schneeloch zu
finden, lange herumgeirt ſeyn, ja mich würde dieſe äufferſt ermüdende und unwegſame Gegend, worin es liegt, abgeſchreckt haben, mich allein bis dahin zu wagen. Es iſt eine Unternehmung für beherzte Leute, und man ſetzt ſich der Gefahr aus, zwiſchen den Klippen des Brocken zerſchmettert, oder
gar in einer Kluft begraben zu werden. Er führte
mich und meine Begleiter von ſeiner Wohnung längs
der Heinrichshöhe und an der öſtlichen Seite des groſſen Brocken weg, etwas um den Bauch deſſelben
herum, durch eine Gegend von fürchterlichen Klippen, kleinen dazwiſchen entſtandenen Klüften ohne
Zahl, zwiſchen den Klippen befindlichen Brüchen
und Quellen, und verwachſenen Oertern von halb-
zwerghartigen Tannen. Die Richtung unſres Pfa-
des war im ganzen nicht völlig horizontal, ſondern
etwas abneigend. Wir brachten auf dem Wege nur
eine gute Stunde zu.

Die

Die Atmosphäre des Schnees erfüllte mich mit
einer schauderhaften frostigen Empfindung, die um
so mehr unangenehm war, weil es eben einmal am
Brocken ein warmer stiller Tag, und ich überdies
durch unser rasches gehen in den ermüdenden Gegenden warm geworden war. Ich fand den Schnee
schon ziemlich weggeschmolzen oder gesunken, und
wir musten von den Seitenwänden, so aus einzelnen diese Kluft umgebenden Klippen bestehen, ins
Schneeloch hineinsteigen. Der Schne war sehr
hart gefroren, und bestand vielmehr aus halbdurch-
sichtigen Eiskörnern von der Grösse als Erbsen. Er
war also schwer, und Uebergang zum Eise, ließ sich
daher nicht recht wohl mehr zu Ballen zusammendrük-
ken. Ich hatte deswegen auch Mühe, nur einige
Hände voll mit einem Stocke loszuscharren. Dieses
ist eine Wirkung des öftern Schmelzens und nächtli-
chen Wiederfrierens.

Wir klimmten auf dem Schnee, wobey man die
Hände zu Hülfe nehmen muste — so steil war die
Abdachung — bis zur Spitze des Schneeloches in die
Höhe. Die Füsse ließen keinen Eindruck hinter sich.
Nahe an der Spitze brach der Schnee durch, und
einer unsrer Gefährten würde gänzlich durchgefallen
seyn, wenn er seine Arme nicht ausgebreitet hätte,
und von uns wieder herausgeholfen wäre. Hier
lag der Schnee nicht mehr über einige Fuß dick, ich
bemerkte aber, daß unter ihm die Kluft noch sehr
tief war, und ihr Grund nicht abgesehen werden konnte. Ich hörte in diesem Grunde Wasser rauschen,
welches unter dem Schnee wegschmilzt, und ihn hohl
macht. Dieses Wasser ist der Kellbeeck, dessen
Ursprung im vorbeschriebenen Herenbrunnen ist,

und

und der durch diese Schneegegend verstärkt nach der Ilse herabfält.

Die Länge des noch im Schneeloch vorhandenen Schneestrichs betrug wenigstens 300 Fuß, seine mitlere Breite 15, und seine Tiefe kann ich nach der Abneigung der Seitenwände sicher zu 12 Fuß annehmen; vielleicht war der Schnee aber doppelt, ja einigemal so tief. Ich glaube daher sicher annehmen zu können, daß ich hier noch eine Masse von 54 bis 60000 Cubicfuß Schnee angetroffen. Ich glaube auch, daß wenn nicht sehr häufige warme Regen, (die einzige Ursachen seines Schmelzens) hinzugekommen, der beynahe zu Eis gewordne Schnee, bey zumal kürzer werdenden Tagen und zurückweichender Sonne, sich in den tiefsten Stellen des Eislochs bis dahin werde erhalten haben, daß im September wieder neuer Schnee dazu gekommen ist.

In einer Entfernung von wenig Schritten neben und um diese Wintergegend traf ich alle Jahrszeiten an. Die Gewächse neben dem Schneeloch bestanden hauptsächlich in Heidelbeer- und Kronsbeer-Gesträuch, Myrtillus fructu nigro, und fructu rubro: Nahe am Schnee trieben erst Blätterknospen hervor, und es saßen noch vorjährige reife, schwarze und rothe Beeren, die sich an den Stauden, unter dem Schnee wie in einem Salze, erhalten hatten. Wenige Fuß davon traf ich Blätter, endlich Blumen, und noch weiter, reifende Früchte an, recht wie in einem Gemählde die Schattirung abnimmt. In eben diesen Graben war es neben dem Schnee empfindlich kalt, und nahm endlich bis zu einer leidlichen Wärme ab.

Wir

Wir nahmen unsern Rückweg gerade nach der
obern Fläche des Brocken zu. Dieser Gang war
noch beschwerlicher, und mit Klüften und unwegsa=
men Klippen noch mehr bestreuet, als der Weg, den
wir vorher längs dem Brocken genommen hatten,
dabey sehr steil. Ein mitgelaufener Hund stürzte hier
zwischen grossen Klippen in ein tiefes Loch, und
wurde unsichtbar. Jedoch kam er aus einer über
100 Schritte entfernten anderweiten Oefnung aus
seinem unterirdischen Gange wieder zur Gesellschaft.
Von dieser Beschaffenheit ist ein grosser Theil der
Oberfläche des Brockengebürges. Jeder Stein bil=
det in seiner Lage mit seinen Nebenlägerern eine klei=
ne Höhlung, und weil diese Steine alle unförmlich
sind, so haben diese Zwischenräume der Steine oft
miteinander Gemeinschaft, und bilden ein Filet von
Höhlengängen.

Doch sind die mehresten Gegenden des Brok=
kenbodens schon ebner, indem Torf, Sand, und
Damm=Erde die Zwischenräume der Steine ausge=
füllt haben. Mit der Zeit werden auch diese wilden
höckrigten Gegenden noch eben werden, so wie denn
in mehrerer Tiefe schon ein fester Grund von Sand
und Erde ist. Doch kann ich von diesen kleinen Hö=
len an der Oberfläche, die ihren Grund in zertrüm=
merten, eingestürzten höhern Felsen haben, noch
keinen Schluß machen, daß der ganze Brocke ein
Höhlengebäude, und dessen Oberfläche nur die Dek=
ke oder das Gewölbe unermeslich grosser Höhlen
sey, vielmehr ist das Innere des Brocken unver=
letzt stehen gebliebner Grundfels.

Das

Das Schneeloch ist nur wenigen bekannt, und auswärtige Brockenbesucher wissen gar nichts davon, auch hat nicht einer von denen, die vom Brocken geschrieben haben, seiner gedacht, ob es gleich eine der grössesten Seltenheiten und für einen Naturforscher eine der vorzüglichsten Merkwürdigkeiten des Berges ist. Die gewöhnlichen Brockenreisenden kommen auch da gar nicht hin, und können es nicht zu sehen bekommen, weil es so versteckt liegt, daß man es mehr im Lande als am Brocken selbst gewahr wird.

Ich habe oben schon erwähnt, daß der eigentliche Brocke unter seinen mitalpinischen Bergen in Absicht der Oberfläche noch immer das wenigste rauhe habe. Die schrecklichsten Gegenden des Brockengebürges, die mehreste Mischung von Klüften und herausstehenden hohen Felsengruppen haben die übrigen Berge des hohen Gebürges, die Spröslinge des Brocken, auf ihren Rücken und in ihren Gründen und Thälern. Der Brocke selbst scheint also in der Zerstörung seiner Felsengebäude einige Jahrtausende vorwerts zu seyn. Die grössere Gewalt der Stürme, der Kälte und nassen Witterung, welcher er von allen Seiten ausgesetzt ist, hat ihn glatter geschliffen und seine Rudera von Felsenthürmen vollends umgeworfen, und beynahe so zermalmet, daß nur noch einige unbeträchtliche Spuren davon übrig geblieben sind. So ist die oberste kahle Glatze (denn die Fläche des grossen Brocken hat ihrem Abhange, ihrer Wölbung und Rundung nach, viel ähnliches mit einer Hirnschädel) so ausgewittert, so abplanirt, daß man fast durchgehends bequem darauf herum gehen kann, und die darauf liegenden Granitsteine sind so mit ihrem Sande um = und überschüttet,

tet, daß man auch zur Noth zu Pferde auf solcher herum reiten könnte. So zeiget alles am Brocken und seinen Nebenbergen von plözlicher Zerstörung oder almäliger Auflösung, aus welcher denn auch gewalt=samme und almälige Veränderung der Form entstan=den ist.

Doch sind von dem ehemaligen höhern Felsen=Gebäude oder von der ersten Gestalt des Brocken noch 2 kleine Ruinen, 2 kleine Urkunden selbst auf seinem Kopfe bis auf unsre Zeit übrig geblieben. Niemand wird vom Brocken zurückkehren, ohne daß ihm diese beyden Steinklumpen in die Augen gefallen wären, und ihre bekannte Namen: der Heyenaltar, und Heyenkanzel machen schon aufmerksam genug, um sich allenfals zu ihnen als Wahrzeichen des Ber=ges hinführen zulassen. An sich selbst sind sie kaum des Ansehens werth, denn der Brockenwandrer hat Tausende ihres gleichen bey seinem Heraufsteigen ge=sehen; es sind keine Hohne=keine Zeter=keine Arendss=Klint=, keine Feuerstein=Klippen, kein Ilsenstein, gegen welche sie nur im Verhältniß wie ein Zaun=könig gegen einen Adler stehen. Nur hier in ihrer Lage und Verhältnissen bleiben sie immer auch als kleine Ruinen merkwürdig.

Wenn man von der Heinrichshöhe aus, den grossen Brocken besteigt und in die Gegend kommt, wo sich schon der sanfte Abfall der obern Brocken=fläche an die steilere Abdachung anschließt, bemerkt man zur linken Seite einen Fußsteig nach Abend hin, der zu ihnen führt, und man siehet sie einige hun=dert Schritt zur Seite hervorragen. Vom Wol=kenhäuschen habe ich ihre Entfernung 891 rh. duo=
decimal

decimal ⸗ Fuß gemeſſen. Hinter des Hrn. O. C. R. Sil⸗
berſchlags erſtem Theile ſeiner Geogenie iſt ein Kupfer,
das eine Abbildung des Hexenaltars und der Hexen⸗
kanzel ſeyn ſoll. Man kann ſich auch einiger maſſen eine
Vorſtellung darnach machen. Es iſt aber eine Un⸗
richtigkeit, daß ein dahinter ſehr hoch und ſteil her⸗
vorragender Berg gezeichnet iſt, der den höhern
Theil des Brocken vorſtellen ſoll. Dieſe beyde Stein⸗
klumpen ( denn Felſen ſinds nicht mehr ) gehören viel⸗
mehr noch zur obern Flächenähnlichen Abründung des
groſſen Brocken, an deren mittäglichen Seite ſie
über den ſteilern Abhang deſſelben geſtellt ſind.
Man geht alſo nur ganz mäßig von dem höchſten
Punkt des Brocken zu ihnen herab.

Der Steinklump, der gegen Abend zu liegt, iſt
der Hexenaltar, und der, welcher dieſem gegen Mor⸗
gen in Entfernung weniger Schritte liegt, heißt die
Hexenkanzel. Letzterer iſt ohngefehr zwey Mann,
oder wie H. O. C. R. Silberſchlag meldet, 10 Fuß
hoch; erſterer aber iſt ein wenig niedriger, und nach
Silberſchlag nur 6 Fuß hoch. Ritter erwähnt nur
des Hexenaltars und giebt die zum Theil unrichtige
Beſchreibung von ihm: er ſey ein groſſer liegender
Steinfelſen auf dem kleinen Blocksberge Mittagwerts
16 Fuß lang, eben ſo breit, und 10 Fuß hoch.
Ich nenne ſie deswegen nur Steinklumpen, weil ſie
aus loſen, aufeinanderliegenden, unförmlichen,
Platten ähnlichen Granitſteinen beſtehen, die zum
Theil beweglich ſind. Eben ihre Figur, und daß
ſie aus lauter breiten Platten beſtehen, iſt Urſach,
daß ſie beym Einſturz der ehemaligen Felſenſpitze des
Brocken nicht mit ſo weit herabrollten als die übrigen
ründeren Steine. Sie ſind, wie alle übrige Klippen

des

des Brockengebürges mit einer unzäligen Menge von Moosen überzogen, die so fest hineingewachsen sind, daß sie gleichsam Theile des Gesteins geworden. Man kann auf sie heraufsteigen, und es hat eine Gesellschaft von mehr denn zwölf Personen darauf Platz. Unter sich westwärts siehet man im Abhang des Berges eine kleine Senkung, die mit grossen noch nicht ganz bedeckten Steinen ausgefüllt ist. Vermuthlich sind dieses Stücke dieser Steinklumpen gewesen, sind, weil sie eine mehr abgerundete Gestalt hatten, dahin herabgerollt, und haben diese Senkung mit den Trümmern jener Steinklumpen ausgefüllt.

Da Abgötterey und Hexerey ziemlich viel ähnliches in ihren Begriffen haben, und die Ueberbleibsel des Heidenthums in Zauber-Teufels- und Hexen-Geschichte umgekleidet worden; so scheint mir die Benennung: Hexen-Altar und Hexen-Kanzel noch ein Fingerzeig auf eine ältere Tradition zu seyn, daß auf ihnen ehemals heidnische Opfer verrichtet worden. Diese Steinklumpen haben auch eine hinlänglich gute Anlage dazu, nur würde ihr Ansehen im Verhältniß gegen die Opfer sehr colossalisch seyn. Lächerlich aber ists, wenn man behaupten will, daß diese Felsentrümmer durch Menschenhände in die Höhe gelegt wären. So wenig beträchtlich solche auch in Zusammenhaltung mit andern Steinklumpen des Brockengebürges sind; so sehr ists doch noch immer über alle menschliche Kräfte, auch der stärksten Leute, diese schwere Steine hieher zu bringen, und so aufeinander zu thürmen. So hoch getriebne Mechanik, um durch Beyhülfe von Hebewerken solches bewerkstelligen zu können, ist aber bey unsern Vorfahren wohl nicht zu vermuthen. Ja ich kann behaup-

Schroeders Abh. I. Th.          L          pten,

ten, daß, wenn sie wirklich durch Werke der Kunst
so aufgerichtet worden wären, unsre Voreltern
sie just eben nicht auf diesen Fleck hingethürmt haben
würden. Wollten sie auf einer Höhe ihren Göttern
Denkmäler errichten, und solche weit umher sehen
laßen, waren sie einmal so hoch darnach gestiegen:
so würden sie diesen Standpunkt gewiß dazu nicht
gewählt haben. Sie hätten ohne Zweifel auf
der höchsten Spitze, wo ihre Monumente und Opfer
von allen Seiten her gesehen werden konnten, ihre
Herculische Arbeit an einem ihren Absichten weit ge-
mäßeren Orte angewendet. Es glaubts daher niemand, wenns auch Sprengel noch so sehr in seinem
Sendschreiben: vom Alterthum derselben erweisen
will, daß sie von Menschenhänden so hingelegt wären. Dieser muß die tausende von dergleichen Brok-
kensteinklumpen nicht gesehen haben. Er findet in
der Lage der Steine etwas regelmäßiges, (ich nicht
mehr als an andern ihres gleichen) daher (welch ein
Sprung!) könnten sie nicht durch Wasserfluthen dahin gekommen seyn: und nun bleibt ihm nichts weiter übrig, als daß sie von Menschenhänden dahin
gebracht wären.

Vom Hexen-Altar und der Kanzel sieht man
gerade unter sich in das Thal der schwarzen Schluft,
und sie sind ein guter Standpunkt, die Form des
Brocken auf dieser Seite in seinen beyden südlichen
Fühlhörnern oder Armen, dem Königsberg und der
Heinrichshöhe, zu betrachten.

Vom Wolkenhäuschen nach Mitternacht hin, gleich
am Rande der obern Brockenfläche neben dem Torf-
Bruch,

Bruch, durch welchen das Waſſer aus dem Hexenbrun=
nen herabläuft, iſt eine Klippengegend, die mir immer
merkwürdig bleibt, und für einen Fremden es um
ſo mehr ſeyn muß, weil er nur die minder rau=
hen Gegenden des Brocken auf ſeinem Wege
kennen lernt; hier aber ein Fleck iſt, wor=
nach er ſich eine Idee von den übrigen noch ſchreck=
lichern Gegenden formiren kann. Es iſt eine Ver=
tiefung in den Brocken die ſich bis zum Schneeloch
erſtreckt, derjenigen grade gegenüber, die ſich über
dem Hexenaltar befindet, aber weit gröſſer, und
mit ungeheuren loſen übereinander liegenden Gra=
nitſteinen ausgefüllt iſt. Die Zwiſchenräume
zwiſchen ſolchen ſind gefährliche Klüfte. Dieſer
vielen gegen, die rauhen Winde ſichern Löcher
und Klüfte wegen, iſt dieſe an ſich ſonſt ſchreckliche
Gegend ein wahres Treibhauß des Brocken, oder
ein botaniſcher Garten, in der höchſten Gegend deſ=
ſelben. In dieſer Abſicht iſt dieſe Klippengruppe
werth, durchſucht zu werden, wobey aber die gröſſe=
ſte Behutſamkeit anzuwenden iſt, daß man nicht un=
glücklich werde. Wenn man ſich ein wenig darin ver=
ſtiegen hat und ſich darin umſieht, wird man von ei=
nem Schauder überfallen, und man wird auf einmal
ängſtlich und wegen des Rückzuges beſorgt. Aus die=
ſen Klippen kann man ſein Brockenherbarium ziem=
lich zum dritten Theil vollmachen. Unter andern
wird einem Fremden ſehr auffallend ſeyn, wenn er
hier den Vogelbeer = Baum (Sorbus aucuparia nach
Tournefort) als eine Staude, und hier erſt zur Blü=
the kommend, antrift, wenn er am Ende des Som=
mers am Fuß des Harzes ſie ſchon mit reifen rothen
Beeren auf hohen Bäumen geſehen hat. Sonder=
barer noch iſts, daß hier eben die Anlage, welche den

L 2         Gewäch=

Gewächsen Wärme und Schutz ertheilt, zugleich kälter ist und den Schnee länger erhält. Ich habe hier noch mitten im Sommer Schnee gefunden, welchen ich oft in solch einem Loche nicht einmal bemerkt haben würde, weil er eine schwarze Oberfläche hatte, wenn ich nicht darauf ausgeglitscht wäre. Es wundert mich, daß man dieser hier so merkwürdigen Ruinen-Sammlung keinen Namen gegeben hat, den sie, (mögte er auch aus dem Reich der Finsterniß und des Aberglaubens herstammen,) immer verdiente.

Sie giebt einen neuen ganz offenbaren Beweis von einem Einsturz einer höhern Felsengegend. Ich brauche nur jemanden hineinzuführen, so wird er mir allen Beweis davon schenken, und von selbst sehen, daß diese Klippen nicht so zum Theil hangend und beweglich aufeinander hingeschaffen sind. Es läßt sich nicht anders denken, als daß sie durch einen Fall so hin zu liegen gekommen sind. Und eben dieses ist wieder ein untrüglicher Beweis, daß der Brocke ehemals ein höheres Ganze gewesen sey. Nur etwa ein Conring würde sie hier von Riesen haben hinwerfen lassen. Konnten aber dies Menschen, so ist der ganze Brocke ein Werk und Bau der Riesen. So sahe vor einigen Jahrtausenden vermuthlich der ganze Brocke noch aus, ehe er durch die Witterung noch mehr abgeschliffen und die zwischen den Fallsteinen entstandenen Klüfte durch Auflösung eines Theils der Steine in Grant zum Theil verstopft wurden; so daß die Oberfläche eine ebnere Gestalt gewann. Vermuthlich ist nach einigen Jahrtausenden auch diese schreckliche Wildnis nicht mehr vorhanden, sondern wird

wird indeſſen auch noch ausgefüllt und überzogen
werden.

In den letztern Blättern meiner Abhandlung
bin ich bemühet geweſen, einige Merkwürdigkeiten
des höchſten Theils des Brocken, die ich weder zur
Materie noch zur Form deſſelben im eigentlichen Verſtande rechnen kann, oder die nur als einzelne Theile
der Form und Materie Aufmerkſamkeit verdienten,
zu beſchreiben. Die übrigen ſowohl natürlichen als
durch Menſchenhände bewirkten Merkwürdigkeiten
des ganzen Brockengebürges, werden meine Feder in
den beyden folgenden Theilen beſchäftigen; denn ich
bin jetzt mit der Beſchreibung der Form und Materie noch nicht fertig. Von letzterer habe ich die äuſ-
ſere, ſo zu Tage liegt oder die Materie der Oberfläche,
beſchrieben, und geſagt, daß die Haupt = und herr-
ſchende Materie des Brockengebürges in Granitſtein
und Granitſand, hiernächſt in fettem Boden, in Torf-
erde, Waſſer, und aus Bruch beſtehe, der durch
Vermiſchung dieſer Theile entſteht. Die verſchiedenen Ausnahmen hiervon, inſonderheit ob, und in
wie weit ſie ins Mineralreich ſchlagen, muß ich auf
eine genauere Abhandlung verſparen, geſtehe aber
zum voraus, daß dies die allerſchwerſte Unterſuchung
ſey, welche bey Beſchreibung des Brocken vorkommt,
in welcher man ohne höhere Unterſtützung und ohne
groſſen Aufwand von Zeit und Koſten, wenig gründli-
ches ausfindig machen wird. Dieſes Fach erfodert
nicht einen einzelnen Mann, ſondern eine ganze Ge-
ſellſchaft autoriſirter dazu geſchickter Leute, und nicht
etwa Brockenreiſen, ſondern häusliche Bewohnung
des Brocken.

Jetzt

Jetzt will ich zur eigentlichen Beschreibung des Brockengebürges im Ganzen und in seinen einzelnen Theilen, oder besondern Bergen schreiten. Ein Thema, das ganz von der Materie unterschieden ist, wobey mir das Gemählde des grossen Baues zwar offen vor Augen liegt, das aber bey alle dem die grösten Schwierigkeiten hat, um es genau zu beschreiben, und denen, die es nicht gesehen haben, eine deutliche Vorstellung davon zu machen. Ich muß hierbey den Begrif des Brocken als Berg, und dann als Gebürge (als eine Sammlung von Bergen) genau auseinander setzen und von einander unterscheiden, muß eines jeden Lage, Grenzen und Bestimmung genau angeben, und dieses alles muß aus dem wahren Bau dieses grossen Meisterstücks der Natur hervorgehen.

Hiernach ist es wieder zuerst nothwendig, daß ich den Brocken als Berg für sich, als zusammenhangende, ein Ganzes ausmachende Bergmasse unterscheide, ihn dabey wieder gleichsam anatomisch betrachte und zergliedere, meine Leser zu ihm hinführe und ihnen sage: das ist ein Ganzes, ein Körper, davon ist dies der Kopf, jenes sind Arme oder andre Theile des Ganzen, da schneidet sich dieser Theil ab u. s. w. So hat man denn in einem Ganzen eines Berges einen Brocken im engsten Verstande, und wieder einen Brocken in seinem eigentlichen wahren natürlichen Begrif und Ganzen.

Der Brocke im engsten Verstande, ist der kleinere aber höchste Theil des Ganzen, so weit er sich von seinen drey, hernach zu beschreibenden Flözen

jen unterscheidet, und sich aus deren Anschluß und
Schoß erhebt. Er heisset: der grosse Brocke. Man
schneide also in Gedanken die oberste einem Maul-
wurfs-Auswurf, oder Kohlenmieler ähnliche para-
bolisch runde, höchste, über alles hervorragende ganz
frey stehende Spitze da ab, wo sich die Arme oder
Stützen an selbige anschliessen. Dieser grosse Brok-
ke hat, von der Heinrichshöhe aus gerechnet, nach
Hrn. O. C. R. Silberschlag eine senkrechte Höhe von
302 rhl. duodecimal-Füssen, *) und nach des jetzigen
Hrn. Oberrechnungs-Rath Schmidt zu Cassel, in
meinem Beyseyn, angestellten barometrischen Messung,
von 234 Pariser Fuß. Ziehe ich ferner in Gedanken eine Horizontal-Linie durch diesen obern runden, sich in
eine abgerundete Fläche endigenden Theil des Brocken,
da wo er auf seinen Stützen ruhet, so wird solche etwa
4000 rhl. duodecimal Fuß und der Umkreis dieses
höchsten Theils des Brocken eine halbe Meile tragen.
Der durch diese Linie gemachte Abschnitt würde dann
einen Zirkel ausmachen, dessen Mittelpunkt die
höchste Spitze auf der obern abgerundeten Fläche des
Brocken ist. Ich habe diesen allgemein: der grosse
Brocke, heissenden Theil des Berges bisher den
Kopf oder schlesisch die Kuppe, genannt. Man
sagt hier von diesem obern Theil des Brocken: auf
dem Brocken, und wenn man sich im Wirthshause
auf der Heinrichshöhe befindet, (da man schon im
eigentlichen Verstande auf dem wahren Brocken ist)
sagt man immer in der engsten Bedeutung des Worts
Brocke: Nun wollen wir auf den Brocken gehen.

Der

---

*) Hiermit stimmt auch die Zimmermannsche Messung
ziemlich überein.

Der grosse Brocke wird also selbst aufm Brocken
καϊ ἐξοχην Brocke genannt. Im Lande aber
sagt man beständig von diesem Kopfe: Der grosse
Brocke, welches also sein unterscheidender eigentlicher Name ist. Zur Wiederholung des vorhergehen-
den und zum Fingerzeig aufs zukünftige will ich nur
noch folgendes davon erwähnen. Meine Leser lern-
ten darauf das Wolkenhäuschen, den Hexenbrunnen, den Hexenaltar, die Hexen-Kanzel und eine
Wildnis von Brocken-Ruinen kennen. Seine oberste Fläche hat Gewächse, die die niedern Gegenden
des Brocken nicht haben, auch einen merklichen Unterschied im Klima und Natur-Phänomenen vor ihm
voraus. Er hat an seinen Seiten, oberan der Abdachung, reiche Quellen, die sich nach allen Gegenden
hin in verschiedne Flüsse ergiessen; seine runde Spi-
tzenfläche ist bis auf den Hexenbrunnen, noch eben,
trocken, wenig bewachsen, wenig höckrigt, doch stei-
nigt und sandig; sein Abhang rund herum aber wie
die übrige Gegenden des Brockengebürges, Mischung
von Torfmoor und Bruchstücken von Granit.

Dieser grosse Brocke ist also blos der Kopf,
und ein nur ganz kleiner Theil von der ungeheuren
ausgedehnten grossen Masse des ganz eigentlichen
Brocken, als ganzer Berg, wie er auf und
unter den andern Brockenbergen steht und über
sie hervorragt. In dieser eigentlichen Bedeutung,
ist er, eine gerade Gedankenlinie durch seine Basis
gezogen, eine starke teutsche Meile lang, und eine
halbe breit. Seine Absonderungen von den übrigen
Brockenbergen sind ihn umfassende, hohe, majestäti-
sche Thäler an der Abend-Mittag-und Mitternachts-
Seite, aus denen Ecker-Bobe-und Ilse-Fluß, auch
das

das Mönchswasser, die aus ihm ihr Entstehen mit
haben, herabfliessen. Gegen Mitternacht aber, wo
er dem Lande am nächesten liegt, verliehrt sich der
Begrif des Brocken almälig; er wird nicht durch
ein einfassendes begrenzendes Thal, wie an den andern Seiten isolirt, sondern geht in unabgebrochnem
Fall, zwischen Ecker und Ilse, mit seinem wahren Fusse bis ins Land. Sein Fuß wird hier endlich harzisch
und trit in der Flur des Dorfs Stapelnburg an-
den Vorharz. Auf diesem langen Abhange verliehrt
sich zwar der Name Brocken, nicht aber der Berg,
und in diesem Fall kann ich seiner wahren Ausdehnung eine Grundlinie von mehr als 2 Meilen in der
Länge geben. Diese, einen unzertrennten, vor sich
bestehenden Berg ausmachende Masse, ist breit und
hoch genung um darin mehrere grosse Thäler fassen
zu können: es ist aber bey der letzten Gestaltgebung
des Brocken nur ein Hauptthal darin erzeugt worden.

Dieses ist das Schluftthal, das höchste unter allen
Thälern des ganzen Gebürges, das so ganz in den Brokken eingeschnitten und ihm so ganz eigenthümlich
ist, daß es mit Recht den Namen des Brockenthals
verdiente. Es fängt mit seiner hohen Spitze an der
Mittagsseite des grossen Brocken gleich neben seinem
Fusse an. Die Grenze des grossen Brocken und des
höchsten Punkts des Schlufthals ist der Weg, der
von der Heinrichshöhe nach dem Langenwerk in einem
Winkelzuge um die Spitze des Thals herum, neben
dem grossen Brocken weggeführt ist. Es ist eine
wahre Schluft oder Einschnitt in den Brocken, und
lässet sich in einem mehrentheils südlich und nur etwas östlich gekehrten Abfall zwischen den beyden südlichen

lichen Brocken-Armen des Königsberges und der
Heinrichshöhe in das den eigentlichen Brocken von
andern alpinischen Bergen abschneidende Thal der
kalten Bode herab. Sein Fluß, die schwarze Schluft,
(oder das Schluftwasser) sammlet seine muntren Zu-
flüsse aus den Quellen des grossen Brocken, des
Königsberges und der Heinrichshöhe, und fällt als
ein reiches Forellen-Wasser durch fürchterliche Gegenden bey dem Viehhofe die Schluft, eine halbe
Stunde oberhalb dem Hüttenwerk Schierke, in den
kalten Bode-Fluß.

Dieses Thal verursacht, daß der von Süden nach
Norden hin ausgedehnte Brocke, der an beyden Seiten seines Kopfs sonst nur zwey Arme hätte, deren
auf der südlichen Seite zwey, so wie denn in allem
3 hat; denn es theilt die südliche Schulter oder Arm
des Brocken, als eine darin eingegrabene Schluft
in zwey Theile, oder besondre lange Bergrücken. Und
nun kann ich nach Beschreibung dieses Thals einen
desto deutlichern allgemeinen Begrif des eigentlichen
Brocken festsetzen. Er ist also ein von Süden
nach Norden ziehender, sich almälig der Länge nach
aus dem kalten Bode Thal und dem Vorharz bis zu
seinem obersten Aufsatz, dem grossen Brocken, erhe-
bender, respective ein und zwey Meilen langer und
von Osten nach Westen eine halbe Meile breiter, vor
sich bestehender, wieder als ein Aufsatz auf dem alpinischen oder höhern Harzgebürge liegender, noch höherer Bergrücke.

Von den breyen aus dem Brocken herausge-
henden Schultern oder Stützen, durch die ihm die
Gestalt eines runden Berges benommen wird, er-

ſtrecken ſich zwey derſelben, ober, wenn man will,
eine, die aber getheilt und durchs Schluftthal einge=
kerbt iſt, nach Süden hin. Die öſtliche oder nach dem
Unterharz hingekehrte Stütze erhebt ſich am Ende
von Oberſchiercke aus dem Thal der kalten Bode, be=
kommt bald den Namen: der Quitſchenhay (von den
ehemals mehr wie jetzt darauf geſtandenen Quitſchen=
oder Vogelbeer = Bäumen) und geht ſehr ſteil nord=
nordweſtlich aufwärts. Beym Brockenwirthshauſe
ober dem Brockenthor iſt die höchſte - Spitze dieſer
Brockenſchulter. Hier bekommt ſie den Namen Hein=
richshöhe, und wird als ein beſondrer Berg ange=
ſehen und benannt. Der Name Heinrichshöhe wur=
de dieſem oberſten Theil des Brockenarms nach dem
Herrn Grafen Heinrich Ernſt, des jetzigen Herrn
Grafen Vater und Vorgänger in der Regierung,
damals gegeben, als deſſen Herr Vater, Graf Chri=
ſtian Ernſt, hier das Wirthshaus und die Torfſteche=
rey anlegen ließ. Zur Heinrichshöhe herauf zu ſtei=
gen hat man zwey Stunden nöthig, herab kann man
aber auf dem Fußſteige nach Schierke über den Rük=
ken dieſes Bergzuges in einer Stunde gehen. Die
ganze Heinrichshöhe beſteht aus wilden Granittrüm=
mern, Quellen, und groſſen Torfbrüchen. Unter=
wärts am Quitſchenhay iſt ſie mit Tannen von
theils auſſerordentlicher Gröſſe, Stärke und Alter,
bewachſen; näher nach der zum Wirthshauſe ausge=
henden Spitze ſind die Tannen froſtiger und kränker;
ganz oben aber wollen ſie gar nicht mehr fort, und
bleiben Zwergtannen. Vom Wirthshauſe der Hein=
richshöhe an, als dem obern flachen Theil dieſer Brok=
kenſchulter, da ſie noch eigentlicher ein Bergrücke
wird, iſt eine kleine Senkung in ihr, durch welche ſie
an den groſſen Brocken angehängt iſt. In dieſer
Sen=

Senkung steht noch ein Torfhaus von dem Torfwerk
zur Heinrichshöhe, und mein vorbeschriebener Brok-
kenfußsteig geht durch solche nach dem grossen Brocken.
Man kann sich den Anschluß der Heinrichshöhe an
den grossen Brocken unter dem Rücken eines Pferdes
einigermassen vorstellen.  Die kleine Erhöhung, worauf das Wirthshaus liegt, wäre bey dieser Vorstellung
das Kreuz des Pferdes, jene Senkung, in welcher
der Torf gestochen wird, der eigentliche Rücke und
der grosse Brocke der Kopf und Hals.  Wenn man
sich denn bey dieser Vergleichung noch einen lang
nachschleppenden Schweif gedächte, so hätte man
vollends den Abfall (im Quitschenhay) nach der kalten Bode herab.

Die breiten Seiten dieser Brockenschulter haben gegen Westen ihren Abfall in das vorbeschriebne
Schluftthal, und gegen Osten in das Schuppenthal.
Letztere schließt sich ans Brockenbette an, wo man
von der kalten Bode aus ohngefehr die mitlere Erhebung der Heinrichshöhe erreicht hat, geht dann noch
eine Ecke über dem Anfang des Ilsenthals weg, bis
so weit, daß sie sich an den Abfall des grossen Brokken anschließt, und sich gleichsam als ein Anwuchs
davon verliehrt.  Oestlich wird sie also durch die Jl-
se und durch das Mönchswasser, südlich durch die
kalte Bode und westlich durch die schwarze Schluft
begrenzt.

Der diesem gegen Westen liegende Theil der
südlichen Brockenschulter ist gleichfals ein aus dem
Thal der kalten Bode aufsteigender Bergrücke.  Im
Aufsteigen, wo er anfänglich mit starken Tannenwäldern bewachsen ist, hat er Stufen, insonderheit im
kleinen,

kleinen, kahlen und grossen Königsberg. Seine
oberste Höhe, die so ziemlich mit der Heinrichshöhe
gleich ist, heisset also: Der grosse Königsberg.
Dieser Kopf schliesset sich ebenfals wieder durch eine
Senkung, worin das Torfwerk zum langen Werk
durch den Herrn Oberforstmeister von Lange angelegt
ist, in Gestalt eines Pferderückens an den grossen
Brocken an. Nur ist diese Senkung tiefer und weit
morastiger als auf der Heinrichshöhe, so wie überhaupt der Königsberg eine stärkere wildere Masse ist,
und eine grössere Grundfläche hat, als jener Bergzug, die Heinrichshöhe. Die schwarze Schluft mit
ihrem Thal trennet den Königsberg östlich von der
Heinrichshöhe. An der westlichen Seite des Königsberges ist wieder eben der Fall wie am Brockenbette. Auf einer gleichen kleinen Fläche entspringt die
gegen Norden fliessende Ecker, und die gegen Süden gehende kalte Bode. Dieser Fluß umfließt den
Königsberg an seiner West- und Südlichen Seite in
einem sehr langen äusserst wilden sich krümmenden
Thale bis dahin, wo die schwarze Schluft in sie fält.
Die Bestimmung des Königsbergs hänget also von
den Thälern der kalten Bode, Schluft und Ecker
ab.

Wo sich der Königsberg unterm Langenwerke
an den grossen Brocken anschließt, ist eine Vertiefung oder ein Eindruck in die Masse des Brocken,
der aber wie jene beym Kellbach, den Namen eines
Thals eigentlich nicht verdient. In diesem Eindruck
kömmt aus dem grossen Brocken der Königsbach
herab, und fällt von Osten nach Westen hin in die
Ecker. Dieser in der Civil-Geschichte des Brocken
sehr

sehr, merkwürdige Brockenbach ist also das dritte
namhafte Waſſer, das aus dem wahren und ſogar
groſſen Brocken ganz entſpringt.

Die zweyte Hauptſchulter (oder im Gegenſatz
der beyden vorigen in zwey Theile eingeſchnittenen,
die dritte) iſt der ſo genannte kleine Brocke. Der
kleine Brocke aber iſt ein Bergrücken, der als Abhang des groſſen Brocken von Süden in einem weg,
bis zum Lande oder Vorharz hin, ausläuft, Dieſe
Schulter oder zuletzt Fuß des groſſen Brocken, iſt in
der Grundfläche eine halbe Meile breit und ſo breit
als jene beyde Schultern mit ihrem dazwiſchen liegenden Thal der Schluft, zuſammen genommen ſind.
Dieſer kleine Brocke iſt ganz ohne Stufen, und wahrer
unaufhörlich in die Tiefe gehender Abhang von der
Kopffläche des groſſen Brocken, welcher durch keine
Senkung, durch keinen darauf gepflanzten Bergkopf
von beträchtlicher Höhe unterbrochen wäre. Sein ab-
hangender breiter Bergrücke iſt eine Wüſteney von
kahlen, tiefen Torfbrüchen, die mit Quellen und
Klippen, zum Beyspiel der Brandklippe, abwech-
ſeln. In dieſer Beſchaffenheit geht der kleine Brokken zwiſchen Ilſe und Ecker eine Stunde vom groſſen
Brocken abwärts, da ſich denn almälig die Benennung Brocken verliehrt, der Forſt anfängt und Bergköpfe mit andern Benennungen als Buchhorſt, Hei-
delbeerbleeck, Pflaſterſtoß, Pflaſterſtoßklippe, Pe-
ſelenberg u. dergl. eintreten. In der Abneigung des
Brocken nach Norden hin, ſind aber auf beyden
Seiten, ſowohl nach der Ecker als Ilſe zu, eine
Menge Thäler eingeriſſen, deren Abtheilungen denn
auch eine Menge Bergnamen nothwendig gemacht
haben. Ihre Köpfe ſchlieſſen ſich aber nur immer
als

als Knöpfe der Bergstützen dieses langen Brocken=
rücken an selbigen an.   Gegen Norden ist also der
Grund dieser Brockenschulter der Vorharz, gegen
Morgen die Ilse, und gegen Abend die Ecker.   Die
zwischen diesen Bestimmungen liegende Brockenge=
gend ist eine der einsamsten des Geburges.   Es geht
keine Strasse durch solche, und die daselbst befind=
lichen Wege sind nur Forstwege, oder führen nach
dem Viehhof: der Scharfestein, welcher auf dem
Rücken derselben liegt.

Der Abhang des grossen Brocken in die Thäler
gegen Westen und Osten, zwischen den sich an ihn
schliessenden Bergschultern, heißt: am Brocken, wel=
che Benennung nichts anders sagen will als daß die=
se Gegenden weder zum grossen Brocken oder zum
Kopf des ganzen Brocken, noch zu seinen 3
Schultern gehören, sondern als Rumpf oder un=
terer Theil des grossen Brocken anzusehen sind, wo
seine Schultern ihre Verbindung nicht mehr hiner=
strecken.

Die übrigen, den Forstleuten und Jägern zu
ihren Special=Bestimmungen dienenden Benennun=
gen der einzelnen Gegenden dieses weit ausgebreite=
ten Berges, übergehe ich mit Stillschweigen: weil
sie weder zur Beschreibung der Form nothwendig,
noch auch einem Brockenreisenden zu wissen unent=
behrlich sind.   Solche Gegenden musten nothwen=
dig noch gleichsam Privat=Abtheilungen haben. Noch
bemerke ich, daß durch das Wolkenhäuschen die Gren=
ze zweyer Gräfl. Frost=Reviere und Jurisdiktionen
gezo=

gezogen, also der Brocke in zwey besondre Gebiete
getheilt sey.

Der ganze, wahre eigentliche Brocke, als für
sich bestehende Bergmasse, liegt also in einer Ein-
fassung zwischen den Flüssen Ilse, Mönchswasser,
kalte Bode, und Ecker, die auf den auswärts liegenden Seiten seine Trennung von den übrigen alpinischen Harz-Bergen, oder Brockenbergen ausmachen. Welch eine ungeheure Masse vom Berge in
seiner Breite, Länge und Tiefe! wie er durch Flüsse,
die majestätisch sich über grausende Felsen-Cascaden
in schwarze Thäler herab stürzen, von seinen andern
königlichen Verwandten abgesondert, in seiner eignen Würde da steht, und über alles andre wegsieht!
Wegen der verschiednen Bedeutungen des Worts
Brocke muß ich hier nur noch beyfügen, daß dieser
hier bestimmte eigentliche Brocke ein Stück der Grafschaft Wernigerode sey, und unter der Landes-
hoheit der diese Grafschaft besitzenden Linie des Erlauchten Hauses Stolberg stehe.

Ich verlasse nun den nach Materie und Form hinlänglich beschriebenen eigentlichen und wahren Brot-
ken, als für sich bestehenden Berg betrachtet, um
meine Leser auch mit den andern ihn umgebenden hohen Gebürgen bekannt zu machen. Ich theilte im
Anfang meiner Abhandlung das ganze Harzgebürge
nach gewissen in der Natur gegründeten Unterschieden ein, mit denen die Hand des grossen Baumeisters es aus seiner Werkstatt hervorgehen lassen. Es
ergab sich die Eintheilung in Oberharz, Unterharz,
und Mittel- oder alpinischen Harz. Dieser (der
Gegen-

Gegenſtand meiner Beſchreibung, heiſt wieder von
ſeinem Mittelpunkt oder Hauptberge oft : Brocken;
und ſo haben wir denn eine Benennung des Brocken
im dritten und allerweitläuftigſten Verſtande, da
eine Gegend hoher brockenartiger Berge, nach ihrem Vater, dem Brocken, darunter gemeint iſt. Dieſe Berge (ich habe ſie Brockenberge, Harzalpen
genannt) ſind nichts anders als kleine Brocken, denn
ſie haben deſſen Materie: Granitfelſen, Granitfel-
ſen-Stücke oder Granitklippen, Klüfte dazwiſchen,
Granitſand, und viele Torfbrüche. Sie haben auch
in der jetzigen Form dieſes mit dem eigentlichen Brokken gemein, daß ſie wie er, Ruinen von höheren
und ehedem ſteiler geweſenen ganzen Felſen ſind.
Sie ſind endlich auch höher als der nicht alpiniſche
Harz. Ich würde mich in ein Labyrint hineinbege-
ben, wenn ich mich in eine ganz genaue Beſchreibung aller Brockenberge, ihres Zuſammenhanges
unter einander, ihrer Thäler, Felſenmonumente,
Flächen, Quellen u. ſ. f. einlaſſen wollte. Ich muß
mich blos auf die vornehmſten derſelben, zu welchen die
übrigen gehören, einſchränken, und nur auf die
höchſt nöthige Belehrung meiner Leſer und der Brok-
kenreiſenden dabey Rückſicht nehmen.

Ich habe oft ganze Stunden auf dem groſſen
Brocken geſtanden auf ſie umher herabgeſehen, und
über die Ordnung und Entſtehungsmittel nachgedacht,
wodurch ſie ſo um den Brocken herum geſtreut worden ſind; allein ſo oft ich glaubte eine gewiſſe alge-
mein in der Form und Lage derſelben angenommene
oder angewandte Regel ausfindig gemacht zu haben,
ſo oft fand ich wider ſolche Ausnahmen und Beden-
ken, daß ich kein allgemeines Syſtem formiren kön-

Schroeders Abh. I Th.          M          nen,

nen, nach welchem sie als Stützen oder Stufen des
grossen Hauptberges angesehen werden könnten. Ih=
re Mischung, ihre Verhältnisse unter einander, ihre
Form oder äussere Gestalt geht ganz von der Gestalt,
der eigentlichen, immer nach einerley Regeln geformten,
nicht ursprünglichen Harzberge ab, deren Bildung
sich daher weit leichter erklären läßt; weil bey ihnen
das Fluthenwasser als schaffende und wirkende Ursach
leicht in die Augen fällt. Diese Brockenberge haben
so verschiedne Gestalten und Richtungen, sind so laby=
rintisch von Thälern und Bergflächen unterbrochen,
daß ich keine allgemeine Ordnung, kein allgemeines
Verhältniß anzugeben vermag, in welchem sie unter sich
und gegen den eigentlichen Brocken anzusehen wären.

Sehe ich vom Brocken auf sie herab, so finde
ich, daß eine jede der vier Hauptseiten nach den
Weltgegenden, in seiner Umkreisung mit hohen Ne=
benbergen, eine andre und besondre Gestalt und
gleichsam Bauregel habe. Doch besteht dieses eini=
ge Regelmäßigkeit zeigende Ganze wieder aus einer
solchen Verwirrung einzelner Theile, daß man sich
keine allgemeine Vorstellung daraus machen kann,
durch welche Wirkungen und Gegenwirkungen eben
diese Form entstanden, und warum sie nicht anders
gerathen sey. Das Resultat alles Nachdenkens ist
endlich, daß ins Innre der Natur kein geschafner
Geist zu bringen vermag. Ich wage mich also nicht
daran, eine von den vielen Möglichkeits = Hypothe=
sen, die jede ihre Schwierigkeit hat, als die wahr=
scheinlichste anzugeben, wie dieses ganze Brockenge=
bürge die Gestalt bekommen, die es gehabt haben
muß, und wovon die jetzigen Rudera der ersten Brok=
kenfelsen nur noch eine schwache Abbildung darstellen.

Eben

Eben der Einsturz des Brockengebürges macht es
dunkel, sich eine Vorstellung der ersten Schöpfung dieses Felsengebürges zu formiren. Wir sehen an ihm nicht
mehr die erste Gestalt, und können daher auf ihre
Beschaffenheit oder Entstehung daraus keine sichre
Schlüsse machen. Ist dieses Brockengebürge als ein
einzelner ungetrennt gewesener Klump anfänglich so
hervorgeschoben, sind hernach Gegenden in ihm gesunken, und haben diese noch hervorragende Höhen
zurück gelassen, hat das Quellwasser nach und nach in
ihm die Tiefen eingerissen; oder ist es gleich anfänglich
als ein Ganzes von mehrern Bergtheilen so aus
dem Schoß der Erde hervorgeschoben? das lasse ich
alles dahin gestellt seyn. Wer kann aus den Trümmern eines eingefallenen Pallasts beschreiben, wie
sein erster Bau gewesen, der Pallast anfänglich aus-
gesehen habe, und nach welchen Regeln er aufgeführt
sey? Wer hat hier in der Werkstatt des ewigen
Baumeisters zugesehen, um was bestimmtes davon
sagen zu können? denn das ist allgemein hin leicht gesagt: das Feuer hat sie in die Höhe getrieben; oder
wohl gar: jeder Berg ist die Wirkung eines besondern Craters!

Man sieht zwar auf dem Brocken, daß seine
umherliegenden Brockenberge niedriger sind als er
selbst: allein es fallen doch hierin für ein zu solchen
Scenen nicht gewöhntes Auge oft optische Täuschun-
gen vor. Ein Freund von mir sah vom Gipfel des
Brocken aus den Gipfel des Wormberges über
ein ganzes Meer von Wolken, das zwischen beyden
Bergen schwebte, hervorragen. Der Wormberg
schien nun weit höher zu seyn als der Brocke selbst,
und ganz nahe. Er glaubte in dem Augenblick die-

ses

ses geschwind vorübergehenden Spiels nicht auf
dem Brocken zu seyn, sondern wollte nach dem
Wormberge, den er für den Brocken hielt. Als
sich aber die Wolken, durch einen mächtigen Windstoß bewegt, theils wegzogen, theils in das
tiefe Thal der kalten Bode herabsenkten, so fiel
der Wormberg, indem dieses vorging, so sichtbar,
daß er einzustürzen schien, und es das Ansehen hatte, als sey er um einige 1000 Fuß gesunken, wir
selbst aber schienen mit dem Brocken gerade herauf
in den Himmel gehoben zu werden. Nun war er
fern, und klein. Man sahe über seine Spitze nicht
weit entfernt einen flachen Horizont. Beweis genung von seiner Erniedrigung gegen den König
der Harzberge. Mein Freund hielt dieses Ehrfurcht
erregende Phänomen schon allein einer Reise werth,
und er gab mir Recht, daß der beste Zeitpunkt auf
dem Brocken zu seyn der ist, wenn sich der Himmel aufklärt. Will man daher viel und auf einmal
sehen, so reise man in schlechtem Wetter herauf und
warte die Aufklärung ab.

Die Brockenberge liegen blos in der Grafschaft
Wernigerode, in der westlichen Spitze des Fürstenthums Blankenburg, in dem Amt Elbingerode,
welches Churbraunschweig von der Grafschaft Wernigerode pfandweise inne hat und in dem Oberharze, der
theils einseitig Churbraunschweigisch, theils mit Wolfenbüttel gemeinschaftlich ist. In ihrer Beschreibung
muß ich sie aber nehmen, wie ich sie zwischen denen
Flüssen des Brockens, welche sie trennen, vor mir
finde, und da will ich zuerst die kleinste Seite nach
Mitternacht hin, zwischen den Flüssen Ecker und
Ilse, betrachten.

Hier

Hier scheint es, als ob die Natur in ihrer Wirksamkeit ermattet gewesen sey, oder als ob sie ein
leeres Feld habe lassen wollen, denn hier trift man
keinen Nebenbrocken, keine beträchtliche alpinische
aus dem Fuß des Brocken hervorgehende Erhöhung
an, sondern der Brocke geht hier, wie ich schon
gemeldet habe, in ununterbrochnem Abfall bis
bis zu den Vorbergen des Harzes mit seiner rechten Schulter, dem kleinen Brocken, herab.
Auf dieser Seite liegt der Brocke auch dem Lande am
nähesten. Inzwischen behält diese Nordseite des
Brocken das Gestein und die übrige Beschaffenheit
des Brockengebürges, bis dahin wo die ganz vordern Bergeinschnitte, welche zwischen Ilsenburg und
Stapelnburg, ins Land oder in den hier schmalen
Vorharz treten, durch grosse Fluthen mit nichtursprünglichen Lagen überschwemmt sind.

Den Theil des Brockengebürges, so dem Brocken
gegen Morgen liegt, muß ich in der Beschreibung
so nehmen, wie ihn die beyden Hauptthäler, nehmlich
gegen Süd-Ost das Bodethal und gegen Nord-Nord
Ost das Ilse-Thal einfassen. Dieser östliche Theil
des Brockengebürges ist unter allen Brockengegenden
die bunteste in ihrer Mischung von langen Bergen, ganzen Ketten von Felsen-Ruinen, Thälern, Flächen,
die verwirteste in ihren Verbindungen, und die schrecklichste in ihren einzelnen Gegenden. Man bemerkt
dieses im Herabsehen vom Brocken nicht, denn von
hier aus fällt alles zu sehr als Fläche in die Augen;
aber wenn man diese Wildnis von alpinischen Abwechselungen von unten aus betrachtet, und sich einige Tage Zeit nimmt, um sie zu durchreisen, so
wird man über die unendlichen, der Vorstellungskraft

kraft entschlüpfenden Verschiedenheiten der Berge und
Tiefen in Verwundrung gesetzt. Ich würde eine meinem Zwecke nicht angemeßne Mühe übernehmen,
wenn ich einen Versuch machen wollte, hievon ein
genaues Gemälde zu entwerfen, denn das bloße
Verzeichnis der Benennungen der Gegenden würde
ohne ihre Beschreibung allein viele Seiten ausfüllen.
Es ist dieser Abschnitt so groß daß, wenn ich hier
den Fuß des Brocken nach Hrrn O. C. R. Silberschlags Rechnung annehmen will, die äusserste sich krüm-
mende Linie von Ilsenburg über Wernigerode und Elbingerode nach dem Zusammenfluß der kalten und
warmen Bode, einen Strich von drittehalb Meilen
ausmacht. Da aber nicht alle Berge, die zwischen
dieser Linie, der Ilse, kalten Bode und dem eigentlichen Brocken liegen, alpinisch sind, so schränke ich
mich blos auf diejenigen ein, die zum Brockengebürge gehören. Und in dieser Vorgegend des Brocken
finde ich denn eine gänzliche Abweichung der Form
von den übrigen vier Seiten des Brockengebürges.
Ich finde hier nehmlich lange, vor dem Brocken parallel
wegziehende, amphitheatralisch hintereinander liegende Bergrücken mit schrecklichen Klippenketten, und
zwischen diesen Bergrücken, Flächen und fürchterliche Thalgründe.

Der Renneckenberg ist der näheste alpinische
Berg des Brocken an seiner Morgenseite, der er in
der Richtung von Norden nach Süden als ein langer Bergrücken, in einer Ausdehnung von mehr
als einer teutschen Meile, gegen über steht. Er erhebt sich da aus dem Ilsethal, wo Ilse und Schmale-
beeck zusammen kommen, dem Jagdhause, die Spiegelslust, gegen über, steiget von hier, als ein schmaler,

ter, steiler, spitzer Steinrücke gegen Süden hinauf,
trägt bald in seinem Fortstreichen auf seinem Rücken
die entsetzlich fürchterliche Klippengegend, die Zeterklippen, bey deren blossen Anblick in der ferne man schon
zittern mögte, und läuft in dieser Eigenschaft immer
als spitzer und schmaler Bergrücken, der an allen Seiten noch weit wilder als der Brocke selbst, mit Nieder-
lagen von ungeheuren Granitbruchstücken beschüttet
ist, zulezt aber nur sanft bergan steigt, bis zum
Brockenbette, der Heinrichshöhe gegen über. Hier
kommt durch oder über ihn weg der vorbeschriebne
Brockenweg von Wernigerode. Die Anlegung des
Weges an diesem Orte beförderte eine, durch den spiz-
zen Schweinerücken des Renneckenberges gehende
Schluppe oder Einschnitt. Der Kopf, oder minder
hohe Theil des Renneckenberges auf der südlichen
Seite neben jenem Einschnitte heißt der Pferdekopf. Auf der nördlichen Seite oder Kopfe aber raget eine Klippengruppe hervor, die einen nahen Einsturz zu drohen scheint: die Capelle. Hier verliehrt
der Renneckenberg seinen Namen, so wie er seine
Gestalt verändert. Ich muß hier also in seiner Beschreibung gleichfalls einen Abschnitt machen, will
aber zuvor noch seine Seitengrenzen angeben. An
seiner westlichen Seite ist das Ilsethal bis zum Bro-
kenbette seine Absonderung vom Brocken. Diese, als
seine gegen den Brocken gewandte Seite, ist wegen
ihrer harten Witterung nur kärglich, und mit schlechtem Gehölz bewachsen. An der Morgenseite, die
ihres aus lauter grossen Granitbruchstücken bestehenden
Bodens ungeachtet, schon mit herlichen Tannenbäumen bewachsen ist, geht sein Fuß gleichfals in ein
Thal herab. Dieses Thal hat mehrere Arme, die
aber nicht in den Renneckenberg eingegraben sind,

son-

sondern zwischen die folgende Reihe Brockenberge
hinein laufen. Sie heissen der Sonnenklee, Sohlwinkel, und Schmuckbruch. Hinter der Höhe,
oder dem Scheiderücken dieses Thals, ist ein gegen Süden abfallender Grund, da in einer' roman-
tisch-einsiedlerischen Gegend zwischen Morästen und
Quellen, in einem der Höhle gegenüber liegenden
Winkel, eine Senne oder ein Molkenhaus liegt, so
von dem Distrikt seiner Weide, der Renneckenberg,
heißt und im Winter nicht bewohnt wird. Hier
tritt von Osten herauf die weite alpinische Bergfläche,
der Hanneckenbruch, an ihn an. Diese Fläche
liegt noch immer auf dem hohen Brockengebürge und
zwischen den dreyen östlichen grossen Brockenbergrük-
ken. Ihr Name zeigt schon von ihrer Beschaffenheit.
Durch sie läuft nach Osten der Fluß Holtemme; sein
Gang ist hier klar und sanft, in der Folge aber wird
seine Nutzbarkeit sehr groß und mannigfaltig. Er
stürzt von dieser hohen Bergfläche, durch die steinerne Renne vom alpinischen Gebürge ins Hasseröder Thal herab. Vom Hanneckenbruch aus ist
der Renneckenberg fürchterlich steil und hoch, denn
er hat hier mit seinem Fusse die stärkste Tiefe erreicht.
Auf der andern Seite nach dem Brockenbette hin,
ist seine Höhe dagegen desto unbeträchtlicher. Wo
neben dem Hanneckenbruche die östlich dem Brokken vorliegende zweyte Brockenbergskette, die Hohneklippen, zu Ende geht, entsteht zwischen dem
Renneckenberge und den Hohneklippen ein Winkel.
Dieser Winkel, (denn es ist kein rechtes Thal, noch
weniger eine Fläche,) heisset: die Hölle. Dieser
Name mag mich einer weitläuftigern Beschreibung
dieses Loches überheben. Kalte Schauer werden
den überfallen, dessen Fuß sich in dieses mit Schlün-

den

ben vermifchte und mit fchwarzen Tannen bewachfe-
ne, den Raum einer ziemlich groffen Stadt einneh-
mende Klippen-Gewirre, wagt.   Und aus diefer
Hölle, aus diefem Schreckengrunde unter ihren Ruinen begrabner Felfenpalläfte, kommt die liebe Emma (Holtemme) heraus, um hernach in fanften
Feldern an ihrem wolthätigem Arm ruhende Städte
und Dörfer mit Wonne und Reichthum zu tränken.   Erwähnte Capelle raget auch auf diefer Seite
über die Hölle wie ein Wacht- oder Warne-Thurm
hervor.   Unter ihr entfteht auf diefer öftlichen Seite das Capellwaffer, fo an und durch die Hölle weg
geht, und die erfte Verftärkung der Holtemme ift.
Bis fo weit nahm die Breite des Renneckenbergs
nur immer im Verhältnis feiner anwachfenden Höhe
zu, und war nicht ftärker, als um feine Höhe nach
den Fallgefetzen der Brockenfteine, woraus er be-
fteht, tragen zu können.

   Bis ohngefehr hieher heiffet von Norden aus
diefer lange Berg, Renneckenberg.   Hier ändert
fich aber fein fortgefetzter Bergkörper oder Bergzug.
Er wird breiter, ift daher nicht mehr blos ein fchar-
fer Klippenrücke, und fo fällt er wieder in feinem
Zuge in das Thal der kalten Bode herab, und hört,
in ihm heruntergehend, bey Schierke und dem Elend
auf.   Seine Felfen-Ruinenkette aber, die immmer
auf feiner höchften Anhöhe wegftreicht, drehet fich
um etwas mehr öftlich, und geht über Schierke, auf
der abhangenden groffen Bergfläche der Arendsklint,
unter dem Namen Arendsklintklippen weg, und in
den Feuerfteinsklippen zu Ende.   Man fiehet
diefe noch hohen, in einer Kette fortlaufenden Ueber-
bleibfel. colaffalifcher Felfen, in ihren wunderbaren

Ge-

Gestalten, welche die vortreflichsten aber schwer zu zeichnenden Gemälde abgeben würden, mit ihren umher zerstreuten ganz in die Tiefe gefallenen Bruchstücken, zur linken Seite, wenn man von Wernigerode nach dem Brocken zu fährt. Zur linken Seite (von Norden her gerechnet) nach Osten hin, tritt hier nun die zweyte Berg = und Felsen = Kette, die Hohneklippen auf, und beschränkt den Fuß des Renneckenberges. Neben diesen Hohneklippen liegt noch im Gebiet des Renneckenberges eine grosse, hoch, und weit höher noch als der Hanneckenbruch liegende Fläche eines tiefen Torfmorasts: der Jacobsbruch, auf welchm noch eine Wohnung von der Zeit übrig ist, da man hier den Torf zu gute machte. Neben diesem Torfbruche, ihm gegen Süden, hebt sich aus der obern Fläche des Renneckenberges, ein Berg von ziemlicher Höhe und Rundung hervor. Er ist wie ein grosser Knopf auf dem Gebäude des Renneckenberges anzusehen; an seinem südlichen tiefen Fuß geht der Brockenweg in die Höhe, sein östlicher Fuß geht aber sehr tief ins Wormkethal, die Grenze des Renneckenberges, herab. Man könnte den Erdbeer = Kopf, oder wie er in der Gebürgessprache genannt wird, Artebeerkop, als einen besondern Brockenberg ansehen; da er aber blos ein Aufsaz und Theil des Renneckenberges ist, und auf dessen Grund und Boden liegt: so muß ich ihn auch zu diesem Hauptberge als ein Stück desselben rechnen. Im Jacobsbruch entspringt auf dem Renneckenberge die Wormke. Dieses Flüsgen läuft südwärts zwischen dem Renneckenberge und den Hohneklippen, in einem langen und tiefen Thal der kalten Bode zu. Die südliche Seite des Renneckenberges, oder sein südlicher Ausgang, ist der Feuerstein,

ftein, der Schierke von Often her gleichſam ver=
mauert, und deſſen ſübliches Ende wieder nicht
mehr granitiſch iſt. Dieſer Berg ſetzt mit einem tie=
fen Abfall und einem groſſen Umfang, als Fuß des
Renneckenberges, zwiſchen Wormke und der kalten
Bode, bis zu einer Gegend des Gebürges herab, wo der
ſanftere, minder hohe Harz ſich anſchließt, und das
Hüttenwerk: Elend daneben in einem Winkel von
abſetzenden hohen Brockenbergen liegt. So ſpitz von
Norden aus die Grundfläche des Renneckenberges
anfing, ſo ſehr breitet ſich ſolche gegen Süden her=
aus, und zwar zwiſchen dem Mönchswaſſer in Weſt,
der kalten Bode in Süden, und der Wormke in
Oſten. Der Renneckenberg gewinnt alſo in ſeiner
Grundfläche beynahe die Geſtalt eines Keils, deſſen
Durchmeſſer, über eine halbe Stunde in der Breite
beträgt. Die Capelle, der Pferdekopf und der
weit davon entlegene Erdbeerenkopf ſind die höchſte
Punkte des wilden und an den mehreſten Orten kah=
len Renneckenberges. Seine Höhe iſt weit unter
der der Heinrichshöhe, übertrift aber alle dem Brok=
ken gegen Oſten liegende Brockenberge. Vom Elen=
de an, da ſein Fuß die gröſſeſte Tiefe erreicht, hat
der Renneckenberg wenigſtens eine Höhe von 1200
Fuß. Sein Fuß ſteht hier aber ſchon auf einem an
ſich ſelbſt über 1000 Fuß hohen Fleck des Unter=
harzes. Sein höchſter Punkt kann aber noch im=
mer 1000 Fuß niedriger ſeyn als die Kopf=Fläche
des groſſen Brocken.

Die zweyte alpiniſche Vormauer des Brocken
gegen Oſten iſt wieder ein langziehender, einen
ſpitzen Rücken tragender Berg, der von ſeinen, ſei=
ne ganze Oberfläche ohne Ausnahme bedeckenden Fel=

sentrümmern oder Klippen, den Namen: die Hoh=
neklippen bekommen hat.  Ob aber das Wort Hoh=
ne, nach Ritters Meinung, von hoch her zu leiten
sey, lasse ich unentschieden.  Mir dünkt aber ein
Wort, das an sich selbst schon eine ursprüngliche
Bedeutung hat,  braucht keiner weit hergesuchten
Herleitung.  Dieser Berg, dessen gröste Merkwür=
digkeit, seine allen andern Klippen = Mauren des Brok=
kengebürges mit Recht  Hohn sprechende Felsen=
ketten sind, könnte keinen bessern ihm angemessener
Namen führen.  Er verhönet hierin den Brocken,
und selbst den Renneckenberg.

Der Berg, die Hohneklippen, steht dem Ren=
neckenberge in der Höhe nach, ob er gleich, dem
Augenschein nach,  vom Brocken aus, höher als
letzterer zu seyn scheint.  Nichts trügt aber wohl mehr
als ein Blick von einer grossen Höhe auf niedrige
Gegenstände.  Hier scheinen die dem hohen Stand=
punkt am nähesten liegende Gegenstände immer nie=
driger zu seyn als die entferntern; und so sieht man
auch vom Brocken die Hohneklippen uber den Ren=
neckenberg hervor ragen.  Aus dem tiefen Lande aber
erscheint der Renneckenberg, dessen südliche Seite
sich hinter die Hohneklippen verbirgt, der also über=
dies entfernter ist,  also auch niedriger lassen
müste,  dennoch höher:  und je mehr man sich
von dem Gebürge entfernt,  je mehr erhebt sich
der Renneckenberg über die Horizontal = Linie der
Hohneklippen = Spitzen.

Der Berg, der die Hohneklippen (nach welchen
er benennt worden,) trägt, zieht in eben der Rich=
tung wie der Renneckenberg, nemlich von Norden
nach

nach Oſt, dem langen Brocken parallel. Er iſt
nur halb ſo lang, als der Renneckenberg, und der
Grund, worauf er ruhet, koͤmmt des Renneckens
bergs ſeinem In der Breite auch nicht ganz gleich.
Sein Ruͤcke iſt in der Form einem Schweineruͤcken
aͤhnlich, auf dem ſtatt der Borſten majeſtaͤtiſch ins
Auge fallende Klippen=Haufen In die Hoͤhe ſtehen.
Dieſe frappant ins Auge fallende monſtroͤſe Klippen,
die ſo hoch und breit hervorſtehen, daß man ſie noch
jenſeits Magdeburg bey hellem Wetter auf dem Ho=
rizont des Berges als Zacken, mit unbewafneten
Augen ſehen kann, ſind aber bey alle dem keine wah=
re feſte zuſammenhangende Steinmaſſen oder Felſen
mehr, ſondern nur noch Klippen einer an einander
hangend geweſenen groſſen Felſenmauer von der erſten
urſpruͤnglichen Form des Brocken her. Ich habe
deren verſchiedene mit Leib und Lebensgefahr beſtiegen,
die mehreſten aber ſind unbeſtelglich, und ſelbſt die
um ſie auf dem Boden herum verbreitete mit Schluͤn=
den abwechſelnde Bruchſtuͤcke, die den ganzen Berg
bedecken, laſſen nicht einmal zu, ſich dem Fuß ei=
niger von dieſen hohen Felſenruinen zu nahen. Man=
che ſehen von weiten wie verfallende Schloͤſſer aus,
andre wie Gothiſche Thuͤrme, andre wie abgebrante
Staͤdte, aus deren Truͤmmern noch Schornſteine,
Giebel und eingefallne Thuͤrme herausſtehen. Bey
manchen liegt der Mittelpunkt ihrer Schwere ihrem
Ruhepunkt ſo nahe, daß ich nicht begreifen kann,
wie ſie nicht von jedem Windſtoß aus ihrem Gleich=
gewicht gebracht, und herabgeworfen werden. So
ſehr die Vorſtellung, daß ſie in dieſer dem Fall na=
hen Lage vielleicht ſchon Jahrtauſende unbeweglich
geruhet haben, den Gedanken aller Gefahr wegneh=
men muß; ſo bedenklich iſt man bey alle dem denn
doch,

doch, sich ihnen zu nahen, zumal sich manche wegen des knappen Mittelpunkts der Schwere beym Anrühren, wie die am Hexenaltar, bewegen. Diese über den Rücken des ganzen Berges wegziehende Klippenkette oder Mauer ist aber in lauter Brüchen zertheilt, und besteht aus nichts anders als aus Bruchstücken grosser, vielförmiger, abgeschliessener Granitsteine, ohne allen Zusammenhang und Ordnung ihrer Lagen. Wer sie sieht, wird nicht läugnen, daß sie durch einen Einsturz so aufeinander liegen blieben, und wird aus denen den Berg herabgerollten, ihn ganz bedeckenden Stücken, auf ihre erste weit höhere Form einen ohngefehren Ueberschlag machen. Auch das ganze übrige Gebiet dieses Berges ist wilder als der Brocke selbst, und bestehet gleichfalls durchgehends aus einer Mischung von grossen Granitsteinen und Torfbruch-Grunde. Zwischen diesen Granitstücken habe ich noch in der Mitte des Junius Hölen angetroffen, die mit Schnee ausgefüllt waren.

Die nördliche und spitzere Seite erhebt sich neben der Fläche des Hanneckenbruchs, und so geht dieser Bergrücke oben gekrümmt, mit dem Renneckenberge parallel, über eine Stunde in der Grundlinie, bis zu dem Wege, der von Wernigerode aus nach dem Brocken führt, und welcher Weg an oder auf dem Fusse dieses Berges wegläuft. Eigentlich aber kann man die Abneigung des Hohneklippen-Berges noch weiter gegen Süden hin, und bis an die kalte Bode rechnen. Nur ist sein, hier auf den Unterharz gestellter Fuß, nicht mehr von alpinischer Beschaffenheit. Entweder sind die Trümmern des Felsenberges so weit nicht herabgerollt, oder sie sind hernach

nach durch Fluthen mit andern Gesteln und Erdlagen überdeckt und gleichsam tapezlert worden.

Der Schreckenwinkel, die Hölle, in welche die vom Renneckenberge und den Hohneklippen die Fallsteine von 2 Seiten zusammenrollten, und so diese schreckliche Gruft formirten, trennet an der nördlichen Spitze, die Westseite der Hohneklippen von der Ostseite des Renneckenberges. Die Holtemme, die von ihrem Ursprung an in der Hölle nordwärts lief, drehet sich um den nördlichen Fuß der Hohneklippen nach dem Hanneckenbruch hin, und richtet von da an beständig ihren Lauf gegen Osten. Ferner gegen Westen schliesset sich der Abhang dieses Bergrückens an die hohe Fläche des zum Renneckenberg gehörenden Jacobsbruchs. Weiter in seinem Streichen gegen Süden trennet ihn das zuletzt tief werdende Thal der Wormke vom Renneckenberge.

Die gegen Osten etwas nordwärts gekehrte lange Seite der Hohneklippen, verliehrt sich nach Erreichung einer grossen Tiefe in einer länglicht viereckten, klippigten Bruchfläche, der Landmanns-Hohnebruch genannt. Dieser Landmannshohne-Bruch ist weit grösser als der Jacobs- und Hanneckenbruch, und stösset an letztern an. Seine Fläche, die fast schon um 900 Fuß niedriger lieget als der Jacobsbruch und mit versäuften Tannen bewachsen ist, ruhet nun unmittelbar auf den Köpfen wirklicher Harzischer Berge, unter andern der Hippeln, Hollepatten, Haselköpfe, Paternosters, des Isaack, zwischen denen sich secundarische Thäler und Gegenden bis zu diesem Bruch heraufstrecken, in denen schon Silber- Kupfer-und Kobolt-Mienen, als

in

ober wie ein Keil, und dabey mit einigen Absätzen,
wie Bergköpfe, absetzt, muß ich nochmals des
Wormsgrabens, der mir begegnet, gedenken. Ich
habe schon erwähnt, daß er unterm Jacobsbruch aus
dem Wormkefluß abgeleitet worden sey. Die Zeit
dieser nützlichen und mühsamen Unternehmung erstreckt sich tief ins Alterthum hinein; denn schon im
funfzehenten Jahrhundert schreibt man vom Wormsgraben, als einem vor undenklichen Zeiten angelegten Canal, und man findet Nachrichten, daß zu
dessen Ausbesserung alle, an dem Zillicherbach und
der Holtemme bis zu ihrem Einfall in die Bube,
belegene Mühlenwerke und Waßer-Gewerkschaften
beygetragen haben. Da seine Leitung um den ganzen höhern Theil des südlichen breiten Abhangs der
Hohneklippen durch äusserst rauh und steile Gegenden geführt ist, (von da das Waßer nach dem Stu-
terey-Hofe, die Hohne, fält, wo es bald einen
natürlichen Lauf nach Wernigrode hin findet,) so
veranlaßet er noch oft beträchtliche Wiederherstel-
lungskosten, wenn er seinen Damm durchlöchert,
und das Waßer abwerts zum Berge wieder nach der
kalten Bode hin läuft. Diese Kosten würden wegfallen, wenn das Waßer, vermöge eines Stollen,
durch den Berg geleitet wäre: und dieser Stollen
würde eine große Aufklärung wegen des Innern
des Brockengebürges gegeben haben. Inzwischen
würde diese Unternehmung, es mögte nun das Innere des Berges hier schon fester oder noch zertrümmerter Granit seyn, eine mehr als egyptisch große
Arbeit gewesen seyn, indem das Schießpulver damals noch nicht erfunden war. Ein ansehnlich
Stück Landes, das aus einem Theil der Grafschaft
Wernigerode, des Fürstenthums Blankenburg, der

Schroeders Abh. I. Th.     N     Herr:

Herrschaft Derenburg, Fürstlichen Abtey Queblin=
burg, Grafschaft Regenstein und Fürstenthums
Halberstadt besteht, ist durch diesen Wormsgraben,
zwischen ihm, dem Zillerbach und der Holtemme an
der einen, und der Bode (hernach Bude) an der
andern Seite, zur Insel gemacht. Die Bude be=
kommt das durch ihn entzogene Waßer erst bey der
Vereinigung mit der Holtemme unter Grüningen
wieder. Noch bemerke ich, daß die Hohneklippen
jetzt ziemlich kahl von Holtz sind, und daß nur noch
am südlichen Abhange derselben ein starker Tannen=
wald stehe.

Noch steht zwischen dem Brocken (ihm gegen
Morgen etwas nordwerts,) und den niedrigern
wahren Harzbergen, gleichsam auf dem Altar der=
selben eine Familie von Bergen, die ihrer Lage,
Natur und Höhe halber als Anverwandte des Brok=
ken angesehen werden müssen. Ich kann sie die
dicke Vormauer des Brocken auf seiner Morgenseite
nennen. Sie kommen mit dem Brocken, dem Reu=
nekenberge und den Hohneklippen darinn überein,
daß sie gleichfals als große Klumpen auf einander
liegender zertrümmerter Granitfelsen anzusehen sind,
zwischen denen sich Torfbrüche und Quellen befinden.
Sie sind einzelne spitze Köpfe, die nur am Fuß zu=
sammenhangen, und auf einem gemeinschaftlichen
Flächengrunde von ohngefehr einer Stunde in seiner
längen=Ausdehnung ruhen. Weil sie in ihrer Ge=
stalt sowohl von den wahren Harzbergen als den
übrigen Brockenbergen ganz abweichen, so hielt ich sie
anfänglich für Rauchfänge ehemaliger Vulkane: allein
eine nähere Untersuchung zeigte mir, daß sie, in Anseh=
ung der Materie, von den übrigen alpinischen Harzber=

gen

gen in nichts unterschieden sind. Sie liegen im
Strich des Hohneklippenfußes, und scheinen als eine
Fortsetzung derselben angesehen werden zu müssen,
die blos durch den Hannekenbruch und die Holtemme unterbrochen werden. Zwischen ihnen und dem
Brocken, also auf ihrer Abendseite, liegt der Rennekenberg, von dem sie aber wieder durch Thäler und
Tiefen getrennet sind. Oestlich nach dem Lande zu liegt
vor ihnen, eine zu den Köpfen der Vorderberge abge-
hende wilde, mit Steinen bedeckte Fläche von einer Stunde in der Länge. Diese ist wieder als
Fortsetzung des Landmans-Hohnebruchs anzusehen,
hängt mit solchem durch den Hannekenbruch zusammen, und ist ein Theil des weitläuftigen, der Bür-
gerschaft zu Wernigerode gehörenden Neustädter
Häues. Ihrer Höhe nach kommen sie den Hohneklippen nicht gleich, sie ragen aber doch weit über
die andern Harzberge hervor. Die vornehmsten unter ihnen sind der große und kleine Birkenkopf,
die Jägerköpfe, die hohe Wand, der Saustein,
der Wolfesstein, der Weißestein, der Pforten-
berg, der Gebbersberg u. s. f. Eine genauere
und deutlichere Beschreibung läßt sich darum von
ihnen nicht geben, weil sie mit ihren Zwischenge-
genden ein wahres Labyrinth formiren; daher ich
auch die vielfachen Benennungen derselben herzu-
setzen für überflüßig halte. Auf ihren Klippen-
Nacken sind sie dicht mit Tannen bewachsen.

Bisher habe ich wahre Ableger des Brocken,
wahre Brockenberge, die seine östliche Umkreisung
ausmachen, und als seine alpinische Träger anzusehen sind, beschrieben. Aber diese sind noch lange
nicht der Fuß seiner wahren Höhe, vom wirklichem

N 2                          flachen

flachen Lande an. Diese stehen erst wieder auf dem
Harze, oder auf den nicht alpinischen Bergen, und
diese wieder auf dem Vorharz. Jene Harzberge,
erheben sich aus dem vorbeschriebenem Thongrunde,
und streichen in langen Zügen oder Reihen, zwischen
denen sich beträchtliche Thäler befinden,' gerade auf
das Brockengebürge zu. Ihre letzten Köpfe, wor=
auf sich der Fuß des alpinischen Gebürges anschließt
und ruhet, sind schon mit Granittheilen überzogen,
die vermuthlich vom Einsturz der höhern Granitfel=
sen bis so weit hingerollt sind. Nur in diesen nicht
mehr aus Granit bestehenden, ans Land tretenden,
wahren Harzbergen, können Erzklüfte und Gänge
stecken, und nur hier trift man dergleichen an. Oben
bereits erwähnte, theils noch jetzt im Betrieb ste=
hende, theils aufläßig gewordne Gruben sind da=
von Beweise. Ich will hier nur noch der uner=
schöpflichen Gräfl. Wernigerödischen Eisengruben
auf dem Hartenberge und Büchenberge erwähnen,
welche schon seit einigen Jahrhunderten die in lebhaf=
tem Betrieb stehenden Hüttenwerke mit Eisenstein
versehen, und aus ihren Eingeweiden mehr als 30
Millionen Centner Stein hergegeben haben. Die
dahinter liegenden Gegenden des an Chur=Braun=
schweig verpfändeten Gräflichen Amts Elbinge=
rode haben eben den Reichthum an Eisenerzt, so
daß damit nicht allein zwey Hüttenwerke versehen,
sondern auch noch jenseit des Harzes hin, zur Kö=
nigshütte bey Lauterberg, eine große Menge Eisen=
stein verfahren wird. Die Grundmauer des Brok=
ken ist also mineralisch, so wie sein eigentliches, aus
so vielen Flügeln und Nebengebäuden bestehen=
des Gebäude ganz granitisch ist.

Eine

Eine, der öſtlichen Brockenſeite ganz unähnliche Beſchaffenheit oder vielmehr Form hat die alpiniſche Berg-Umzingelung des Brocken gegen Süden. Hier findet man nemlich keine hinter einander liegende Reihen aufgethürmter gräslicher Klippen-Mauren, mit dazwiſchen oder daneben vorhandenen Flächen. Hier iſt der Brocken alpiniſches Außenwerk, Bedeckung oder Bewallung, nur ein einziger Berg, der Worm oder Wurm-Berg, der aber wieder ſo viel aus ſeiner über den Harz erhabenen Maße ausgehende Ableger, und Nebenberge hat, daß er als ein ganz beſonders Gebürge angeſehen werden kann, das wie ein detachirtes Corps mit ſeinem Hauptanführer der höchſten Spitze, zu der Armee der Brockenberge zuſtößt. Ich kann dem Wormberge den Nahmen eines Gebürges um ſo mehr geben, weil das Ganze des Berges wieder ungetheilt iſt, und aus Thälern und einzelnen Berghöhen beſteht. Dieſes ganze Gebürge iſt aber doch nur Theil des Brockengebürges, und wird in ſeiner Grundfläche, wie es auf dem Harz ſteht, ohngefehr eine Quadrat-Meile Flächen-Inhalt haben.

Die kalte Bode, die um den eigentlichen Brocken herum kommt, an deſſen Pfeilern, dem Königsberg und der Heinrichshöhe oder Quitſchenhay, durchgeht, und ihn hier begränzt, ferner bey Schierke und dem Elend den Rennekenberg abſchneidet, trennet das Wormbergsgebürge vom eigentlichen Brocken. Seine weſtliche Seite iſt der Sandbrink oder die Sandbrinke, eine vom topographiſchen Oberharz an ihn ſchlieſſende lange und broite alpiniſche Berganhöhe zwiſchen der kalten und warmen Bode, ſo wie ſelbſt das Thal der leztern, das von Norden

nach

nach) Süden auf Braunlahe herab geht. Die südliche Seite des Wormbergs ist sein almäliger Abhang nach dem Unterharz. Hier verliehrt sich der
Wormberg nach und nach, indem er sich zu den
kleinern Bergen des Harzes herabläßt, und mit ihnen so almälig zur warmen Bode, die ihn in West
und Süden umarmt, herabgeht, als er sich auf
der nordlichen Seite steil zur kalten Bode abneigt.
Wer die Heerstrasse von Elbingenrode oder Wernis
gerode nach Andreasberg oder Lauterberg reiset, kommt
an der südlichen Seite des Wormberges über seinen
ausgehenden Fuß weg, der hier in seiner Ausdehnung
von Westen nach Osten eine kleine Meile lang ist.
Die östliche Seite geht spitz aus, und besteht in der
lezten und kleinsten Stufe dem Bärberge gemeinhin
Barenberge, an dessen Fuß das Elend liegt.

Der Wormberg, so weit er alpinisch ist, bildet
wieder in seiner Grundlage die Form eines Keils,
dessen breite Seite in West unter seinem höchsten
Kopfe ist, dessen Spitze aber der Bärberg wird.
Die Stufen, Absätze oder Bergköpfe, welche abgesondert auf der Grundmaße das Wormbergs-Ge-
bürges stehen, und von der höchsten Spitze desselben sich in abnehmender Höhe nach Osten hin ent-
ferne, sind: der kleine Wormberg, der große
Winterberg, der kleine Winterberg, und der
Bärberg, oder wie er ausgesprochen wird Barenberg,
andrer vielen Benennungen und kleinen Erhöhungen
nicht zu gedenken. Der südliche Flügelmann dieses
Gebürges, der große Wormberg, gehört zum
Herzogl. Braunschweigschen Fürstenthum Blankenburg, wird also nach der topographischen Eintheilung des Harzes zum Unterharz gerechnet. Die

andern

andern Berge aber gehören zu dem jetzo Churbraun=
schweigschen Amt Elbingerode, und liegen auf dem
natürlichen Unterharz, sind aber als Theile vom Amt
Elbingerode zum Oberharz geschlagen.    Der ganze
Berg aber gehört zu meiner dritten Abtheilung des
Harzes, zum alpinischen Harz, oder dem Brocken=
gebürge.

Ich will meinen Lesern, um sie mit diesem Ber=
ge näher bekannt zu machen, eine Reise nach dessen
Gipfel erzählen, zu der ich am 27sten September
1783. endlich eine günstige Witterung traf.    Nach=
dem ich diesen Sommer verschiedenemal durch ganz
unerträgliche Witterung verhindert worden, ihn von
Schierke aus zu besteigen, so wählte ich hiezu dieses=
mal die mittägliche Seite, und ritt an gemeldetem
Tage nach Braunlahe oder Braunlage.    Dieses
ist ein herzogl. Braunschweiglscher Harzort; denn die
Namen: Flecken, Stadt oder Dorf führet er so we=
nig, als wenig sie auf ihn passend sind, und Hüt=
tenwerke sind nicht mehr da.    Dieser Ort liegt im
Thal der warmen Bode, und enthält über 100 Feuer=
stellen.    Seine Häuser liegen theils zerstreuet auf den
Wiesen, die sich aus dem Thal nach den obersten mit
Tannen bewachsenen Höhen der Berge herauf deh=
nen.    An einigen Orten hat es das Ansehn, als
wenn der Ort in einem Loche oder runden Kessel läge.
Braunlahe hat seine eigne Kirche, Prediger und
Justizamt.    Die Einwohner ernähren sich von der
Viehzucht, von Arbeiten im Forst, Fuhrwerk und
Schmiedearbeit, und man verfertigt hier insonderheit
gute Nägel, Beile und dergleichen Eisenwaaren.

Der

Der auf dem Unterharz ruhende Fuß des Wormberges berührt diesen Ort, dem der Berg selbst gegen
Norden liegt. Mein Führer, der des Gebürges genau kundig war, und verschiedene Aemterchen dieses
Orts in seiner Person zu vereinigen schien, führte
mich zu Fuß, (denn zum Fahren oder Reiten habe
ich wenigstens keine bequeme Wege vorgefunden),
anfänglich durch sanft aufsteigende, angenehme Gegenden, davon eine der Leitweg hieß, hernach aber
bald auf verwachsenen Stegen, bald gar aufs Ge-
rathewohl durch und unter den Tannen weg hinan.
Am Fuß des Berges fand ich alte Hallen, als Ueber-
reste hier betriebener Bergwerke, auf einem Grunde,
der Schiefer war. Bey mehrerm Steigen gelangten wir in eine Gegend, deren Grund und Boden
aus Granitbruchstücken und dergleichen Sand bestand, folglich alpinisch war. Ich bemerkte, daß
sich der Granit hier so ziemlich in gleicher Höhe, wie
an den andern Brockenbergen, anfange. Mein Führer sagte, daß man den Granit in seinem Orte Heidenstein nenne, wuste aber keine etymologische Ursache dieser Benennung anzugeben.

Als wir ohngefähr die Mittelhöhe des Wormbergs von Braunlaße aus erreicht hatten, führte
er mich zu einem Felsen, der die große Klippe heißt.
Sie kömmt gegen andere Klippen und Felsen des
Brockengebürges in gar keinen Vergleich, sie kann
gegen einen Ilsenstein oder Roßtrap gar nicht genannt
werden, und würde selbst unter den östlichen Brocken-
Berg-Felsenruinen nur das seyn, was ein kleines
Kind gegen einen Erwachsenen ist. Hier ist sie aber
die größeste, und heißt im Gegensatz gegen eine kleinere, am Wormberge belegene: die große Worm-
bergs-

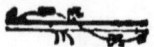
bergsklippe. Sie ist aber keine (besser noch keine)
Klippe, sondern ein wahrer noch verbundener, nach
Süden in die Tiefe etwas überhangender Felsen=
klump von horizontal auf einander liegenden Schich=
ten in seiner Mischung, Farbe und Härte verschiede=
nen Granits oder Brockensteins. Man kann auf
den Felsen selbst, der ohngefähr an seiner tiefen Seite
30 bis 35 Fuß hoch aus dem Berge hervorstehen
mögte, über einige Trümmern desselben weg, her=
auf steigen, wie ich denn oben auch Haarbogen zum
Vogelfang fand. Von selbigem hat man schon eine
weite Aussicht über das schwarze tiefe Thal der war=
men Bode auf Braunlahe, und so weiter über den
Harz ins Eichsfeld, und auf die Thüringer Berge.

Ich bemerkte bald bey mehrerem Steigen, an
den Tannen, mit welcher Holzart der Berg ganz be=
setzt ist, ein kümmerliches Fortkommen, und schon
Spuren eines rauhen Brockenklima. Nachdem ich
über zwey Stunden im Steigen von Braunlahe zu=
gebracht hatte, erreichte ich endlich den hohen Gipfel
oder Kopf des Berges. Dieser war zu meinem grö=
ßesten Erstaunen und wider alle meine Erwartung
gegen die Analogie der übrigen Brockengebürge, nicht
granitisch, sondern bestand aus Schiefer, der dabey
nicht zusammenhangend war, sondern in einzelnen,
groben, vielförmigten Stücken herum lag, und theils
zum Abhang des Berges herabgerollet war. Hier
fand ich also eine Abweichung von der Beschaffenheit
der übrigen Brockenberge, die nach den Grundsä=
ßen, die ich mir von der Entstehung der Harzalpen
formirt, nicht erklärt werden kann. So glaubt man
oft, man habe die Natur in ihrer Werkstatt belauscht,
man bildet sich ein, ihre Regeln und Gesetze erforscht

zu

ju.haben, man bauet und bestätigt aus tausend Fäl=
len eine allgemeine Theorie, und ein einziger Fall
macht eine solche Ausnahme, einen solchen Wider=
spruch, der alles wieder niederzureißen fähig ist.
Ist nun dieser Berg in einer so großen Höhe (denn
er ist in dieser Rücksicht ohnstreitig der näheste nach
dem Brocken) allein so hoch von Fluthen erreicht wor=
den, ist ihm da der Hut von Schiefer aufgesetzt,
oder traf er bey seiner Heraufdehnung aus dem Run=
de der Erde eine Schieferlage, die bereits fertig,
oder gar von einer Vor=Erde übrig geblieben war, an,
durchbrach sie und nahm einen Deckel davon mit sich
in die Höhe? Ich kann und mag hierin nichts ent=
scheiden, und überlasse diesen Umstand zu berichtigen
oder zu erklären gern den Geogenisten, die schon
Rath schaffen und gewiß unter ihrem Vorrath von
Hypothesen eine finden werden, die sich zu Erklä=
rung dieses Umstandes passen wird, sollte sie auch
noch so sehr gegen andre Gesetze der Natur verstos=
sen. Der Schiefer am Fuß des Berges war blät=
trig und schichtengestaltig, und mag immer Bede=
ckung und Anschlammung an den Grundstof des Har=
zes, und besonders dieses Berges, den Granit seyn.
Der höher herauf unbedeckt gebliebene Granit bleibt
auch bey der Regel der höhern Berge, nur diese höchste
Spitze von groben harten Schiefer, der sich nicht in
der Gestalt und den Schichten, wie ihn das Wasser
angelegt zu haben pflegt, zeigte, war mir eine Demü=
thigung in allen meinen bisherigen Erforschungen.

Der Bezirk des hohen Kopfs des Wormbergs
würde auf dem Scheitel des großen Brocken nur ei=
nen unbemerklichen Platz ausmachen, denn er ist
klein, und macht nach meinem Ueberschlage eine Flä=

che

che von ohngefähr nur 50,000 Quadratfuß aus.
Diese Fläche ist mit weissen Gerippen verwitterter
Zwergtannen, wie der Abhang des Brocken, besetzt.
Um sie herum und in Vermischung mit denselben
standen Tannengesträuche, die, ob sie gleich Jahrhunderte alt zu seyn das Ansehen haben, und allmälig zur Classe jener Gerippe absterben, doch nie aus
ihrer Kindheit heraus wachsen.

Mir ist immer wohl, wenn ich in gedanken-
voller Einsamkeit auf rauhen Gebürgen umher klimmen, Berge um mich her haben, und mich so dem
Himmel näher denkend, in der großen Schöpfung
umher sehen kann. Jeder Berg wird mir Altar der
Anbetung und Bewunderung, und ich finde mich
denn so ganz über den Druck und die Verfolgung niedriger, durch die Seufzer ihrer Brüder gemästeter
Menschen, weggesetzt, als ich mich über den Schauplatz des Gewirbels ihrer neidischen Cabalen erhoben
sehe. Hier schöpfe ich reine ätherische Luft, ent-
schlupfe eine Weile dem Drucke von Sclaven der Bosheit, die angebetet seyn wollen, und finde Vergnü-
gungen, die meine Seele bis zum Unendlichen her-
aufheben, in dessen geheimnißvollen Schöpfung ich
mich mit einer Wonne vertiefe, die man mir lassen
muß, wenn man mir auch sonst alles raubt. So hob
sich schon bey jedem Schritt des Ersteigens dieses
Brocken-Vasallen meine Seele näher, bis seine endlich erklimmte Spitze mir die Scene eines noch nie
gesehenen Prospekts, den ich mir oft in Gedanken
gedacht, und den selbst zu sehen ich so lange ge-
wünscht hatte, gewährte. Der plötzliche Anblick eines, meine Erwartung weit übertreffenden Gemähl-
des von meinem lieben Brocken machte, daß ich,
gleich,

gleich, als ob ich einer Erholung bedürfte, eine Weile
halb träumend und wie begeistert da stand. Ich fand
in diesem mir neuem Blick Belohnung genug für
mein zwenstündiges anhaltendes Steigen, und dachte
an die Stelle des großen Hallers, wo er von der
Ersteigung der Berge sagt: des Schweisses der Edlen werth. Ich sahe nur zwenerlen Gegenstände,
aber benden in ihrer Art groß, und sich entgegen gesetzt: große Höhe und schreckliche Tiefe!

Vor mir gegen Norden lag in schwindeln-
der steiler Tiefe das Thal der kalten Bode bis
zu ihrem Ursprung, mit seinem langgedehnten
Schierke, dessen weisse Schindeldächer sich wie greise
Felsenklümpgen darstellten. Meine Augen konnten
dem Thal abwerts bis zu seiner Vereinigung mit den
übrigen Bodethälern folgen, und so entzog sich zuletzt dieser Fluß meinem Nachsehen bis zu seinem Eingang in die Saale. Zwischen mir und dem Thal,
etwas zur rechten Seite, ragte im Vorgrunde der
Kopf des noch immer hohen, hier aber tief unter
meinen Füßen liegenden großen Winterbergs hervor.
Hinter ihm lag der kleine Winterberg, und so nahm
die Treppe der Wormbergsstufen immer hinter ihm
amphitheatralisch weiter ab. Jenseits diesem tiefen
Vorgrund des kalten Bodethals stand in dem ganzen
Himmelsstrich von Nordost bis Nordwest die unge-
geheure Masse des Brocken mit seinem ganzen Ge-
folge von Brockenbergen, wie eine große ausgeschweifte
Mauer, mit seinen Schmuckketten eingefallener Felsen, die wie Perlen an ihm herum hiengen. Das Auge
muste von meinem hohen Standpunct bis zum Gipfel
des großen Brocken eine Linie von beynahe einer Meile
durchsehn (zu gehn würden aber wohl durchs tiefe

                                                    Thal

Thal über 3 Stunden erfordert werden) und eben
dieses machte, daß der erste überraschende Blick un-
beschreiblich schön war.   Ich sah in der ersten Be-
geisterung nicht, wie viele Zwischenstände, Absonderungen und Thäler diese alpinische Bergmasse durchkreuzten; es schien also alles nur ein Klump zu seyn,
der nur nach und nach bey genauerer Betrachtung sich
dem Auge auf die angenehmste Art entfaltete. Dieser
Klump stellte beym ersten Anblick eine Wintergegend
vor, und ein jeder, der den Brocken nie in der Nähe gesehen hätte, würde geglaubt haben, diese Bergwand liege tief voll Schnee.

Dieser Betrug der Augen rührte davon her,
daß diese Brockengegenden am wenig Orten bewachsen sind, weshalb die allenthalben den Boden bedeckenden weißgrauen Granitsteine, zwischen welchen
nur hie und da einige schwarze Puncte oder kleine
Wälder inne lagen, ihr den Anstrich des Winters
gaben.   Ein weiterer Hintergrund war nicht möglich.

Ich zeichnete, des kältenden und pfeifenden
Sturmwindes (im Lande war es sehr warm und
windstill) ungeachtet, das Profil dieser Bergwand,
da sich denn an den südlichen Abhang der Hohneklippen, der kleine Hoppelberg im Halberstädtischen, wie
ein Knopf an einem Kleide, anschloß.  Hier dachte
ich an die Silberschlagsche Zeichnung hinter der Geogenie Tab. 8. Fig. 1. da der Brocke von Halberstadt aus vorgestellt wird, wie in diese Vorstellung
der Wormberg mit hinein kommen können, da doch
die Hohneklippen verhinderten, vom Wormberge aus
nach Halberstadt, also so wieder umgekehrt, zu sehen.

hen. Noch weit unrichtiger steht die Aftermannshöhe in dieser Zeichnung, welcher Berg noch hinter dem Wormberge liegt, und überdies niedriger ist. Es kann aber seyn, daß diese Zeichnung irgendwo auf der Seite von Halberstadt gegen Süden aufgenommen worden ist.

Die große Bergwand, die jenseits der kalten Bode vor mir lag, bestand aus dem erhabenen Anschluß des Oberharzes an den Brocken, welche flache Gegend das Brockenfeld heißt, ferner aus dem Königsberge, dem großen Brocken, der schwarzen Schluft, der Heinrichshöhe, dem Schuppenthal, dem Rennekenberge, und seinen Theilen, dem Arendsklint, dem Feuerstein, Jacobsbruch und Artebeerenkopf, auch den Hohneklippen. Der Oberharz lag schon hinter seinen alpinischen Vorgegenden zu niedrig und verdeckt, um auf solchen sehen zu können. Die Gegenden aber gegen Südwest, Süden, Osten und etwas Nordost sah ich beynahe eben so gut als vom Brocken selbst. Ich führe hier nur noch beyläufig an, daß mein Führer nach dem Wormberge mir versicherte, bey Wesel, wo er Soldat gewesen, den Brocken und Wormberg deutlich gesehen zu haben. Ich lasse dieses aber dahin gestellt seyn, da mir diese Entfernung zu weit zu seyn scheint.

Der Wormberg ist ohne allen Streit, in Ansehung der Höhe, der nächste Berg nach dem Brocken, und scheint wenig niedriger zu seyn, als die beyden zum Brocken gehörende Höhen, der Königsberg und die Heinrichshöhe, die aber auch von hier aus unter sich eine gleiche Höhe zu haben schienen. Von der Heinrichshöhe betrachtet, scheint der Wormsberg

berg höher zu seyn, als selbige; da ich aber von der Heinrichshöhe aus noch einen entfernten Horizont über den Wormberg weg bemerkt habe, so muß letzterer allerdings niedriger seyn.

Der Wormberg hat im übrigen die natürliche und alpinische Beschaffenheit des Brocken, so wie er in allem der Antilibanon des Brocken, ein wahrer Gegenbrocke ist. Seine Kräuter, sein Boden ist eben so, nur alles nicht in der Größe und Ausdehnung. Er ist weit wegsamer, hat weniger und kleinere Steine und Klippen, wenigere nnd kleinere Torfbrüche. Die mehresten Brüche bemerkte ich nordwärts in der Tiefe auf seinem Fuße, beym kalten Bodethal an ihrem röthlichen Moose und kränklichen Tannen. Er hat wenigere und schwächere Quellen, auch entspringt an ihm kein beträchtlicher Fluß. Er ist bis unter seine Spitze mit Tannen bewachsen, steht also auch in Ansehung des Rauhen dem Brocken nach. Wie ich von meinem Führer vernahm, so wird er wenig oder gar nicht von Fremden besucht, und meine Reise zum Wormberge kam ihm daher als ein seltsamer Einfall vor. Inzwischen ist er unter allen Bergen des Brockengebürges derjenige, der mir nach dem Brocken selbst der Besteigung am würdigsten ist, da kein so hoher, frey= und weitabstehender Berg vorhanden, der einen Standpunkt abgeben könnte, um sich einen alles umfassenden Eindruck von dem Gros des Brockengebürges zu machen.

Seinen Namen weiß ich von nichts anders herzuleiten, als daß auch hier ehemals, wie in mehrern wüsten Gegenden des Harzes, sich ein großer Wurm oder eine Schlange, der Haselwurm, müsse aufgehal-

halten haben. So fabelhaft die Erzählungen von
dergleichen hiesigen grossen Schlangen mir auch anfänglich vorkamen, so sehr ist mir doch die Wirklichkeit derselben glaubhaft geworden. Doch hiervon
ein mehreres an seinem Orte von den Thieren des
Brocken.

Bey der Zurückkehr nach Braunlahe lernte ich
den Bremerbrunn kennen, aus dem ein starker
Bach, die Bremke, quillt, der hier zwischen dem Han-
növerschen und Braunschweigschen Forste die Grenze
macht, und bald hernach in die warme Bode fällt.
Auch führte mich mein Geleitsmann durch eine Gegend: der Heinrichswinkel, wo vor Zeiten ein Köhler, Heinrich Winkel, in einen Mieler gefallen und
darin verbrannt ist. Dieser Heinrichswinkel muß
aber mit jener eben so genannten Gegend unterm Oberharz bey der Staufenburg nicht verwechselt werden,
wo der Kayser Heinrich einen Vogelheerd gehabt haben soll.

Da auf der Südseite des Wormberges sanftere
und Ganggebürge sind, so schneidet sich mit dem
Wormberge das Brockengebürge ab. Im weitläuftigsten Verstande muß jedoch der Fuß des Brocken
(letztern als Höhe betrachtet) auch auf dieser Seite
da angenommen werden, wo sich das Harzgebürge
ans Land schließt, und hiernach würde die Grafschaft
Hohnstein und das Braunschweigsche Stift Walkenried die südliche Grenze seines Abfalls nach dem
Lande hin seyn.

Noch liegt dem Brocken auf der Mittagsseite in
einiger Abweichung gegen Westen, dem Wormberge

aber

aber ganz westlich, und dem Harzort Braunlahe
nordwestlich, ein hoher Brockenberg, die After-
manns- oder Achtermannshöhe. Seine Abscheidung
gegen Westen ist das rauhe Thal der Oder, hinter
die man den Oberharz setzt, da die wahre Harzberge
hier gleich um ein beträchtliches höher werden. Auf
der Morgenseite wird sein Fuß durch das Hauptthal
der warmen Bode begrenzt. Gegen Süden verliert
sich sein Fuß allmählig auf dem Unterharze, und gegen
Abend schliesset er sich mit einem nicht tiefen Abfall
an die alpinische Gegenden des Oberharzes. In seiner
Länge zieht er zwischen den Thälern der warmen Bode
und Oder von Norden nach Süden, kehrt also nicht
seine lange Seite wie der Worm- und die übrigen bisher beschriebenen Brockenberge, sondern mehr seine
spitze Seite dem Brocken zu. Er macht auch, da
ihn zwey tiefe Hauptthäler vom Oberharze und dem
Wormberge trennen, einen eignen hohen Hauptberg
des Brockengebürges aus.

Verschiedene Schriftsteller, als Zückert, begehen aus Mangel an nöthiger Kenntniß vom Brockengebürge, das sie doch beschreiben wollen, den unverzeihlichen Fehler, daß sie die Achtermannshöhe dem
Brocken, wo nicht ganz, doch beynahe, in der Höhe
gleich setzen. Ich weiß nicht, woher dieser Irrthum
entstanden seyn mag, denn man mag die Achtermannshöhe vom Brocken oder vom Wormberge betrachten, so findet man einen so großen Unterschied
in der Höhe, daß auch bey einem Kinde wohl kein
Zweifel seiner tiefen Erniedrigung gegen den Brocken
entstehen kann. Darf ich mich einigermaßen auf Augenschein verlassen oder berufen, so ist vom Brocken

auf den Wormberg eine Stufe, und in eben dem
Absatz demüthigt sich die Achtermannshöhe wieder gegen den Wormberg. Man hat daher vom Brocken
aus einen Horizont über ihn weg, auf niedrige nahe
Harzberge. Doch bleibt er allemal eine Hauptperson im
Gefolg des königlichen Brocken, und es würde der
Würde des Brockengebürges vieles mangeln, wenn er
nicht den großen Platz einnähme, den er in der Umkreisung des Brocken wirklich ausfüllt. Die graue Spitze,
die er trägt, giebt ihm ein bizarres Ansehn. Diese
Spitze (denn Fläche hat seine oberste Höhe nicht) ist
ein ungeheurer weißgrauer Steinklump, der einem
Köhlermieler oder Maulwurfshaufen nach den Fall-
gesetzen genau ähnlich ist. Diese eingefallene Felsen-
spitze ist wieder dasselbe Gestein, das die Spitze des
Wormbergs hat. Die übrige Steinmasse der Achtermannshöhe ist aber granitisch. Seine kahle Spitze ausgenommen, ist er mit Tannen gut bewachsen. Weil
er noch im Fürstenthum Blankenburg liegt, so wird er
nach der Geographie des Harzes noch zum Unterharze gerechnet.

Bisher habe ich mir Mühe gegeben, die Umkränzung des Brocken von alpinischen Berggegenden
auf seiner nördlichen, östlichen und südlichen Seite,
die noch zum geographischen Unterharz gerechnet werden, zu beschreiben. Ich gehe nun zur vierten und
zwar zur westlichen Seite über, welche zum Oberharz
im geographischen Verstande gerechnet wird. Auch
diese Seite unterscheidet sich wieder ganz von den drey
vorigen, ich kann also, so weit das Terrain des an
den Brocken sich anschliessenden Oberharzes alpinisch

oder

ober brockenartig iſt, aus Granitſteinen und Bruch
beſteht, ſolche hier nicht unberührt laſſen.

Die ganze öſtliche und höchſte Gegend des theils
einſeitig Churbraunſchweigſchen, theils mit Braun-
ſchweig-Wolfenbüttel communen Oberharzes, die
ſich an den Brocken anſchlieſſet, und von ſelbigem
durch den Eckerfluß und die kalte Bode getrennt wird,
iſt eine abhängige große Fläche, die mehr als doppelt
ſo hoch liegt, wie der Unterharz, und um ein anſehn-
liches höher bleibt, als der Theil des nicht alpiniſchen
Oberharzes, ſo ihr weſtlich liegt. Es iſt daher natürlich, daß, wenn Berge darauf ſind, dieſe keinen
tiefen Abſatz haben können, ſondern daß ſie nur wie
Köpfe anzuſehen ſind, die auf der Schulter eines bereits ſchon hohen Körpers ſtehen. Es würde wenig
nützen, wenn ich hier die geringſte Erhabenheiten
nahmhaft machen und beſchreiben wollte; ich ſchränke
mich daher blos auf die beyden, in dieſem Brocken-
gefilde hervorſtehenden, ſich durch beträchtliche Erhabenheit und weiten Umfang auszeichnenden Berge
ein. Dieſes ſind der hernach zu beſchreibende Bruch-
und Rehberg,

Zwiſchen dieſen beyden dem Brocken weſtlich
liegenden Bergen, den übrigen alpiniſchen Bergan-
höhen des geographiſchen Oberharzes auf einer Seite, und dem Brocken ſelbſt auf der andern Seite,
iſt noch eine weitläuftige Gegend von tiefen Torfbrüchen, die mit Granitſtücken gemiſcht ſind. Sie formiret hier in ihrer allmähligen langgezogenen Abdachung gleichſam ein Glacis und wird hauptſächlich unter der Benennung: das Brockenfeld, die ihrer Lage am angemeſſenſten iſt, begriffen. Die ſpeciellern

O 2 Be-

Benennungen und Eintheilungen dieses Brockengla-
cis, als in den rothen Bruch u. s. w. sind zu weitläuftig, um sie anzuführen. Von dieser weit ausgedehnten, sehr hohen und nach dem Brocken hin sich
immer höher herauf ziehenden Bergfläche gehen nach
den um ihn herum entspringenden Flüssen, der Ecker,
Rabau, Oker, Oder, warmen und kalten Bode,
viele Wasser herab. Durch diese flache abhängige
Gegend des Brockenbettes geht der oben erwähnte
neue Weg, eine mit vielen Kosten im Granit und
Bruche eröfnete Landstrasse von Braunschweig nach
Thüringen. Der neue Weg ist die einzige, durchs
wahre Brockengebürge große Heer- und Fahrstrasse,
und überhaupt der höchste publike Weg, der über den
Harz führt. Von der Harzeburg, einem herzogl.
Braunschweigschen Flecken und Salzwerk an der nördlichen Seite des Oberharzes, hat man bis auf den
höchsten Punct, den der Weg erreicht, gerade dem
Brocken gegen Westen, drey Stunden zu steigen.
Hier liegt gleich neben den Lerchenköpfen, der beträchtlichsten Höhe, die man erreicht hat, ein Communion Forst- und Wirthshaus, auch Viehhof, der
Borkenkrug. Dies ist ohnstreitig der höchste Ort
des alpinischen, folglich auch des ganzen Harzgebürges, der im Winter bewohnt bleibt. Von hieraus
geht durch die Gegend des Ursprungs der Rabau,
unter dem Sprunge der Ecker weg, ein wiewohl
äusserst mühsamer Fußsteig nach dem Brocken herauf. Vom Borkenkruge senkt sich der neue Weg
nicht völlig eine Stunde abwärts zu einem Churbraunschweigschen Forst- und Wirthshause, auch Viehhof,
die Oberbrücke. Dieser ist wohl ohne Zweifel nächst
dem Borkenkruge der höchste Wohnort des Brockengebürges, der im Winter nicht verlassen wird. Bey

der

der Oberbrücke zerstreuet sich die neue Straße. Der
mittlere oder Hauptarm geht, indem er die Achtermannshöhe zur linken läßt, in zwey starken Stunden nach Braunlahe, wo er das Brockengebürge verläßt, abwärts. Von Braunlahe gehen wieder mehrere Theile der Straße über den Unterharz, und so
ferner gegen Süden nach Thüringen und Sachsen.
Der zweyte Arm der Straße geht nach dem, eine
Viertelstunde abwärts belegenen Oberteichsdamm,
und ferner gleich hinter selbigem, entweder südwest-
lich über den Rehberg nach Andreasberg, oder westlich über den Bruchberg nach Clausthal. Ein dritter
Arm geht kurz vor der Oberbrücke südöstlich neben dem
rechts liegenden Bergwall, der Sandbrink und der
Achtermannshöhe, zu dem links liegenden Thal der
kalten Bode herab, und mit selbigem in zwey
Stunden auf Schierke und so ferner. In Absicht
der Beschaffenheit dieser Brockenwege beziehe ich mich
auf das, was ich anfänglich von den Wegen im Brockengebürge gesagt habe. Auch geht von der
Oberbrücke (wo de Luc und Zimmermann Höhenmes-
sungen angestellt haben) ein Fußsteig nach dem Brocken. Auf diesem lernt man das Brockenfeld in seiner Ausdehnung ziemlich kennen. Man hat solches
in einer Breite von einer Stunde zu durchgehen, auch
den Theil desselben, der rother Bruch heißt und ist,
zu durchwaden. Dann führt der kaum kenntliche
Fußsteig zwischen der Quelle der Ecker und kalten Bode durch zum Fuß des großen Königsberges.
Man steigt, wiewohl ziemlich steil, doch auf trocknem
Boden, auf selbigen herauf. Auf seinem Kopfe sinkt
man wieder in tiefen Torfbruch hinein. Der Weg
führt durch die Torfstecherey, das Langewerk, nach
dem Wege, der von der Heinrichshöhe nach solchem
führt.

führt. Von selbigem kann man denn nun sowohl gleich nach dem grossen Brocken als nach der Heinrichshöhe kommen. Von der Oberbrücke nach dem Brocken sind 2 starke Stunden. Diesen Weg kann man nur zu Fuß thun, wobey man denn doch mit jedem Schritt zu versinken glaubt. Se. Königl. Hoheit, der Fürst Bischof von Osnabrück, sind diesen Weg von Brocken herabgegangen. Es ist gut, daß die Brockenbrüche eine dicke elastische Decke von Moos haben, die zwar sehr nachgiebt, aber doch nicht leicht bricht, sondern ziemlich an den mehresten Orten überträgt.

Der Rehberg liegt vom Brocken zwey gute Stunden in Süd-West zwischen dem Oderthal, der Bergstadt Andreasberg, dem Sieberfluß und Bruchberge. Man kommt vom Brocken, nach Andreasberg hin, an ihm weg, da man denn bemerkt, daß seine Ausdehnung eine Länge von beynahe zwey Stunden ausmacht. Seine Bestandtheile sind Granit, der theils als Felsen noch fest, theils bröcklicht, theils schon zu Sand aufgelöset ist, und Bruch, aus denen ergiebige Quellen entstehen. Diesen Berg macht ein Werk von Menschenhänden merkwürdig, das, sowohl seiner Theorie als wirklichen glücklichen Ausführung nach, dem Verstande und den Kräften des Menschengeschlechts Ehre bringt und das ich wegen seiner Nützlichkeit den stolzen Gebäuden des Orients bey weiten vorziehe. Die Anlage hierzu ist diese.

Zwischen der vom Brocken absetzenden westlichen Fläche, und dem Bruch-auch Rehberge hat die Natur ein von Norden nach Süden ziehendes Thal eingeklemmt, worin der Ursprung der Oder ist.

Die

Die Höhe des obern Theils dieses Thals verursacht,
daß das darin herabfließende Wasser der Oder ein
starkes Gefälle hat. Dieses zu benuzen veranlaßte
der Mangel an Wasser in Andreasberg, das besonders bey dürren Zeiten zum Betrieb der Puch-und
Schmelzwerke, auch zu den Ausschlägewassern, um
die Grundwasser der Gruben zu Sumpf zu gewäl-
tigen, nicht zureichte. Man verschüttete also gleichsam dieses Thal an einem schmalen Fleck, indem man
von der einen Seite des Thals bis zur andern einen
Damm von grossen Granitsteinen aufführte, die mit
starken eisernen Klammern verbunden sind. Dieser
Damm, der Oderdamm, ist 9 Lachter hoch, 50
Lachter lang, oben 9 Lachter, unten aber 12 Lachter
im Durchmesser. Andre geben seine Länge zu 68,
und seine untere Breite zu 24 Lachter an. Ich habe
seine Länge zu 300, seine obere Breite aber zu 41
Wernigerödischen Werkfüssen befunden. Er ist im
Jahr 1719 angefangen und 1722 vollendet worden.
Dieser Bau soll 76,148 Thaler, nach andern aber
nur 12000 Thaler gekostet haben. Vermuthlich
sind unter der ersten Summe die Kosten des 2 Stunden langen Canals mit begriffen, so wie unter der
lezten hingegen die Kosten des blossen Dammes zu
verstehen sind. Nach noch einer andern Nachricht
soll der Damm 1714 angefangen und 1721 fertig
geworden seyn, und hätten sich dessen Kosten auf
21081 Mariengülden, jeden zu 20 Mariengroschen
gerechnet, belaufen. Der Spiegel ist nach Ma-
dihns Angabe (darin aber vermuthlich einige Fehler
der Berechnung stecken) 800 Lachter oder 333 Lachter (vermuthlich Ruthen) 5 Fuß 4 Zoll lang. Die
Oberfläche des Wassers soll nach eben diesem Schriftsteller 1083 Quadratruthen, oder 84 Feldmorgen

58 Ruthen, einen Morgen zu 120 Ruten gerechnet,
ausmachen. Ich will mich bey den Wiedersprüchen
dieser Angaben nicht aufhalten, aber nur so viel sagen, daß ich dem Spiegel dieses Teiches immer, wo
nicht einen grössern, doch wenigstens einen Flächeninhalt von 84 Morgen 58 Ruten zutraue. Und ist
dieses richtig, auch jene Angabe der Zahl 333, von
Ruten zu verstehen, so würde die mitlere Breite des
Teiches etwa 22 Ruten betragen. Die zu Fluthzeiten in dem Oderteiche sich sammlenden, aufge-
dämmten Wasser, sind nun hinreichend, wenn es
auch in länger denn einem halben Jahr nicht regnen
sollte, die Andreasberger Berg- und Hütten-Wer-
ke hinlänglich mit Wasser zu versehen.

Dieser tiefe, im Brockengebürge liegende Teich
hat ein majestätisches Ansehn, wenn man vom Dam-
me aus auf ihn hinsieht. Sein entferntes Ende verliehrt sich in einer Krümmung des Thals zwischen
schwarzen Tannenwänden. Seine Einwohner sind
schmackhafte Forellen, deren man zu Zeiten welche
von ausserordentlicher Grösse fängt, so daß sie in
dieser Rücksicht mit denen des Genfersees zu vergleichen sind. Inzwischen erschweret die Tiefe des Teiches ihren Fang. Ein nunmehro verstorbner alter
Mann, der diese Fischerey selbst betrieb, versicherte
mir, daß die Forellen im Oderteiche auf den Bäumen gingen. Er erklärte diesen, an sich zur ver-
kehrten Welt gehörenden Ausdruck damit, daß bey
Aufstaugung des Wassers nicht alle Tannen aus dem
Grunde weggehauen wären, und versicherte, daß
diese Bäume ihm vielen Schaden an seinen Netzen
thäten. Ueber den Damm, dessen Seiten mit
Brustwehren versehen sind, geht erwähnter Abweg
des

des neuen Weges nach Andreasberg und Clausthal
hin. Noch vor einigen Jahren sahe man am Fuß
des Dammes im Thal, das Gerippe eines Pferdes,
und die Trümmern einer Karre, so beyde, da das
Pferd scheu geworden, hinabgestürzt waren. Ich
habe in einigen Schriftstellern vom Harz bemerkt,
daß sie den Teich: Oderteich und den Fluß: die
Oeker nennen. Ein Beweis, daß sie sich mit der
Geographie des Harzes nicht selbst in persönliche Be-
kanntschaft eingelassen haben.

Aus diesem, für eine so grosse Höhe unerwar-
teten Wasserbehälter wird das Wasser vermöge ei-
ner Kunsteinrichtung und eines Stollens im Fuß des
Dammes, zu einem Graben, der 1400 bis 1600.
Seiten lang, und in ihm, am Rehberge weg, nach
Andreasberg geführt. Diese Wasserleitung: der
Graben oder Canal genannt, ist der merkwürdigste
Bau, den ich im alpinischen Harz gefunden habe.
Wer über Andreasberg nach dem Brocken zu reisen
gedenkt, den wird es nicht gereuen, wenn er den
sich etwas krümmenden Weg auf dem Damm des
Grabens gewählt haben wird. Ich weiß diesem Wege keinen an Würde zu vergleichen, denn er ist der
herlichste, reinlichste Spaziergang von der Welt.
Man darf ihn aber nur zum höchsten Fall reiten,
denn er ist an beyden Ausgängen mit Schlagbäumen
gegen das Fuhrwerk verwahrt. Ich bin ihn vom
Andreasberg heraufgeritten, wobey man in grösserer
Erwartung bleibt, und solche mehr befriedigt findet,
als wenn man vom Oderteiche aus mit dem Wasser
auf Andreasberg herab kommt. Der Oderteichs-
graben kömmt nahe bey Andreasberg aus einem weit
über der Stadt erhaben liegenden Berge, den der Hr.

von

von Rohr den Sandhügel nennt, über einer daran lie=
genden Sägemühle wieder hervor, nachdem er zu=
letzt eine Weile durch solchen Berg vermöge eines
Stollen geleitet worden.  Hier wird das Wasser
nun gleich in die Grubenkünste, und wo es sonst nö=
thig ist, vertheilt.  Hat man diese kleine Anhöhe,
durch welche das Wasser zuletzt laufen muß, erstie=
gen, so siehet man gegen Mitternacht den Rehberg,
und den, auf einem breiten von Granitsteinen ange=
legten mit Granitsand und Erde gemischten Damm,
angelegten Oberteichsgraben.  Der mehr tiefe als
breite Wassergraben ist mit Granitsteinen ausgesetzt,
an den mehresten Orten mit Scheitholz (damit er
nicht so leicht verunreiniget, oder vom Schnee zuge=
wecht werde) bedeckt, auch oft unter grossen Gra=
nitbruchstücken weggeführet.  Hie und da sind kleine
Ueberfälle gelassen, damit er nicht übergehe, wenn
in Fluthzeiten vom höhern Theil des Rehberges zu
viel Wässer hineinfällt.  Er zieht eine beträchtliche
Menge ganz ausserordentlich reinen und kalten Was=
sers, das noch ziemlich Gefälle hat,  indem es rasch
und rauschend seinen Weg fortläuft.  Auf der Nord=
seite des Grabendammes ragt der noch ziemlich hoch
heraufstehende Kopf des Rehberges hervor, und ge=
gen Süden sieht man an dem steilen Abfall des Reh=
berges in ein nach dem Oderthale gegen Osten ab=
fallendes wildes Nebenthal, das man das Loch nann=
te.  Dicke Tannen verbreiten über den Graben eine
angenehme Finsternis, und die wilden Granit=Trüm=
mer des Rehberges contrastiren auf eine seltsame
Weise mit dem Dammwege, der alle andre Wege,
die ich je kennen gelernt, an Reinigkeit und Eben=
heit übertrift. Ohngefehr in der Mitte dieses Damm=
weges kommt man zu einem sich vom Rehberge in

den

den Graben herabstürzenden Bach, das Rauschen=
wasser. Neben diesem raget vom Damm aus, ei=
ne breite und hohe Felsenwand hervor. Sie ist ein
Vorbote der grossen Felsenruinen, die das Brocken=
gebürge den, der diesen Weg zu ihm hinnimt, in
der Folge kennen lehrt.

Des Rehbergs Decke ist Bruch und Piecen von
Granitsteinen. Die in den Berg hineingearbeitete
Anlage des Grabens erlaubte aber auch sein Inneres
näher kennen zu lernen. Ich bemerkte anfänglich
und auf der Seite nach Andreasberg hin, daß eini=
ge Schieferfelsen heraus standen, im übrigen aber
wurde ich überzeugt, daß der ganze Berg eine Mas=
se von Granit sey. Dieser war, einem grossen Theile
nach, schon zu Sande aufgelöset, mit Erde ver=
mischt, oder in seinem Zusammenhange doch durchs
Wasser schon sehr mürbe gemacht. Ueberdem wech=
selte der Granit eben so oft in seiner Farbe, und
Grobheit oder Feinkörnigkeit ab, als in der Festig=
keit seines Zusammenhanges.

Der höchste auf dem geographischen Oberharze,
in seinem vom Brocken herabgehenden alpinischen
Strich liegende Brockenberg, ist der Bruchberg.
Er liegt dem Brocken gerade gegen Abend, und
streicht so in die Länge Mittagwerts zwischen ihm und
der Bergstadt Clausthal, und fällt von ihm als ein
sehr ausgedehnter schwarzer und hoher Klump in die
Augen. Sein Nahme zeigt schon von seiner Be=
schaffenheit, und es ist daher kein Wunder, daß
aus ihm die Flüsse Oder, Sieber, Söse und Ocker,
nebst mehrern kleinern von allen Seiten ihren Ur=
sprung haben. Er ist also theils wegen seiner Höhe,

theils

theils wegen des bruchigten Grundes, der Vater
von den mehresten Flüssen des Oberharzes. Auch
giebt er von seinen Quellen den Clausthäler Bergwerken etwas ab, denn es ist im Jahr 1733 an ihm
ein Damm, der Sperberdamm von 199 Ruten in
der Länge, und 8 Lachter in der Höhe, für 30000,
nach andern 40000 Thaler aufgeführet, um darüber
in einem Graben von 4000, nach andern 3220
Ruten, auch über drittehalb Meilen, einen Theil
seines Wassers abzuleiten. Die Strasse von Clausthal nach dem Oberteiche und dem Oberhause geht
am Bruchberge weg. Aus dem Bruchberge gehen
nach allen Seiten Thäler herab; an der westlichen
Seite nach dem Brocken hin begrenzt ihn aber das
Oberthal und dessen grosser Teich. Unter denen
neben ihn gesetzten Bergen sind besonders der Höh-
nenberg, Ockerstein und die Wolfswarte merkwürdig.

Mit dem Reh- und Bruchberge höret vom
Brocken gegen Westen, der alpinische Grund und
Boden auf; doch findet man am Bruchberge ausser
dem Granit, schon ander Gestein. Zwischen diesen
Bergen und dem Brocken, im Granit, ist nie eine
Miene entdekt worden, die auch in Steinklumpen
von eingefallnen Felsen nicht stecken können. Gleich
dahinter aber, diesen Bergen hauptsächlich gegen
Westen, und näher nach den Bergstädten Andreas-
berg, Clausthal und Altenau hin, trit das reiche
Ganggebürge an das ursprüngliche an. Bis dahin
sind, vom Brocken aus, wenigstens 3 Stunden.

Der Arensberg zwischen der Harzeburg und der
Altenau, und der Acker bey Osterode, erscheinen
vom

vom Brocken aus, als sehr über den übrigen Oberharz
hervorragende Bergklumpen.

Nach vollendeter Beschreibung der vornehm=
sten Berge des Brockengebürges, sollten nun auch
wohl die Hauptthäler desselben ein Gegenstand mei=
ner Feder seyn. Ich habe sie aber jederzeit bey der
Beschreibung jener Berge als Grenzen, oder natür=
liche Folgen derselben mit angeführt, indem ich kei=
nen Begrif eines Berges festsetzen konnte, ohne ihn
durch seine umkreisende Thäler zu bestimmen. Auch
werde ich ihrer in der Folge bey Beschreibung der
Brockenflüsse nochmals mit mehrerem gedenken, da=
her ich sie besonders abzuhandeln für überflüßig halte.
Ich führe nur noch an, daß die Brockenthäler mehr ge=
rade, oder doch nur in grossen almäligen Beugun=
gen streichen, und sich dadurch von den Thälern des
nicht ursprünglichen Theils des Harzes, sehr unter=
scheiden, die mehr die Form eines Zickzacks ange=
nommen haben. Die alpinischen Thäler sind rauh
und wild, wie das Gebürge selbst, dagegen die übri=
gen Thäler des Harzes schon mit sanftem Rasen,
glattem Boden, auch Wiesewachs versehen sind.

Dieses bisher beschriebne alpinische Gebürge,
das im weitläuftigsten Sinn Brocken heißt, wird
ohngefehr 36 Quadrat halbe Meilen ausmachen.
Der Hr. O. C. R. Silberschlag legt ihm eine Grund=
fläche von wenigstens 16 Quadrat=Meilen bey, wel=
che Angabe denn auch wohl nicht zu viel ist, wenn
man seine ganze Abdachung bis ans Land dazu rech=
net. Im übrigen muß man den ganzen Harz als
Stufe zum Brocken ansehen, denn die Höhe welche
diese Berge ausmachen, gehöret allemal mit zu der
Höhe

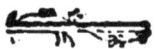

Höhe des Brocken, und man würde, um ihn als Berg von der Landfläche aus zu bestimmen, einen grossen Fehler begehen, wenn man seine Höhe von einem Ort des Harzes aus, wie ein anderer Brocken-Höhen-Messer gethan hat, berechnen wollte.

Ich erinre meine Leser nochmals, daß ich hier blos zum Gegenstand meiner Beschreibung den alpinischen Harz oder das Brockengebürge genommen habe, wobey ich mich eigentlich und speciel um den jetzt ursprünglichen, wahren, von mehrern schon beschriebnen Harz nicht bekümmere, sondern so viel möglich auf meinem noch unbebauten Felde, den Harzalpen, bleibe. Ich habe bisher versucht, es sowohl in seinem Hauptberge dem Brocken, als in seinen übrigen Theilen zu beschreiben. Nun muß ich es aber auch im Ganzen darstellen, einen allgemeinen Umris um solches ziehen, es von seinem Fuß und Rande, dem eigentlichen Harze, abschneiden, also seine in der Natur gegründeten Grenzen bestimmen. Hiebey wünschte ich, daß ich meine Leser, die mit gleicher Wiß- und Forschbegierde als ich erfüllt wären, bey der Hand nehmen, sie mit einem Stabe versehen, und so mit ihnen diesen Grenzzug des Brocken-Gebürges vornehmen könnte. Selbst zeigen, und sehen, macht hier allein deutlich, und meine Leser werden, wenn sie nicht so, wie ich, diese Wüsteney von Brockengegenden durchstrichen und umgangen sind, durch alle meine Benennungen keine genaue Vorstellung des Abschnits des Brocken-Terrains bekommen; noch weniger bin ich im Stande, hier eine so genaue Grenzbeschreibung anzugeben, darnach einer sich finden könnte, wenn ihm die mehr als eine Seefarth beschwerliche Umgehung des Brockenge-

kengebürges, einkommen sollte. Soll ich inzwischen
jemanden, der die Hypochondrie im höchsten Grade
hat, eine Cur verordnen, so will ich ihm diese Umgehung der Harzalpen bestens empfehlen. Kömmt
er glücklich herum, bleibt ihm der Kopf, Hals und
Beine ganz, so wird das übrige gewiß von selbst gut
geworden seyn. Zu dieser Cur aber würde ich wenigstens 8 Tage bestimmen müssen, denn er würde
zu solche verwachsne Gegenden, an solche Abgründe,
Brüche, Felsen, tiefe Thäler und steile Bergwände
kommen, er würde so oft nach der richtigen Grenzlinie zu forschen haben, daß die Zeit eines Tages mit
seinen Kräften, binnen 2 Meilen vollkommen er-
schöpft wäre. Ich habe diese Erforschung der
Scheidung zwischen denn Brockengebürge und dem
gemeinen Harze, in einem Stück weg zu unterneh-
men, mir nie zu Leide gethan, habe auch oft zu viele Unmöglichkeiten gefunden, um dem Strich des
Granitgebürges genau folgen zu können. Im Ganzen aber geht der Rand des Brockenterrains, um
seinen Mittelpunkt den Brocken, in einem Zirkelzuge, dessen Durchmesser 5 bis 6, auch mehr Stunden enthält, folgendermaßen herum.

Man folge mir von Wernigerode, der nähesten dem Brocken gegen Morgen belegenen Stadt,
gerade gegen Abend auf den Brocken zu. Von Wernigerode aus führt uns die Holzemme bis in die Gegend, wo sie aus der steinernen Renne herabkommt,
und von Mitternacht das grosse Sandthal zum Thal
der Holtemme, das hier die Pisseke heißt, herabgeht. Man bemerkt, hier, (zwar weniger wie an andern Orten, denn in den Thälern hat das Wasser
mehr Unordnungen gemacht) daß der Schieferfelsen,

und

und der trofnere ebnere Boden von Dammerde auf=
hört, und daß statt dessen grosse Klumpen, loser
aber unbeweglicher Granitsteine immer auf, durch,
und übereinander ohne alle Ordnung wie Steine ein=
gefallener Mauren umher liegen, zwischen denen die sich
erzeugte mit Granitsand gemischte Erde, nässet, mit
Moos überzogen, und bruchartig ist. Hier bey dem
Eintrit ins Granitgebürge, kann ich meinem Ge=
fährten die Ueberbleibsel einer mühsamen Arbeit zei=
gen. Da wurden zwo hier der blauen Farbemühle
am näheſten liegende Granitſteine, zu Reib oder
Mahlsteinen, in die Form der gewöhnlichen Mühlen=
ſteine gebracht. Die hier liegende Abfälle zeigen,
wie mühsam durch viele Bohrschüsse zuerst eine Rün=
dung im Ganzen hervorgebracht werden müssen.

Ich führe nun meinen Begleiter, dem dieser Ab=
schnitt zweyer Gebürgarten, sehr auffallend seyn wird,
(wobey ich solchen auch gleich in der Veränderung
der Gewächse zeigen werde,) über die Holtemne,
über welchen Brockengebürge=Fluß hier zum Glück
eben jetzt eine Brücke ist. Ohne solche müste er sich,
wie hernach oft vorfallen wird, eines gefährlichen
Uebergangs über den Fluß, auf herausstehenden
schlüpfrigen Granit=Ecken, gefallen lassen; er müste
erst am Ufer auf und abgehen, um unter 1000 Stel=
len die am wenigſten gefährliche aufzusuchen. Nun
geht der Brockengebürge=Grenz=Zug eigentlich an,
aber Weg und wegsames Terrain hört auf, und es
geht den entsetzlich steilen und hohen Berg: die Hip=
peln hinauf. Die Quarz=und Schiefer=Klippen
auch theils noch stehende Felsen des Silbernen Man=
nes (ein Theil des Berges, wo der alte? eine Silber=
grube gehabt) bleiben zur linken Seite im secunda=
rischem

rischen Gebürge, so wie die wilden Granittrümmer
des primitiven Gebürges zur rechten Seite bleiben.
Nach den erstiegnen Hippeln bleiben wir nun eine lange Zeit auf dem Flachen, da wo des Brockengebürges Fuß auf den Köpfen der secunbarischen Berge
ruhet. Wir gehen ferner immer gegen Mittag, richten uns so ein, daß wir zur rechten Seite immer
Granitsteine und zur linken Schiefer u. dergl. sehen,
kommen über den Hohnstein, die Hollepatten, den
Hasselkopf, berühren die vorbeschriebne Fläche des
Hohnebruchs, kommen zum Paternoster, dem Isaak,
lassen die Hohne, so wie das Bergwerk, die drey
Annen etwas weiter, zur linken; gehen, uns nun
schon etwas gegen Abend drehend, unterm Wormsgraben am südlichen Abhang der Hohneklippen durchs
Knopholz unterm Wormsgraben weg, kommen ins
tiefe Thal der Wormke, gehen durchs Wässer, kommen ins Gebiet des Renneckenberges und klimmen im
Hilmessen = Loche den Feurstein in die Höhe. Nun sind
wir neben den Schierkischen Feuersteins Wiesen, und
lassen die höhern Gegenden des Renneckenberges den Ar-
tebeerenkop, Jacobsbruch, und die Kette der Feuerstein-
klippen, binnen der Grenze, alles zur rechten Seite liegen. Endlich kommen wir wieder ein Weilchen auf einen
Weg, nehmlich die Fahrstrasse von Wernigerode
nach Schierke, die wir ins Thal der kalten Bode, auf
die Försterey in Schierke zu, herab müssen. Hier müssen wir über die Planken der Gärten und zur kalten
Bode hinab. Keine Schwierigkeiten der Natur
müssen den, welcher der grossen Schöpfung nachspä-
hen will, aufhalten, kein rauschender Wasserfall,
keine braune Tiefe des kalten Waldstroms, dürfen
ihn hindern. Wir müssen über den Fluß, über den
uns unsre gute Sache auch endlich helfen wird. Wir

Schroeders Abh. I Th.      P      denken

denken wie Cäsar rief: Jacta est alea, transivimus
Rubicundum, und setzen nun unsern Fuß aufs Han-
növrische, steigen den Bärberg in die Höhe und befinden uns nun im Gebiet eines der Riesensöhne des
Brocken, des Wormbergs. Unter unsern Füssen
entspriessen Alpenkräuter, und im Thale der Bode
herab sehen wir Wassertaumel neben Felsen wie
Schlösser, deren einer die Elendsburg heißt. Ein hin-
reissender Blick, zur rechten Seite nach dem grossen
Klumpen, dem Brocken, dem Arendsklint, und dem
langgedehnten, wie im felsigten Arabien liegenden
Schierke, ist Lohn des Steigens.

Der Granit führt uns vom Bärberge am kleinen Winterberge weg, wir kommen durch kleine
Bäche, neben dem Ursprung der Bremecke durch,
drehen uns nun almälig ganz gegen Abend, kommen
durch verwachsne Tannengegenden unter der grössen
Klippe des Wormberges durch, und lassen uns nun
ins Thal der warmen Bode herab, wo wir über den
neuen Weg kommen. Nun gehts wieder bergan,
Braunlahe bleibt zur linken ausser der Grenze, die
Achtermannshöhe aber drinnen, und wir kommen endlich am Birkenberge, einem langen steilen und klippigten Bergrücken, in das wilde Thal der Oder hinab. Der Morgenstern (ein Berg) bleibt uns zur
linken Seite, wir steigen, nachdem wir die hier vielleicht eben ganz trokne, in ihrem Teiche aufgehaltene
Oder, paßirt sind, wieder steil bergan, und lassen
den Rehberg, dessen Süd-westliche Spitze wir berühren, zur Rechten.

Wir drehen uns nun gegen Norden. Hier muß
ich aber bekennen, daß ich die Grenze des Brocken-
terrains an seiner Abendseite noch nicht ganz genau
kenne. Bey meinen ersten Reisen, die ich in dem

Drey-

Dreyeck zwischen Andreasberg, Clausthal und Al=
tenau aus andern Bestimmungen that, gab ich so
ganz genau auf eben diesen Gegenstand nicht Achtung,
und konnte, weil ich nicht zu Fusse reisete, von den
gewöhnlichen Wegen nicht abweichen. Meine erste
deshalb eigentlich unternommene Untersuchungsreise
war für mich nicht belehrend genug, weil ich diese
hohen Gebürge noch mit tiefen Schnee bedeckt fand,
woran ich gar nicht mehr dachte, weil es schon auf
Pfingsten losging, und im Lande ein allgemeiner
Frühling herrschte. Bey meinen folgenden Versuchen
kam ich, wie meine Freunde, die mich begleiteten,
oder die ich unterweges traf, wissen, nicht wei=
ter bis Schierke, oder auf den Brocken, wo ich in
denen zu meinen Untersuchungen bestimmten Tagen
ein Gefangener des Wetters seyn muste. Im nä=
hesten Sommer werde ich aber alles nachholen. So
viel generelle Kenntniß habe ich aber doch einziehen
können, daß gleich über Andreasberg gegen Norden,
und über der Altenau gegen Süden, der Granit
mit dem gewöhnlichen Harzgestein wechsle und die
Grenzlinie des Brockengebürges gegen Abend, um
den Bruchberg und einige Nebenberge herum, gezo=
gen werden müsse. Auch habe ich den Fleck der nörd=
lichen Grenze, von der Altenau bis wieder an den
neuen Weg, nicht ganz genau bemerken können. Nun
geht aber die Nordseite des Brockengebürges in sei=
ner Granitgrenze durch die Radau, Ecker, und kömmt
beym Ilsenstein nahe über dem Vorharz wieder zur
Ilse. Hier drehet sich die Linie so, daß man wie=
der zur Morgenseite des Brockes kömmt. Sie geht
über den Köpfen der an den Vorharz tretenden Berg=
reihen, durch die auf selbigen liegende Fläche der
vorbeschriebnen 3ten Reihe der östlichen Brockenbergs=

P 2                     lette

fette weg, und fällt endlich unter dem Klippenhaufen: die Teufelsburg, wieder zur steinernen Renne
herab.

Diese Umkreisung des Brockengebürges würde
etwa einen Zirkelzug von 18 Stunden auf der Grundfläche um den Brocken herum beschreiben. Wegen
der vielen darin vorfallenden steilen Berge, tiefen
Thäler und kleinen Krümmungen, kann ich aber sicher
annehmen, daß die Linie wenigstens doppelt so lang,
und 36000 rhl. Längen-Ruten ausmachen würde.
Diese Linie aber wirklich genau zu begehen, würde wohl
viel zu beschwerlich, ja an vielen Orten ohnmöglich
seyn; wenigstens würde man in diesem Falle schwerlich in 8 Tagen damit fertig werden. Nach diesem
allen würde der ganze Flächeninhalt des Brockengebürges etwa 36 Quadrat halbe Meilen betragen.
Wenn der Hr. O. C. R. Silberschlag also den Flä-
chengrund des Brocken (im weitläuftigsten Verstande) 16 Quadrat-Meilen angiebt, so rechnet er seinen Fuß vom Lande an, wo gegen Süden und Norden, auch etwas östlich, seine ganze Abdachung aufhört, an jeder Seite 2 Meilen, und rechnet nach dem
Ober-und Unterharz hin eben so viel. In diesem
Fall nimmt freylich das Fundament des Brocken, als
Fläche gedacht, einen Raum von mehr denn 16
Quadratmeilen weg. In diesen Fall ist aber sein
Fuß nicht mehr alpinisch, sondern hat gleichsam einen Pantoffel von angeschlemter Fluthen-Masse über
seine Zähen gezogen.

Das Brockengebürge scheint von der wohlthätigen Natur mit (aber nicht allein) dazu bestimmt
zu seyn, um seine grossen umliegenden flachen Länder so
mit Wasser zu versehen, wie eine Wasserkunst in einer ganzen Stadt um sich herum, jeder Gegend ihre

Was-

Wafferbebürfniffe zutheilet. Die Materie des Brokken hat alle mögliche Eigenschaften, um ihn zu einem Wafferbehältnis zu machen, so wie seine Form
dazu angelegt ist, um in gleicher Theilung seine ganze Nachbarschaft zu tränken, und nicht etwa eine
Gegend unbewäffert zu laffen, eine andre aber besto
mehr zu überschwemmen. Die Oberfläche des Brok-
kengebürges (denn ich getraue mir nicht zu bestimmen, wie sein Inneres, das noch nicht unterfucht
ist, beschaffen sey, und mit Hypothesen mag ich meine Lefer nicht in der Irre herum führen) besteht aus
einem nur an wenigen Orten durch trocknes Erdreich
unterbrochnen Torfbruch. Dieser Bruch kann vielleicht zwischen den Bruchstücken des Granitfelsen einige Ruten tief stehen, und besteht aus feinen, fetten,
lockern und schwammigten Theilen. Das darauf
wachsende dicke Moos, welches über einen Fuß hoch
steht, zieht die Feuchtigkeiten aus der Luft an sich,
und bewahret den Bruch vor dem Austrocknen der
Sonnenstralen und Auszehrung der Winde. Es
enthält an sich selbst schon eine Menge Waffers,
denn wenn man dergleichen Moos ausreißt, so ist es
auch in den trockensten Zeiten so naß, daß man es
ausdrücken kann. Der grobe Granitfand kann gleichfalls in seinen Zwischenräumen eine Menge Waffers
aufbewahren; die groffen an allen Orten liegenden
Granitsteine halten das Waffer ebenfalls auf, und
endlich so wird diese schwammigte Decke des Brockengebürges von Wolken, die sich daran anlegen, so
oft wieder getränket und durch häufigen Thau und
Niederschlagung der wäfferigten Dünste aus der Luft
wieder angenäffet, daß nothwendig viele Feuchtigkeiten in Vorrath seyn müssen, die sich denn, weil
allenthalben Abhang ist, an niedrigen Orten zusammen

menziehen, Quellen, Bäche, und endlich Flüsse
formiren müssen.

Das Granit= oder Brockengebürge, ob es gleich
nur einen geringen Theil des ganzen Harzes ausmacht,
läßt daher mehr Flüsse von sich fliessen, als der übrige
ganze, gemeine oder nicht brockenbergische Harz.
Dies kommt blos daher, weil sich in den Bestand=
theilen des erstern, nemlich in dem Wasser anziehen=
den Granitgestein, und in den tiefen fetten Brüchen,
die Atmosphärenwasser mehr einsaugen, länger aufhal=
ten und tiefer eindringen, als in dem mit trocknerer mehr
magerer Erde überzogenen eigentlichen Harz, auf dem
die Tagewasser geschwind abfliessen, wenig Nässe zu=
rücklassen, und daher keinen lange fortdauernden Stof,
zu so vielen Flüssen geben können. Selbst die Höhe, wel=
che verursacht, daß die Brockenberge so oft in Wolken
eingehüllt werden, vermehret ihre Wasserergiebigkeit.
In diesem Fall ziehen sie aus den Wolken, in welche
sie eingetauchet sind, das Wasser an sich, wenn
eben diese Wolken auch ganze Wochen lang über dem
Lande und Harze stehen, ohne einen Tropfen fallen
zu lassen.

Alle diese Flüsse des Brockengebürges haben
zwey einander entgegen gesetzte Fehler, nemlich, daß
sie bey lang anhaltender Dürre sehr seicht werden,
(denn ihre Quellen kommen nicht aus der Tiefe des
Felsengebürges, sondern aus dessen Oberfläche) und
bey starken Regengüssen und Schneeschmelzen, wie
auch bey heftigen Gewittern, wenn die Brüche sich
erst vollgezogen haben, oder diese das Wasser nicht auf
einmal verschlucken können, mit reissenden Ueber=
schwemmungen ins Land herabstürzen. Sie reissen
alsdenn alles, was ihnen im Wege steht, mit uns=
aufhaltbarer Gewalt mit sich fort, laufen aber ge=

schwind

schwind ab. Oft kann man durch ihr Flußbette durch=
waden, da indeß kaum eine Viertelstunde nachher
schon eine Ueberschwemmung hereinbricht, die Brü=
cken und Gebäude mit fortführet. Die gewöhnliche
Stärke eines Brockenflusses ist (so sonderbar dieses
auch scheinen mag) dem Zufall unterworfen. Er
nimmt auf einmal ab, und dann wieder in einer
Reihe von Jahren allmählig zu. Die Ursach hievon
ist das Abholzen der mit Bäumen bewachsenen Bruch=
gegenden, woraus ein Fluß seine Nahrung zieht.
Alsdenn ist der Bruch den Sonnenstralen und Win=
den ausgesetzt, die die Nässe verzehren. Sobald
aber das Holz wieder heran wächst, und der Bruch
Nahrung und Kühlung hat, erhält sich die Feuch=
tigkeit länger, und die Quellen werden wieder er=
giebiger.

So lange die Brockenflüsse ungetrübt in ihren
Wildnissen herabfallen, hat ihr Wasser eine dunkle,
braune, und an den seichten Stellen durchsichtige
gelbe Farbe. Man glaubt, sie hätten dieses finstre
Ansehen von denen braunen Torfbrüchen, aus denen
sie entspringen. Ich lasse diese Ursach gelten, wenn
sie angelaufen sind, und ihr Waßer eine undurchsich=
tige braune Farbe von den feinen Torftheilchen an=
nimmt; allein ihre braune Farbe in mäßigem Zu=
stande, kömmt mehr davon her, daß ihr Flußbette voll
dunkler, übermooseter, oder mit schwarzem Schlamm
überzogener Steine liegt. Füllet man ein reines Glas
mit Wasser aus einem Brockenfluß, so findet man,
daß es das klarste Wasser ist, so man sich denken
kann. Eben so vortreflich sind seine übrige Beschaf=
fenheiten. Es ist gesund, herzlich kalt, überaus
wohlschmeckend und ohne alle mineralische Theile.
Die allenthalben aus diesen Brockenflüssen hervor ra=

gen=

gende hohe Ecken der in ihren Betten liegenden Granitklippen bieten hie und da Gelegenheiten an, über diese Flüsse bey niedrigem Wasser gehen zu können. Man muß sich aber mit einem langen Stabe versehen, und sich sehr in Acht nehmen, daß man nicht ausglitscht, in welchem Fall man sonst Gefahr läuft, in einen tiefen Kulk oder Becken zu fallen und zu ertrinken. Was ein oft genannter Schriftsteller sagt, daß die Flüsse des Brocken für die benachbarten Herrschaften wichtiger wären, als für die Grundherrschaften des Brocken, ist ganz irrig. Welch einen Nutzen schaffen sie nicht beym Berg= und Hüttenwesen, und durch Flößung des Holzes! Tiefer im Lande hingegen haben sie weit weniger Gefälle, und können nicht so viel zu umgehenden Werken genützt werden, richten dagegen mehrern Schaden durch ihr Austreten an.

Die Brocken= und Harzflüsse haben in den Flüssen des flachen Landes ein ganz entgegen gesetztes äusserliches Ansehn. Diese schleichen langsam und stille mit sich stauendem Wasser fort, sind breit, tief, und man merkt oft keine Bewegung an ihnen; jene hingegen fallen von einem Stein über den andern schnell weg, und ihr Geräusch verräth ihre Geschwindigkeit. Eben der Brockenfluß, der schon seine Hauptfälle vom Gebürge herab zurückgelegt hat, und nun ins Land treten will, hat noch oft im Vorharz binnen einer Stunde Weges 150 Fuß Gefälle, da ein Fluß des niedrigen flachen Landes in eben der Strecke wohl nur 15 Fuß hoch herabfällt. Sind beyde gleich wasserreich, so wird doch dieser zehnmal ansehnlicher in Breite oder Tiefe in die Augen fallen, als jener eben so starke aber schnell fallende Bergfluß, der in der Zeit, da der Landfluß eine Meile

ju=

zurücklegt, deren zehn durchströmt. In Betreibung einer Mühle zeigen aber beyde ihre Stärke ohne Hülle, und der Landfluß wird, indem er seinen Mühlenfall thut, eine armselige Figur gegen seinen bisher ungestörten ruhigen Gang machen, und das Cubicmaß seines Gefälles wird nur einen sehr kleinen Theil seiner Cubicmasse im Flußbette betragen. So würde zum Beyspiel die Bode mit dem Wasser, das sie aus dem Harz führt, bey vielleicht zwanzigmal langsamerem Laufe in den fast wagerechten Fluren der Niederlande, das Ansehn eines großen, breiten und tiefen Stroms haben, und würde ansehnliche Flußschiffe tragen können. Man muß also, um die Stärke eines Flusses zu beurtheilen, solche bey einem Ueberfall nach der Breite und Höhe des Wassers berechnen. Nach diesem allen wird ein Brocken- und Harzfluß, der in seinem Berggefälle nur 10 Cubicfuß Wasser zeigt, im stillen fliessen durchs flache Land 100 Cubicfuß Wasser zu enthalten scheinen.

Man suche am Brocken keine große Ströme, denn alle Flüsse sind bey ihrem ersten Anfange klein, und gleichsam Kinder. So kann auch der Brocke keinen Haupt- und großen schiffbaren Strömen den Ursprung geben, denn hiezu liegt er zu nahe an der See, und die weit höher aus der Mitte von Deutschland bereits groß herauskommende Elbe und Weser beschränken das Gebiet dieser Gebürgewasser so, daß sie nicht zu grossen Strömen werden können. Daß also der Brocke nicht auch, wie das Riesengebürge und der Fichtelberg, durch den Ursprung eines, in der Länge seines Laufes groß werdenden Flusses berühmt ist, liegt an seiner niedrigen, der See nahen Lage, zwischen zwey bereits grossen Flüssen. Die Elbe und Weser, und noch genauer,

bey

beyder große Vasallen, die Saale und Aller, theilen sich gemeinschaftlich in die Flüsse des Harzes und insbesondre des Brocken. Von ihnen gehen nach der den Harz östlich vorbeygehenden Saale zu, folgende Flüsse:

Die Holtemme, auch Holzemme, eigentlich wohl Emma und Holtemme, deswegen, weil sie bis Wernigerode zum Holzflößen gebraucht worden, entspringt zwischen dem Rennekenberge und dem Rücken der Hohneklippen, in dem zwischen beyden Bergen versteckten grauenvollen Winkel, die Hölle. Aus solcher stürzt sie nördlich nach dem Hannekenbruch herab, nimmt den kleinen Brockenbach: das Capellwasser und mehrere Quellen des Rennekenberges auf, wird in ihrem, nun immer gegen Osten, etwas nordwerts gerichteten ruhigen, romantischen Lauf durch den Hannekenbruch, nachdem sie unter der selbstgewachsenen Brücke weggegangen, insonderheit von der aus dem Hohnebruch kommenden kleinen Holtemme verstärkt. Nach durchlaufener hohen Fläche des Hannekenbruchs, wo jeden dieser Fluß frappirt, und die erste Brücke neben der eingegangenen Hannekenbruchs-Sägemühle über ihn führt, fällt die Holtemme mit gräslichem Brausen, in einigen tausend Cascaden, zwischen zwey granitischen Bergen, die Hippeln zur Rechten, und die Teufelsburg zur linken, durch einen tiefen, finstern Einschnitt: die steinerne Renne, aus dem Brockengebürge in betäubenden Wasserfällen herab, und formiret gleich zwischen secundarischen Bergen ein vielarmigtes Thal: die Pißeke. Das erste umgehende Werk, so sie treibt, ist eine der Freyherrlich von Waizischen Familie gehörende blaue Farbemühle oder Hüttenwerk, wo aus Kobold und Sand blaue Schlacken geschmolzen und

und zu so genannter blauer Stärke gerieben werden.
Gleich unter solcher bekommt sie einen Zuwachs im
Drangethals-Wasser, das aus zwo Hauptthälern
und mehrern kleinern zusammen erwachsen ist. Ihr
Thal erweitert sich nun, und bekommt den Namen:
das Hasseröder Thal. Ich kenne alle Harzthäler,
muß aber diesem in der Breite, dem Anbau, der
Benutzung, Schönheit, und wegen der Aussichten
bey weitem vor allen andern, die rüde bis ans Land
treten, den Vorzug lassen. Dieses Thal ist bis zu
seinem Ausgang vor Wernigerode, eine kleine Stunde
lang, und durchaus mit Gärten, Aeckern, Wiesen,
Mühlen, und mit den beyden vereinigten Orten Hasserode, (worin ein Amt,) und Friedrichsthal bebauet.
Eine Menge kleinerer Thäler und Bäche, die ins
Hasseröder Thal einfallen, bilden Gegenden, die von
Dichtern besungen zu werden verdienten.

Die Holtemme fliesset an der Nordseite von
Wernigerode durch, nimmt neben der Stadt den
durch und um solche fliessenden Zillicherbach, der
aus dem Wormsgraben und mehr denn 20 kleinen
Nebenbächen gebildet worden, auch 14 Mühlen getrieben hat, auf, und tritt nun in ofne freye Felder.
Ueber der Stadt Derenburg verläßt sie die Grafschaft
Wernigerode, fließt ins Fürstenthum Halberstadt,
versieht die Stadt Halberstadt reichlich mit Waßer,
und verstärkt, nachdem sie von allen Seiten noch eine Menge Bäche an sich gezogen, unter Grönin-
gen, die Bude.

In der Grafschaft Wernigerode allein setzt sie
in ihrem Lauf von etwan zwey guten Meilen 29 umgehende Werke, worunter ein blaues Farbewerk,
zwey Sägemühlen, fünf Papiermühlen und ein Kupferhammer befindlich, in Betrieb. Mit dem Zill-
cher

cherbache aber treibt sie 42 Mühlen. Nach den großen an ihren Ufern liegenden Schlackenhaufen zu urtheilen, muß sie ehemals mehr denn 8 beträchtliche Hüttenwerke in Umgang gesetzt haben. Ihr Lauf bezeichnet sich durch diese wohlgebaute, zum Theil starke Mühlen, die einer Strasse weitläuftig aus einander liegender, aber durch Gärten an einander hängender Häuser ähnlich sind.

So lange sie ihre eigenthümliche Klarheit behält, hat sie einen Forellenfang. Dieser Fisch ist das Wappen der Grafschaft und Stadt Wernigerode, und die ausgestorbenen Grafen von Wernigerode sind Reichserbfischmeister gewesen. Der Forellenfang hört bey ihrer Verunreinigung auf, dagegen sich alsdenn eine Menge andrer Fischarten, besonders schmackhafte Schmerlen in ihr aufhalten.

Der ganze Lauf der Holtemme durch die Grafschaft Wernigerode und das Fürstenthum Halberstadt, wird in allem nur einen geraden Weg von vier bis fünftehalb Meilen ausmachen, in dem sie, ihre Nebenwasser ungerechnet, auf 60 Mühlen, und weit über 180 Räder treibt. Manche grössere Flüsse treiben in einem zehnmal längern Laufe nicht so viele nützliche, so viele Menschen in Thätigkeit setzende, ganze Nahrungsstände belebende Mühlen. Was würde die Cultur eines Landes ohne Flüsse seyn? Welch einen Reichthum, wie viel Gewerbe verbreitet nicht schon dieser kleine Fluß in seinem kurzen Laufe? Man denke sich an seiner Stelle trocknes unbewässertes Land, wie würde es um die Bebauung und Bevölkerung der fruchtbaren Gegend aussehen, welche die Holtemme mild bewässert? Würde wohl ein Halberstadt da stehn, wo

wo es steht, nnd von ihr benetzt wird? Die Holtemme sammlet ihren gesunden Wasservorrath aus
beynahe 70 kleinen Bächen ein, wovon die mehresten
Harzwasser sind. So wohlthätig sie ist, so grau-
same Verwüstungen kann sie auch in ihrem reissenden
Falle anrichten, wenn sie, aus mehr denn 100 großen
und kleinen Harzthälern und Bergen angeschwellet,
über ihre Ufer tritt. Hievon hat Halberstadt noch am
26sten May 1783 das letzte traurige Beyspiel erfahren.

Pitter sagt von der Holtemme, sie ergösse sich
in die Albeg, und mit ihr in die Bude. Es ist aber
weder ein Fluß Albeg am ganzen Harz vorhanden,
noch daß sich die Holtemme damit verbände. Auch
irret der gute Pitter sehr, wenn er sie gegen Mittag
fliessen lässet, da sie doch östlich und gar etwas nördlich fließt.

Unter allen Flüssen, die vom Brocken, und
überhaupt vom Harz ausfliessen, ist die Bode, ge-
meinhärzisch Boe, der beträchtlichste, weil sie den
Harz selbst am längsten durchläuft, am stärksten
daraus ins Land tritt, und den längsten Lauf im
Lande behält. Die Bode wird, wie die Elbe, aus
mehreren Zusammenflüssen von Gebürge-Wassern
formirt. Jeder von ihren vier Hauptarmen oder zusammen kommenden Flüßen, daraus die große Bode
entsteht, hat einen Bodenamen. Diese sind: die
kalte Bode, warme Bode, Rapbode und Lupbode.
Die beyden erstern sind Brockenflüsse, die letztern
aber gemeine Harzflüsse.

Die

Die kalte Bode führet diesen Namen mit Recht, denn sie durchströmt ein Thal, welches einen guten Theil des Jahrs mit Eis und Schnee angefüllt ist. Doch hat sie diesen Namen noch mehr wegen der Kälte ihres Wassers im Sommer bekommen, denn im Sommer ist ihr Wasser kälter als alles andere Wasser der Brockenflüsse. Die warme Bode hingegen ist im Sommer wärmer, und hat dagegen im Winter nicht so viele warme Quellen als die kalte Bode. Man muß also die Quellen der kalten Bode im Sommer kalte Quellen, und im Winter warme Quellen nennen, weil ihr immer gleicher Grad von Wärme für den Winter warm, und den Sommer kalt ist. Die kalte Bode ist ein recht eigentlicher Brockenfluß. Sie hat ihren Ursprung hinterm Brocken, unter dessen Schulter, dem Königsberge, und scheidet von ihrem obersten Quell an die Grafschaft Wernigerode von dem geographischen Oberharz, oder dem Churbraunschweigschen Harzdistrikt des Herzogthums Grubenhagen. Sie scheint anfänglich gegen Mittag fliessen zu wollen, drehet sich aber allmählig mehr gegen Osten in einem tiefen, sonst aber sehr hoch liegenden wüsten Thal, dessen Berge ihm zu Ufern dienen, um den Königsberg weg, und zwischen diesem und dem hohen Bergwall: dem Sandbrink, durch. Sie stürzt sich von Klippe zu Klippe, nimmt eine unzählige Menge Quellen auf, und fließt neben dem Wernigerödischen Torfwerk, der Zanthiers-Bruch, und dem Viehhofe, die Schluft weg, wo sie die schwarze Schluft aufnimmt, welche eben so wasserreich ist als sie, und aus dem ganz Innern des Brocken kommt. Die noch oberwerts an ihr belegen gewesene oberhärzische Sägemühle: die Mordschlacke, ist jetzt eingegangen. Nun läuft sie, indem sie aus einem tiefen,

von

von Forellen bewohnten Baßin in das andere stürzet,
nach dem Hüttenwerk Schierke. Dieses verdankt der
kalten Bode sein Daseyn und seinen Betrieb. Ihre
Geschäftigkeit fängt sie in Oberschierke mit einer Sägemühle an. Selbst in Schierke bekommt sie von
beyden Seiten aus dem Brockengebürge verschiedene
Verstärkungen, mit denen sie die gräfliche Grenze
verläßt und sich zwischen dem Bärberge und dem
Feuerstein zum Unterharz herabstürzt Hier treibt
sie im Churbraunschweigischen Amte Elbingerode die
Eisenhüttenwerke zum Elende, (die jetzt nach Sr. Königl. Hoheit, dem Prinz Friedrich von England und
Fürst zu Osnabrück, Friedrichshüttte genannt
wird) und der Rothenhütte, und endiget in eben
diesem Amt, nachdem sie noch verschiedene Bäche,
unter andern den Wormke und den Steinbach verschlungen hat, ihren Lauf beym Ort Königshof.

Die großen unzähligen Kulke oder Baßins der
kalten Bode, die bis auf ihren Grund durchsichtig
sind, werden von ganzen Schaaren Forellen bewohnt.
Diese werden für die schmackhaftesten des ganzen Harzes gehalten. Sie haben ein fester und weisser Fleisch,
und sehen von aussen schwärzer aus, als die gewöhnlichen Steinforellen. Vielleicht ist hievon das kalte
und sehr reine Wasser der Bode die Ursach. Es hat
seine Richtigkeit, was dem Hrn. Professor Zimmermann von den Schierkischen, oder den Forellen der
kalten Bode erzählt ist, und er uns in seinen Beobachtungen auf einer Harzreise wieder erzählt, daß diese
Forellen nicht weit verführet werden können. Sie
verlangen beständig in ihrem Element, dem kalten
Harzwasser, zu schwimmen, und das kann ihnen auf
Verschickungen nicht weit gereicht werden. Allein die
Bo-

Bemerkung, die er von diesen Forellen mit anführt: daß sie nemlich in anderm Wasser blind würden, geht zu weit. Ich habe in längerm Umgange bemerkt, daß die gemeinen Harzbewohner alles, was sie sagen, mit einer Art von Witz, räthelhaft und verblümt vortragen. Man versteht sie daher nicht immer, und sie finden ihr Vergnügen daran, nicht verstanden, und wie sie glauben, zugleich bewundert, wenigstens nochmals, als drückten sie sich geistreich und gedankenvoll aus, um ihre wahre Meynung befragt zu werden. Giebt man ihnen denn zu verstehen, daß man ihre Ausdrücke für sinnreich und einer Erklärung werth halte, so erklären sie sich auch ehrlich, und zeigen durch ein Lachen, das ihre große Meynung von sich selbst anzeigt, wie klug sie sich dünken, indem sie von Fremden um Belehrung angesprochen werden. So steckt auch in dieser Sage von den Forellen der kalten Bode eine ganz gemeine Wahrheit, daß, wenn nemlich dieser, ein kaltes helles Wasser gewohnte Fisch in ein trübes und warmes, oder gar kochendes Wasser komme, er sterbe — mithin auch blind werde. Das Wort: blind werden, braucht überhaupt der Härzer, nach seiner versteckten Art sich auszudrücken, oft für sterben. Man setze die Schierkischen Forellen in ein jedes andre kalte und reine Harzwasser, und sie sterben nicht, werden folglich auch nicht blind, wie ich denn dieses selbst mehr als einmal richtig befunden habe.

Die warme Bode ist gleichfalls ein sehr kalter und heller Fluß; jedoch gebe ich zu, daß er im Sommer wärmer, als die kalte Bode sey, und seinen Eismantel im Frühlinge eher ablege, dahingegen im Winter dem Zufrieren eher unterworfen sey. Sie hat

ihren

ihren Ursprung gleichfalls im Brockengebürge, und
zwar im Fürstenthum Blankenburg, zwischen dem
Wormberge, dem Sandbrink, der Achtermanns=
Höhe und dem Brockenfelde, aus dem für unergründ=
lich gehaltenen schwarzen Sumpfe. Wenn ihre beyde
Sprünge, der große und kleine, sich vereinigt haben,
so treibt sie zuerst eine Sägemühle, geht von Norden
nach Süden auf Braunlahe, lenkt sich dann mehr
östlich um die Ramse, den Fuß des Wormbergs her=
um, nimmt den Breuenbeek, woran ein Blaufar=
bewerk liegt, und die Bremeke auf, und fliesset nach
der Sorge, wo an ihr im preußischen Amte Benne=
kenstein ein Eisen= Blechhammer und Hütte angelegt
ist. Von hier fällt sie auf die Danne, ein im Blan=
kenburgschen liegendes Braunschweigisches Eisenhüt=
tenwerk, und vereiniget sich endlich, nachdem sie noch
unter mehreren Seitenwassern, auch den Spielbach
aufgenommen hat, bey dem Hannövrischen Harzorte
Königshof, dem ehemaligen zerstörten Jagdschlosse
der alten Kayser, das Bodfeld, gegenüber, mit
der Schierkischen oder kalten Bode.

Hier bekommt sie ein ruhiges ehrwürdiges An=
sehn, und den Namen: die große Bode. Sie geht
hierauf in einem angenehmen Wiesenthale zwischen
niedrigen, mit schwarzen Tannen bewachsenen Harz=
bergen bis in eine Gegend das Trogföhr, wo nicht
weit von einem Fischerhause eine große hohe steinerne
Brücke von 2 weitläuftigen Bogen über sie aufge=
führt ist. Inzwischen ist diese Brücke nur bey klei=
nem Wasser von Nutzen, denn ich bin selbst einiges
mahl in dem Fall gewesen, von dem Thal wieder um=
kehren zu müssen, indem das ganze Thal so mit Eiß
überschwemmt und bedeckt war, daß man gar nicht

zur Brücke kommen konnte. Die Bode tritt nun
wieder ins Fürstenthum Blankenburg, nimmt den
von Elbingerode aus dem Mühlenthal kommenden
Bach, an dessen einem Nebenbache im Schwefelthal
eine Papiermühle liegt, und kommt zum Hüttenwerk:
das Rübeland. Ueber diesem Hüttenorte soll ehemals
auf einem Berge ein Raubschloß gelegen haben, weshalb die Gegend und das nachher angebauete Hüttenwerk den Namen: Räuber- oder Raubland, daraus
Rübeland geworden, bekommen haben soll. Ueber
den Häusern des Orts ist im linken hohen Bergufer
der großen Bode im schwarz- und weißgemischten
Marmor, der Eingang zu der Baumannshöle, die
eine genauere Beschreibung verdiente, als wir davon
haben, bis dahin sie ohne recht zu wissen, warum,
als eine große Merkwürdigkeit des Harzes, ausge-
schrien wird. Die mehresten, die sie besuchen, fül-
len nur, durch ihren Führer übertäubt, ihr Gedächt-
niß mit Spiel und Schatten der Natur, und untersuchen das Wahre nicht. Vielleicht ein andermal
mehr von Hölen, jetzt habe ich noch mit dem Brockengebürge genug zu thun. Gegen der Baumannshöle über stehen aus dem jenseitigen Bergufer einige Felsenwände heraus, die einen verdoppelten Wiederhall
eines starken Schalls von sich geben. Das Thal an
sich selbst bleibt noch immer angenehm, desto felsigter aber werden seine marmornen Ufer. Eine Viertelstunde unterm Rübelande streicht die Bode zwischen
Brüchen von vielfarbigem, unter dem Namen: Hüt-
tenröder, berühmten Marmor, neben einer Mar-
mormühle vorbey, die ein ganz kleiner Bach treibt.
Bey dem Hüttenwerke zum Neuenwerk, nimmt sie
die Rapbode auf, welche aus dem Unterharz von
Bennekenstein herabkommt und durch den Tanzbach
und

und die Haſſel ſchon verſtärkt worden iſt. Beym Wen-
defurt, (platt: Wenneföhr) einem Orte von ein Paar
Häuſern, iſt eine ſehr merkwürdige Brücke von einem
weiten Bogen, von einem hohen Bergufer zu dem andern über ſie weggeführt. Hier kann man alſo bey den
gröſſeſten Anſchwellungen von einem Theil des Unterharzes, den die Bode in 2 ungleiche Theile theilt, zu dem
andern überkommen. Nun fließt ſie im Harz noch blos
auf die Hüttenorte Altenbraak (Olenbrake) und Dreſeburg, wo die von Alrode kommende Lupbode in ſie fällt.

Gleich unter der Dreſeburg tritt die Bode in eine
Gegend, wo ihr kein menſchlicher Fuß mehr folgen
kann. Sie reißt und drängt ſich durch Abgründe ungeheurer, ſich gegen den Himmel zu empören ſcheinen-
der Felſenwände, macht ſchäumende brüllende Waſſerfälle, tiefe unergründete Waſſerbecken, und fließt in
die Grafſchaft Regenſtein. Aus dieſem Schlunde
komt ſie über dem preußiſchen Dorf Dahle wieder zum
Vorſchein, und tritt ins Land, wo der harte härziſche
Name Bode, nach der weichen ländlichen Mundart, in
Bude verwandelt wird. Wenn Dichter den Schlund
der Hölle beſchreiben, wenn ſelbſt Schweizer was
Schreckliches ſehen wollen, ſo mögen ſie ſich dieſer Gegend nahen. Sie heißt: der Roßtrap, weil auf einem
dieſer Felſen die Einbildungskraft den Eindruck eines
großen Pferdehufs finden will. Dieſe Felſenfamilie,
eine ganze Sammlung von Ilſenſteinen, iſt alpiniſch
und brockenartig. Ich fand bey meinen vielen, die Beſchaffenheit des Harzgebürges zu erforſchen, angeſtell-
ten Reiſen, die mich überzeugen, daß der ganze Grund
des Harzes urſprünglich, granitiſch und alpiniſch ſey,
dieſe meine Meynung auch beym Roßtrap beſtätiget.
Hier ſteht noch die Grundfeſte des Harzes nackt, und
ich ſahe, wo und wie ſich daran das nachher ange-

ſchlemmte

ſchlemmte nicht urſprüngliche Gebürge angelegt hat. An dieſen Felſenwänden konnte der Schlamm der Fluthen nicht haften, und der in der Tiefe reiſſende Strom hinderte, daß das ganze Thal keine ſecundariſche Bekleidung erhielt.

## Beſchreibung des Roßtraps, als einer alpiniſchen Gruppe des Harzes, und Beylage zur Beſchreibung des Bodefluſſes, aus einem Sendſchreiben des Verfaſſers dieſer Abhandlung.

Der waſſerreiche Bodefluß ſtrömt aus den innerſten und höchſten Gebürgen des Harzes heraus, und ſetzt mit ſeinen ihn verſtärkenden, aus einigen hundert groſſen und kleinen Thälern eingeſamleten Nebenwaſſern, einzeln und mit ihnen vereint, viele beträchtliche Hüttenwerke des Unterharzes in Betrieb. Nachdem er nun aus ſeinen 4 vereinten Strömen, der kalten, warmen, Rap= und Lup= Bode, beſteht, ſo wird ihm der Harz zu enge. Er ſucht nun ſeinen Ausgang in freye, flache Felder, und bemühet ſich, aus ſeinem tiefen, eingeſchränkten Thal, wie aus einem ihm zu engen Behälmiß, heraus zu dringen. Aber dieſes ſcheint ihm die Natur ſchwer gemacht haben zu wollen; denn er muſte, um ſich eine Bahn zu machen, erſt eine der kühnſten Naturbegebenheiten des Harzes formiren helfen. Er muſte in ungeheure Felſen ſich eine Rinne reiſſen, ſich durch Abgründe drängen, und ſchäumende Waſſerfälle machen. So bildet er eine der herrlichſten Schweizergegenden durch ſeinen Ausgang vom Harze ins Land, und nach der Saale zu.

Bis zur Dreſeburg, einem zum braunſchweigſchen Fürſtenthum Blankenburg gehörigen Orte, und ehemaligen Kupferhüttenwerke, durchſtrömt die Bo=

be

be zwar in einzelnen Stellen sehr felsigte und rauhe,
im Ganzen aber doch angenehme und benutzte herrliche Thäler. Gleich unter diesem Orte aber trit sie
in eine schauderhafte Gegend senkrecht in die Höhe
steigender ungeheurer Felsenklumpen von Granit, wo
ihr niemand mehr folgen kann. Ich bin ihr aber
bey ihrem Ausgange aus dem Unterharze, so in die
preußische Grafschaft Regenstein trift, wieder entgegen gekommen. Hier kommt sie aus ihren Felsen-
schlünden eine starke halbe Stunde über dem Dorf
Dahle oder Thale wieder heraus, und verläßt das
Harzgebürge. Gleich bey ihrem Auslauf liegt eine
dem Herrn Grafen von Räder gehörige aus grobem
Granitstücken erbaute Eisenblechhütte, die ehemals
an dem in die Bode fliessenden Tiefenbach stand, zum
Kupferschmelzen gebraucht, da aber abgebrochen,
und hieher verlegt, und wieder aufgebaut wurde.
Zum schwarzen Blech bekommt diese Hütte das Eisen
von dem preußischen Hüttenwerke die Sorge, und
zum weissen von dem Gräfl. Stolberg-Wernigerö-
dischen Hüttenwerk zum Schierke.

Ich fand für gut, so wohl das Thal selbst zu
untersuchen, als oben von der grausenden Höhe des
Roßtraps mich um und in solches herabzusehen, nahm
also, vom dritten und fünften meiner Brüder be-
gleitet, am 14ten September des Jahrs 1783 von der
Blechhütte meinen Weg längs der zur Rechten rauschenden Bode, (die bey ihrem Eintritt ins Land Bube
genannt zu werden anfängt) durch, und über grosse
in ihrem Flußbette liegende Granitsteine, die allenthalben aus ihr hervorragen, gegen das Thal, welches sich wie ein Schlund oder Rachen eröfnet, in
welchem aber statt der Zähne eines Ungeheurs grosse
Fel-

Felsenspitzen, und statt der Kinbacken Felsenwände
stehen. Wir trafen anfänglich einen Fahrweg, der
über Granitsteine gieng; er hörte aber sehr bald auf,
weil keine Gegend da war, wo er weiter hingehen
können. Vermuthlich wird er dazu gebraucht, das auf
der Höhe des Berges wachsende in die Tiefe geworfene
Holz wegzuführen. Wir geriethen nun auf eine Art eines
Fußsteiges, der der engste, höckrigste und ermüdendste
ist, den ich kenne, und den ich vollkommen den rauhesten
Stiegen des Brockens an die Seite setze. Dieser
Stieg erhob sich in seinen Granittrümmern oft über
die zum Betäuben rauschende, und vom Taumel un-
zäliger theils grossen Forellen belebte Bode, die zur
rechten in ihrem Einschnit in Felsen oft mit tiefen
Wasserkesseln und Strudeln bis unter unsre Füsse in
Hölungen sich ausdehnte. Zur linken Seite hingen
unabsehlich hohe Felsen über uns herab; und bereits
abgerissene Millionen von losen Bruchstücken, oder
noch an ihren Hauptfelsen hangende Stücke schienen
nur einen Wink der Natur, nur einen starken Schall,
nur einen Hauch des Allmächtigen zu erwarten, um
auf uns donnernd herabzurollen. Jenseits des klaren, jedoch besonders in seinen Tiefen sehr ins braune fallenden Waldstroms, uns zur rechten Seite,
drengten sich die Wellen so nahe an abschüßige Felsen, daß es auch einer Gemse nicht einfallen würde,
sich einen Weg daselbst zu suchen. Die Felsen waren noch schrecklicher, noch mehr ein Ganzes, noch
mehr senkrecht stehend als die an der Morgenseite,
die, den Abend- und Mitternachts-Stürmen und der
Heftigkeit des Regens mehr ausgesetzt, sich mehr zertrümmert befanden, und in vielen grossen Stücken
herabgerollet waren, über welche wir wegklimmen musten. Jeder Schritt, den wir wagten, war bedenklich)

benklich, war mühsam! Niedrige Büsche, die den
Felsen ihre Nahrung abzwangen, verdeckten uns aber
oft das schreckhafte der Aussicht.

Binnen einer kleinen Stunde gelangten wir
endlich durch kleine Zickzacke des Thals an einen Ort,
wo Holzklüfte, die vom Felsen herabgeworfen, zum
fernern Fortflössen auf der Bode oder zum Verkohlen be=
reit lagen. Hieher hatte der bisher betretene Pfad (oder
besser Versuch, ob hier wohl Menschen fortkommen
könnten, und die daher entstandene Spur,) gehen
sollen; hier aber war das: non plus ultra, wo uns
die Natur Schach setzte. Inzwischen suchten wir unse=
re Entdeckungen so weit zu treiben, als die Möglich=
keit oder die Kräfte eines Sterblichen es erlauben
würden. Wir halfen uns den Abgrund der Bode,
über abschüßige, oft in grossen Bruchstücken lie=
gende, oft beynahe senkrechte, glatte Felsen weg,
nachdem wir einen bey uns habenden Hund an einen
Strauch gebunden, und zurück gelassen hatten. Al=
lein unsrer Neubegierde setzten bald ganz senkrecht von
beyden Seiten in den Strom herabsetzende Felsen ein
unüberschreitbares Ziel.

Man sagt, es wären beherzte Leute in kalten
Wintern bey ganz starken lang gewährten Froste auf
der beeiseten Bode noch weiter herauf gedrungen, und
bis zu den senkrechten Wasserfällen der Bode gelangt.
Ich würde meines theils dieses nicht wagen, da die
Bode wegen ihres reissenden Laufs und einzelner klei=
ner Wasserfälle und Strudel, wohl nicht sicher und
dick genug zufrieren dürfte, hier auch leicht, wie in
der Schweiß, der Fall mit herabrollenden Schnee=
wänden oder Lauinen entstehen könnte. Wie nahe
wir

wir Dreseburg gewesen, und durch wie viele Krüm=
mungen das Thal dahin noch aufsteigt, wage ich nicht
zu bestimmen. Unsre Aussicht war von einigen hun=
dert Felsenwänden begrenzt, durch die wir uns mit
dem Thale schlängelnd heraufgedreht hatten. Wir
waren wie in der Spitze eines Trichters, in welchem,
des starken, im freyen stürmenden Windes ungeach=
tet, eine tiefe Windstille herrschte.

Die Felsen, unter denen der eigentliche Ros=
trap einer der kühnsten ist, und den wir bereits
vorbey gegangen waren, stehen wie Thürme in die
Höhe, und sind wieder mit unendlich vielen kleinen
Spitzen und Säulenwerk, wie man an den Kirchen
im Gothischen Geschmack siehet, besetzt. Die
Einbildungskraft hat hier ein weites Feld zum dich=
ten; denn einige Felsen bilden Gemsen, Mönche,
aufstehende Balken, Schlösser und dergleichen Ge=
stalten mehr. Ich sahe inzwischen, daß die Natur
langsam fortarbeitete, dieses so mühsame grosse Werk
ihrer innern Kräfte wieder zu zerstören; und ich
bin geneigt zu glauben, daß nach mehrern Jahrtau=
senden dieser grosse Bau gänzlich zerstört seyn dürfte,
so wie es der Augenschein zeiget, daß schon ein gros=
ses daran geschehen sey, diese Felsenmauren kleiner
zu machen. Besonders hatte das uns linke oder öst=
liche Felsenufer sehr gelitten; denn nach den bereits
zerstückten, den Berg herabgerollten Steinen, muß
schon manche Felsenbrust eingestürzt seyn. Die Bo=
de fängt diese Stücke auf, zernaget und verkleinert
sie almälig durch ihre angespielten Wellen, schleift sie
rund, und führt sie alsdenn mit sich fort, oder zer=
richtet sie ganz und gar zu losem Sande. So zer=
stören die Elemente nach und nach in Reihen von

Jahr=

Jahrtauſenden wieder die feſteſten Monumente der
Schöpfung, und erinnern den Sterblichen daran, daß
alles endlich ſey, was materiel iſt.

Die Felſen beſtehen aus einem äuſſerſt feſten
ſehr grobkörnigten, beſonders mit vielen groſſen
Quarzpunkten vermengten Granit, der weit feſter
iſt, als ich ihn irgend ſonſt wo auf dem Harze ge=
ſehen habe, ſelbſt feſter als der Granit, woraus der
Brocke beſteht, welcher daher eher verwittert, und
in Bruchſtücke zerfallen iſt. Ich fand ſo gar einen
herabgefallenen Granitſtein von etwa 10 cubic
Fuß Inhalt, der eine durch ſein Innerſtes gehende
Handbreite Streife Quarz enthielt. Die nochſtehen=
den Felſen ſind durchgehends mit Riſſen durchwirkt,
die ich mir aber nicht getraue, wie bey denen von Flu=
then angeſetzten Steinlagen, Geſchiebe oder Schich=
ten zu nennen, denn dieſe Riſſe fielen bald ſenkrecht,
bald ſchief, und zwar nach allen Richtungen und
durchkreuzten ſich ſehr unregelmäßig. Hierin ſiehet
man ſchon die Anlage zu ihrer künftigen Zerſtörung.
Welche heraufdehnende Kraft, welche Miene des
Innern mag ſie auf den Wink Gottes ſo in die Hö=
he getrieben haben? Wie verworren mag dieſes zu=
gegangen ſeyn? Die Form ſowohl als die Materie
ſcheint mir wenigſtens älter als alle Fluten zu ſeyn,
und ich glaube, daß dieſe Felſengegend ein Werk der
erſten Schöpfung ſey, daß dieſe Wände herausſte=
hende Knochen des innern Gerippes der Erde, oder
Schlusſteine des groſſen innern Felſengewölbes ſind.
Sonderbar iſt es, daß die Bode auch hier den ſchlän=
gelnden zickzackmäßigen Gang durch die Felſen beob=
achtet, den im Ganzen alle Waſſer des Harzes ge=
nommen, als ſie ſich durch die Berge und deren in=
nern

nern festen Steingehalt ein Flußbette bereitet, und
Thäler ausgehölet haben. Die Bode hat also vermuthlich dieser Gegend ihre jetzige Bildung gegeben,
hat diesen Ausgang und diese Fortsetzung ihres Thals
sich bereitet, und ist durch Felsen durchgebrochen.

Es ist diese durch den Rostrap noch mehr berüchtigt
geworden, und die darnach benannte Gegend eine der
merkwürdigsten und fürchterlichsten Gegenden des
Harzes. Ich kann mir auch selbst in der Schweiz
keine unzugänglichere Gegenden, keine mehr fürchterliche Sammlung von Felsen gedenken als hier sind,
und ich glaube, daß blos der Unterschied der Schweizeralpen darin bestehe, daß solche höher sind. Inzwischen glaube ich doch nicht zu viel zu thun, wenn
ich diesen Felsen eine senkrechte Höhe von 500 bis
800 Fuß beylege. An den Felsen fand ich nebst verschiedenen Geraniis und der Christophoriana, besonders die Iungermanniam häufig wachsend, und an
der Bode stand viel Angelica. Jedoch das botani-
siren war diesmal weder mein Zweck, noch die Zeit
dazu, da bereits die an Kräutern fruchtbare Jahrszeit verflossen war. Um die Felsen herum sahen wir
einige grosse Vögel flattern. Vermuthlich waren es
Geier oder eine Art Adler, die in diesen unzugäng-
lichen Felsen ihre räuberische Brut aushecken, und
aus ihren Raubschlössern Ausfälle umher ins Land
thun. In der Bode bemerkten wir bey unserm Rück-
zuge einen hohlen, kesselförmigen aus dem Waßer
hervorragenden Stein, der mit hellem frisch vergos-
senem Blute angefüllt zu seyn schien. Wir halfen
uns von einem Stein zum andern und gelangten endlich zu diesem uns mit so mancherley Muthmassungen
erfüllenden rothen Flecke. Wir würden auch bey unserm

serm Verdacht geblieben seyn, daß dieses einige Maas
anbelangende blutrothe Wasser wirkliches Blut ge=
wesen, wenn sich nicht einige Stücke Baumrinde dar=
in gefunden hätten. Ich halte sie von Erlen oder
Ellern=Baum, betula nigra, deren Rinde eine ro=
the Farbe giebt. Bey den übrigen Verhältnissen
dieser Gegend machte solches anfänglich einen schau=
derhaften Eindruck.

Unsern Zweck gänzlich zu erreichen, und alles
zu erschöpfen, was diese Felsengegend merkwürdiges
und schreckliches sehen lies, war uns nun noch
übrig geblieben, alles dieses auch von der Höhe zu
betrachten. Wir giengen also aus dieser Felsengruft
denselben Pfad zurück, bis nahe wieder zur Blech=
hütte, wo wir zu Mittag aßen. Wir musten nun
auf die entgegengesetzte westliche Seite der Bode, wo=
zu uns aber eine Brücke fehlte. Es war daher kein
ander Mittel, als über einen durch den Fluß geführ=
ten aus losen, in den Grund über einander gelegten,
einzelnen Granitsteinen bestehenden Damm zu gehen,
welches denn auch, da der Fluß nicht angelaufen war,
so daß die Steine mehrentheils überm Wasser waren,
und solches sich nur dadurch arbeitete, glücklich von
statten gieng. Des Morgens waren wir schon ein=
mal die Bode, jedoch mit weit mehrerer Gefahr, von
der West=nach der Ostseite über ein Floßgerüste oder
Holzkam paßirt. Nun gelangten wir auf eine hinter
Gebüsch liegehde lange Wiese, die sich aber nach
dem Thale hin, an die Felsenwände anschliesset, auf
welcher hier und da grosse Granitsteine lagen. Wir
giengen über diese Wiese quer weg, und kamen an
einen in einer Schluppe oder Gleie zwischen Felsen,
nahe an den anfangenden Felsenwänden, in die Höhe
gehen=

gehenden engen Stieg. Nie bin ich einen so schrof=
fen Berg mit solcher anhaltend steilen Abdachung ge=
stiegen; und ich glaube sicherlich, daß das Gefälle
dieser Bergseite zwischen 50 und 60 Grad sey, wel=
ches nicht möglich wäre, wenn nicht seine Grundlage
Felsen wäre, auf der ein wenig Damm=Erde liegt, in
welcher Bäume und Gesträuche wachsen. Diese ent=
zogen uns auch den noch nicht gesuchten schwindlichten
Blick in die Tiefe. Das Gestein war alles noch Gra=
nit, als wir aber beynahe die Höhe erreicht hatten,
fand sich eine schwache Quelle, die unter einem klei=
nen Schieferfelsen hervorsickerte. Weiter hin aber
fanden sich mehrere einzelne Stücke von Kneis, Schie=
fer und Kiesel. Eine Entdeckung, die ganz meinem
Wunsch entsprach, und meiner Theorie vom Ursprung
des Harzgebürges, bey meiner unternommene Arbeit
darüber, bestätigte. Ich fand abermals einen ge=
suchten Beweis, daß das ganze Harzgebürge aus ei=
ner Grundfeste von Granit bestehe, und daß solche
nur mit angeschlemten, von Fluten herrührenden
Stein=und Erdarten bedeckt und ausgefüllt sey. Hier
lag mir also das Buch der sonst so heimlichen Natur
aufgeschlagen. Hier war ich also auf einem Gebür=
ge, dessen Grund ursprünglich von der ersten Gestalt
der Erde herrührte, und solche ins Licht setzte, und
zugleich auf einem Gebürge, das unstreitig durch
seine obern Schichten, Lagen, Materie und Form,
ein Denkmal und eine Urkunde einer grossen Fluth
ist.

Wir trafen nun nach erstiegener Höhe und er=
reichter Bergfläche, (welche Gegend nach dem Hrn.
v. Rohr das Fall=Ende heißt) auf einen Weg, der
von Dorf Dahle von der Nordseite nach dem Rostrap
läuft,

läuft, und so bequem ist, daß er gefahren werden
kann. Unser steiler Stieg war von Ost nach West
heraufgegangen, wir wandten uns nun aber in diesem Fahrwege durch einen stehenden schönen Wald
von Laubholz südwerts, und gelangten endlich, etwas
abwerts gehend, zu einem aus dem Abgrunde sich er-
hebenden, nicht gar breiten, mit einigem Grase bewachsenen Felsenrücken, der an das Gebürge anschliesset, und dessen Ende nach Südost der eigentlich
so genannte Rostrap ist.

Dieser ist einer von den beträchtlichsten senkrechten Felsen dieses ganzen Riesengeschlechts von Felsen, und ist der einzige, der einen erträglichen Zugang
zu seiner äussersten Spitze hat. Wir giengen, oder
vielmehr krochen, nachdem wir die Hüte und obern
Kleider abgelegt, um desto freyer zu seyn, und desto
weniger vom Winde zu befürchten zu haben, vermöge dieses sonst sanft abwerts abgehenden Felsen-
rückens, zum Rostrap hin. Am Ende dieses Felsenrücken musten wir zur Spitze eine kleine Höhe wieder herauf steigen, da wir denn auf einen flachen
Felsen von ohngefehr einer □ Rute Flächeninhalt
(denn ganz genau kann ich diese Platte nicht bestimmen) gelangten. Wer wird auch wohl die Kalt-
blütigkeit haben, am Rande eines Abgrundes Messun-
gen anzustellen, oder sich nur die Musse nehmen, einen genauen Ueberschlag zu machen? Ueberdem we-
hete ein so starker Wind, daß nur einer nach dem
andern von uns die Felsenkanzel ohne Seitenwände
betrat, mit wankenden Knien und banger Seele,
bey halb starrendem Geblüt nur einen alles umfassenden Blick um sich warf, und dann froh, daß ihn der
Abgrund nicht verschlungen, seinen Rückzug zitternd
nahm.

nahm. Der Felſen des Roſtraps ſelbſt verurſacht durch
ſeine ins Thal gehende Vorderſpitze eine Krümmung
deſſelben, ſo daß ihn der Bodefluß an zwey Seiten
anſpült; ſeine ins Thal zur rechten und zur linken ſeiner vordern Brüſtung abfallende Seiten fallen von
der Spitze aus nicht ganz ſenkrecht herab, ſo daß ſeine Baſis, ſo weit ſie aus dem Berge, woraus er
hervor geht, ſichtbar iſt, ohngefehr ein gleichſeitiges
Dreyeck von einem ziemlichen Flächeninhalt. ausmachen muß. Wir ließen einige Steine nach der
ſcharfen Spitze herunter fallen, um auf die Höhe
des Felſen durch ſein Getöſe einen ohngefehren Schluß
machen zu können; allein das Geräuſch der Bode
und noch mehr des Windes erlaubten nicht, von ſeinem Fall etwas zu hören. Ein Schuß müſte ſowohl hier als unten im Thal die herrlichſte Wirkung
haben, und ſich durch ſeine Menge von Wiederhal-
len vervielfältigen.

Die Ausſicht iſt frappant, und ich müſte mah-
leriſche Züge gebrauchen um ſie zu beſchreiben. Sie
iſt eine Miſchung vom ſchönen und ſchrecklichen. Zur
rechten Seite nach Abend und Mittagwerts, ſahe
im Hintergrunde über ſchwarz bewaldete Berge, mit
finſtern Wolken umhüllet, der Monarch des Harzes,
der majeſtätiſche Brocke, weg. In der Tiefe ſahe
man, wie in finſtrer Nacht, die Bode ſich durch das
Labyrinth ihrer ſchlangenförmigen, wohl nie von Men-
ſchenfüſſen betretenen Felſengründe, durchwinden,
oder in ſenkrechten weiſſen Waſſerfällen, die ihr, Don-
nerhallen ähnliches Fallgeräuſch bis zu uns herauf-
ſchickten, ſich herabſtürzen. Gerade gegen über be-
grenzten ſehr nahe jenſeits der ungemeſſenen tiefen.
Kluft ſtehende, noch weit höhere Felſenberge mit
ihren

ihren bemoofeten fonft aber nackten Klippen die Aus=
ficht. Die unter den Füffen weggehende tiefe Bode
aber hatten wir keine Luft zu fehen, weil diefes er=
fodert haben würde, fich über den Felfen weg zu leh=
nen, und fich der Gefahr eines aus der Tiefe herauf=
fteigenden Schwindels auszufeßen. Zur linken Sei=
te nach Nordoft und Nord, verlohr fich das Auge in
weiten Horizonten flacher Landgegenden des Fürften=
thums Halberftadt und Herzogthums Magdeburg,
jenfeits der langen Felfenkette, die Teufelsmauer.

Auf diefem Felfenplaße hat die oft fpielende Na=
tur einen Eindruck gleich dem Fuß eines Roffes ge=
macht. Diefer geringe Umftand hat diefem groffen
Bau zufällig den Namen des Roßtrappes, und
Gelegenheit zu einer kühnen Erdichtung gegeben, der
nur der fchöpferifche Geift eines Bürgers zu Hülfe
kommen müfte, um alle die groffe Vorftellungen, die
in ihr verborgen liegen, durch eine Ballade zu ent=
wickeln. Meine Sache ift es hier nicht, Fabeln zu
fchreiben, fonft würde ich diefe Romanze mit allen
ihren Nebenumftänden herfeßen. Es mag genug
feyn, das Gerippe der Erzählung darzuftellen: Ei=
nes am Harze wohnenden Königs Tochter, ward ge=
liebt, (von wem, ift in der Dunkelheit des Alter=
thums verborgen) und — liebte wieder. Der Zorn
ihres über ihre Liebe unwilligen königlichen Vaters
verfolgte fie; fie entfloh, nahm feine koftbare Krone
mit, fuchte in diefen Felfen=Labyrinthen Sicherheit
und Einfamkeit, und kam auf dem jenfeitigen Ufer
an, da noch auf einem dem Roftrap gegenüber fte=
henden Felfen, die Rabenagel ihres Fuhrwerks ein=
gedrückt feyn follen. Auch hier wurde fie verfolgt
und umringt. Sie fahe nun keine weitere Auskunft

vor ſich, als einen Sprung zum jenſeitigen Ufer zu
wagen. *) Sie tanzte vorher, als wäre ihr Hoch=
zeitfeſt, und davon bekam dieſer Felſen den Namen:
der Tanzplatz. Nun wagte ſie auf einem muthigen
Pferde, (ob es Hengſt oder was ſonſt geweſen, mel=
den die Annalen nicht, vermuthlich war es wohl ein
raſcher Hengſt, denn nur mit Hengſten ritt man da=
mals auf ritterliche Abentheur aus) den groſſen
Sprung, der auch ſo von ſtatten ging, daß ſie auf
dem nun von dem Eindruck des einen Hufs ihres
Roſſes benannten Felſen, gegen über, glücklich an
kam. Wie es ihr weiter ergangen ſey, meldet die
Geſchichte nicht. Dieſe kühne That iſt auch groß ge=
nug um mit ihr ſolche wenigſtens vor jetzt zu ſchlieſſen,
damit ſie ſich nicht überlebe. Ich bedaure aber ſehr,
daß ſie die entführte väterliche unſchätzbare Krone
während des Luſtſprunges verlohren hat. Dieſe liegt
nun in dem davon benannten Kronenloche am Fuß des
Felſens in einem tiefen Strudel der Bode, woraus
ſie zu hohlen einem jeden frey ſtehet. Wenn ich von
dem Eindruck des Pferde=Fuſſes auf das Pferd ſelbſt
ſchlieſſen darf, ſo gewinnet die Geſchichte ſehr viel
Wahrſcheinlichkeit, denn da ſolche die Gröſſe einer
beträcht=

*) Der Hr. v. Rohr in ſeinen Merkwürdigkeiten des Un=
terharzes meldet, daß dieſes mit Hülfe des Teufels oder
der ſchwarzen Kunſt geſchehen ſey. Der arme Teu=
fel! Er muß entweder zum Dienſt der Menſchen nicht
mehr ſo gefällig ſeyn als ſonſt, oder er bekommt nun
vom Alter ſteife Knochen, denn jetzt hört man gar
nicht mehr von dergleichen wagehälſigen Behülflich=
keiten. Sein Credit fällt wirklich ein bisgen zu
ſehr!

beträchtlichen Schüssel hat, so muß das Pferd so groß gewesen seyn, daß im Verhältniß seiner Grösse der Sprung so unnatürlich nicht ist. Conring läßt diese Gegend ehemals von colossalischen Menschen bewohnt seyn, warum sollte es nicht auch Riesen von Pferden gegeben haben? und von welchem unschätzbaren Werth muß denn nicht auch die große Krone seyn, in welche denn wohl die Häupter aller jetztlebenden Könige zusammen hineinkriechen könnten!

In Merians Topographie der Braunschweigschen Länder ist eine herrliche Abbildung von dieser Felsengegend, noch besser aber ist der Stich des Hrn. Weitsch unter seinen von den Harzgegenden herausgegebnen Abbildungen.

Vom Roßtrap sind nach Blankenburg beynahe 3, nach Quedlinburg 3, nach Halberstadt 5, nach Wernigerode zwischen 5 und 6, und nach dem Brocken 11 Stunden.

Von der Höhe des Roßtraps führte uns ein ungemein angenehmer Weg über Bergrücken, und über eine mit Wiesen, Wald und Aeckern abwechselnde Fläche, auf Hüttenrode, und von da vollends wieder nach Wernigerode.

### Beschreibung einer Winterreise nach dem Roßtrap, aus einem zweyten Briefe des Verfassers dieser Abhandlung.

Zu Anfang des Jahrs 1784 hatte sich die Nachricht verbreitet, daß endlich in diesem ausserordentlich lange anhaltenden strengen Winter die Bode unterm Roßtrap so zugefroren sey, daß ganze Wallfahrten von Fremden dahin gingen, um diese sonst unzugängliche Schlünde zu sehen. Auch wurde schon von einigen

Schroeders Abh. I. Th,      R      Un=

Unglücksfällen, die dabey vorgefallen wären, gespro=
chen, welche aber entweder vergrößert waren, oder
woran der Roßtrap eigentlich nicht schuld gewesen.
Diese Nachrichten machten meine in dem langen Win=
ter ganz eingeschläferte Lieblingsneigung, die Harzge=
bürge zu untersuchen, auf einmal wieder rege, und
ich beschloß, eine Winterreise zum Roßtrap zu machen.
Der 11te Februar, den ich zu meiner zweyten Reise
nach dem Roßtrap wählen konnte, war einer der an=
genehmsten, stillsten, heitersten, aber auch kältesten
Tage dieses Winters. Ich will die Leser mit den klei=
nen Begebenheiten meiner Hinreise nicht aufhalten,
um sie gleich nach dem Roßtrap selbst führen zu kön=
nen; es ist genug, wenn ich ihnen sage, daß ich des
Morgens um 7 Uhr in Gesellschaft eines Freundes
von Wernigerode im Schlitten über Blankenburg
nach Dahle abreisete, und diese 3 Meilen binnen 4
Stunden zurücklegte.

Kaum waren wir um 11 Uhr auf der Höhe oder
dem Bergufer vor Dahle angekommen, und sahen
auf die beeisete und mit Schnee bedeckte Bode her=
auf, als sich unsern Augen eine schmale, schwarze,
wenig abgebrochne, auf und mit dem Strom sich
schlängelnde Streife zeigte. Wir bemerkten einige
Bewegung in Trennung und Wiedervereinigung die=
ser Streife, darunter oft schwarze Pünktgen entstan=
den, und wähnten nach einigem Nachsinnen, daß
dies vielleicht Menschen, vielleicht Wallfahrende nach
diesen Schreckengründen seyn müsten.

Dieses bestätigte sich, als wir nach Dahle ins
Thal der Bode herabkamen, und eine Kette von
schwitzenden Menschen erblickten, die auf kleinen
Handschlitten das dürre Holz aus den in achtzehn Jah=
ren

ren verschlossen gewesenen Schlünden des Roßtraps herausholten. Es waren hauptsächlich Unterthanen aus den Landorten der Grafschaft Regenstein, nemlich Suderode, Stackelnberg, Dahle, Nienstädt, Warnstädt, Weddersleben und Westerhausen, unter denen ich einige mir noch bekannte alte hallische Grenadiere zu sehen das Vergnügen hatte. An manchen Schlitten zogen oder schoben wohl 3 Personen. Die Schlitten waren schmaler, als ich sie je sonst am Harze gesehen, und hatten alle gleiche Spur, von etwas mehr denn einem Fuß in der Breite. Das aufgeladene Holz sahe ganz gebleicht und verwittert aus, zum Beweise, daß es schon lange abgestorben seyn müsse. Zwischen dieser wenig abgebrochnen Schlitten=Caravane steckte bisweilen ein Fremder, der vom Besehen des Roßtraps zurückkam, und auf dessen Gesicht man noch Spuren des Staunens und tiefen Schrecken=Eindrucks lesen konnte. Auf den Hüthen oder im Kopfputz trugen sie Brüche (kleine Zweige) vom Taxus oder Eyben=Baum.

Es geschah nicht ohne einigen Schauder und Bangigkeit, daß wir uns ins Klippenufer der Bode herabließen und nun auf den Fluß träten. Die Bode selbst war sehr gesunken und formirte ein hohes Ufer. Es hielt uns etwas auf, daß wir den begegnenden Handschlitten, (denn alle Fahrt mit Pferden hörte auf der Bode auf und war zu gefährlich), ausweichen mußten. Wir folgten der Schlittenbahn auf der Bode bis an die über Dahle neben dem Blech=hammer liegende kleine Schenke, um darin ein Mittagsmahl aufzusuchen. Unsre Magen hatten aber den Küchenzettel ohne Koch gemacht, denn die Menge

der

der Roßtrapreisenden hatten uns nichts als Brod
und Bier übrig gelassen, sogar war alle Butter auf=
gezehret worden. Zum Glück waren wir noch mit ei=
nigem Vorrath, der aber unterweges gefroren war,
versehen, den wir so geschwind als möglich unsern
Magen zur Verwahrung übergaben. Auch hier tra=
fen wir einige Fremde an, die bereits vom Roßtrap
zurückkamen. Der Wirth nennte es eine goldne Zeit,
und sagte, es wären nun 18 Jahr, daß seit dem
kalten Winter von 1766 zum erstenmal wieder die
Bode so fest mit Eis belegt sey, daß man sogar über
die Wasserfälle und Strudel der Bode heraufgehen
könnte, worin die Dürre und daher entstandene Seich=
tigkeit des Wassers dem Froste zu Hülfe gekommen
wäre. Seine Beschreibung von den vielen in aller=
ley Fahrzeugen und Gestalten herzukommenden Frem=
den klang recht festlich, und war wie die Beschreibung
einer Wallfahrt nach Mecca oder dem heiligen Grabe.
Wir dankten ihm für seine ertheilten Vorsichtsregeln,
und stiegen im Schein der höchsten Mittagssonne
wieder ins Bette des Stroms herab.

Der schmale, einem glatten weissen Marmor
gleichende Schlittenweg führte uns über den hier an=
gelegten Steindamm oder Wehr, der einen Theil der
Bode auf die mit vier Wellen versehene Blechhütte
ableitet. Ehe ich ein weiteres von unserm Marsch
erzähle, muß ich zuvor einiges von der Bode und
diesem Wege, wie wir beyde befanden, erwähnen.
Die Bode war an sich, wie alle Gewässer, durch die
Kälte, und mehr noch durch die beynahe ein Vier=
teljahr angehaltene Dürre sehr wasserarm geworden,
sie blieb aber immer noch fürchterlich, und zum Er=
trinken gefährlich genug. Das Eis, womit sie belegt
war,

war, hatte an verſchiedenen Stellen einen, zwey,
drey, vier und mehr Fuß im Durchmeſſer. Unter
dieſem Eisgewölbe war ein Waſſerleerer Raum von
wieder ein bis fünf Fuß. Man denke ſich alſo, wie
gefährlich es geweſen, auf einer ſpröden brüchigen
Eisdecke, die nicht auf dem Waſſer lag, einen
Weg, wie wir hatten, von 3 Stunden lang zu wagen. Doch hatte dieſes Eis auch wieder ſeine Träger und Säulen. Dies waren die großen Klippen
oder Granitbruchſtücke, die auch theils noch beym
höchſten Waſſer ihre Spitzen, wie Fühlhörner, aus
der Tiefe hervorſtecken. Zwiſchen dieſen, das Eis
tragenden Granitſäulen, drehete und ſchlängelte ſich
der Weg unſrer Wallfahrt gerade auf der Mitte des
Stroms aufwerts. Wir trafen neben dieſem Schnee-
wege auf beyden Seiten mehr denn 200 ofne Stellen
an. Hier war das Eis entweder ſchon niedergeſun-
ken, wo es nicht Träger genug hatte, oder ein Fall
oder Strudel des Waſſers hatte das Zufrieren verhindert. Dieſe ofne Stellen liefen oft eine Weile neben dem Wege auf deſſen beyden Seiten einander
parallel. Der Weg war alſo wie eine den Fluß
aufwerts und zickzackmäßig gehende Brücke anzuſehen. Oft traten dieſe Oefnungen ſo nahe auf beyden Seiten an den Weg, daß für ſolchen kaum noch
Raum genug übrig blieb. Die Bode gab an vielen
dieſer Stellen, wo ſie Waſſerfälle bildete, ein dum-
pfes düſtres Gebrüll, das unter dem Eiſe ſo hohl,
wie unter einem Reſonanzboden, erklang, von ſich.
Wir konnten an dieſen ofnen Stellen durch den kri-
ſtallklaren Strom bis auf ſeinen Grund ſehen, die
darin ſchwimmende Forellen und die Farben der verſchiedenen Rollſteine unterſcheiden. Nur in den tiefen, ſich zu ſehr bewegenden und ſchäumenden Stru-

deln,

deln, die der gemeine Mann für unergründlich hält,
ließ das Wasser wie ein schäumendes, kochendes
schwarzes Pech, oder braunes Bier. Man durfte,
ohne die gröste Gefahr durchzubrechen, hinein zu sin-
ken und unter dem Eise weggeführt zu werden, keinen Schritt aus der Bahn weichen, wo nicht schon
Fußstapfen abgiengen. Wir hatten beym Ausweichen
um die Schlitten oft den Vorfall, daß das Eis brach,
denn der Schnee verbarg die kleinere ofne Stellen.
Wir versuchten daher hernach immer erst beym Fall des
Ausweichens mit unsern Stäben, ob wo etwa ofne
Stellen unter dem Schnee verborgen wären.

Kaum hatten wir den offenern untern Theil des
Thals zurückgelegt, als wir uns in ein unabsehliches
Gemenge theils hoher über uns hervorragender Felsenpyramiden, die jede wieder mit tausenden von
kleinern besetzt waren, theils herabgefallener jener
ihre Zwischenräume ausfüllenden ungeheuren Felsen-
trümmern oder Klippen vertieften, und in solche gleichsam verschlossen wurden. Die Sonne, die uns doch
gerade gegen Mittag im Gesicht stand, verschwand
hinter den hohen Felsengiebeln, es wurde dämmernd
und eine schauderhafte stille Kälte überfiel uns. Ich
glaube, bey trüben neblichten und noch kürzern Win-
tertagen würde man hier auch unterm Mittag eine den
Nachteulen willkommene Dämmerung finden. Ohne
den auf der Bode liegenden und an den Felsen hangen gebliebnen Schnee würde es auch an dem heuti-
gen hellen Tage schon dunkler gewesen seyn. Beym
Thauwetter mögte ichs nicht wagen, diese Eisreise
zu thun, weil ich sonst befürchten müste, von den
hängenden Schneewänden, die hier weit steiler und
unsicherer, als auf den Schieferdächern der Kirchen,
                                                    hän-

hången, verschüttet zu werden. Die Menge der Begegnenden war für uns eine angenehme Zerstreuung, und eben diese nahm dieser Gegend in unsern Augen viel von ihrer Fürchterlichkeit, und belebte uns mit mehrerer Zuversicht; auch kamen mir die hohen Felsen lange nicht so fürchterlich vor, als auf meiner Reise im vorigen Herbst. Dieses kam nun wohl daher, weil man jetzt allenthalben an den Blick auf den Schnee gewöhnt ist und dieser die schreckliche Felsenrisse, und alle die Millionen von kleinern Zwischenräumen gleichsam wie mit einer Schminke überzogen, und dem ganzen Gemälde ein glätteres Ansehn gegeben hatte. Doch gestehe ich, daß ich bey meiner vorigen Reise, im Verhältniß gegen diese, kaum einen Vorschmack von den Gegenden bekommen hatte, die sich mir bey dieser Eisreise eröfneten. Ich hatte damals kaum die Lippen dieses Felsenrachen berührt, ich war nur an die Vorposten dieses Felsenheers gekommen, jetzt konnte ich aber in das damals verschloßne Innere hineindringen. Damals konnte ich kaum mit der unglaublichsten Gefahr und Beschwerlichkeit so weit kommen, daß ich den Felsen, der eigentlich der Roßtrap heißt, von seiner Mittagsseite sehen konnte, jetzt aber fand ich, daß dieser nur blos ein Thorpfost zum Eingang in eine noch wildere Felsencolonade sey. Kaum aber erkannte ich in diesen rauhen Gegenden den Ort, wo mein damaliges non plus ultra war, und gerade von beyden Seiten in die Bode herabsetzende Felsenwände uns Schach setzten.

Hier gieng nun die eigentlich und vorzüglich merkwürdige Gegend an, die nur so selten, und blos bey einem sehr kalten und anhaltenden Winter auf dem

Eise

Eiſe beſucht werden kann. Unſre beyden Begleiter, die wir weiter unten hin auf der Bode trafen, Holz auf Schlitten herunter gefahren hatten, und wieder nach ihrer Heimat, dem auf dem Gebürge im Regenſteinſchen belegenen Ort: der Untreue-Born, jetzt die Colonie Friedrichsborn, wollten, nannten den nun kommenden engern Schlund der Bode die enge Wege, und erinnerten uns nun, jeden Schritt mit Aufmerkſamkeit und Behutſamkeit zu thun. Eigentlich brachten wir in dieſer Ritze drey Viertel einer Stunde zu, der ganz engſte ſchauderhafteſte Fleck aber, der ganz eigentlich den Namen: die enge Wege führte, dauerte nur eine Viertelſtunde.

Es würde mehr dichteriſch als hiſtoriſch herauskommen, wenn ich von dieſem Höllenſchlunde ein getreues Gemälde entwerfen wollte, und doch würde, wenn ich von allen Dichtern, die je gelebt haben, die fürchterlichſten Stellen entlehnen wollte, es nicht zureichend ſeyn, um nur einen Schattenriß von dieſer Gegend, zu der ich nicht einmal einen rechten Namen finden kann, zu entwerfen. Dieſe Gegenden kamen mir nicht anders vor, als ein erſchreckender verwirrter Traum, den man nicht wieder erzählen kann. Durch dieſe engen Wege bin ich, ſo unglaublich es auch klingen mag, über die Waſſerfälle der Bode gekommen, die Merian in ſeiner Topographie der Braunſchweigſchen Länder: horribilem cataraEtam Bodæ, nennt. Wollte ich hier an den über mich faſt zuſammenſchlagenden Felſenwänden bis zu ihrer Spitze herauffehen, ſo muſte ich meinem Halſe Gewalt anthun, und den Kopf ganz auf den Rücken legen. Der Schlund oder die ſteinerne Renne der Bode war in den engen Wegen ohngefehr nur ſo

breit,

breit, daß zwey Wagen, und an manchen Orten
wohl nicht einmal neben einander gestellt werden könnten. Unter uns brauseten die Strudel, und wir stiegen die Wasserfälle auf dem Eise in die Höhe. Die
Schlittenfahrer halfen sich einer dem andern die
Schlitten aufhalten. Sie hatten hie und da ein Stück
Holz eingeschaltet, damit die Schlitten sich daran
aufhalten und ihre Geschwindigkeit brechen musten,
sonst würden sie plötzlich vorwerts geschossen und zerbrochen seyn. Unsre Aussicht war, wie in einer engen kurzen Gasse, sehr beschränkt, denn nach einigen
100 Schritten eröfnete sich immer ein neuer Theil
der engen Wege, die, wie die Zickzacke des Blitzes,
diese große Felsengruppe durchkreuzten. Ich konnte
mir nun eine Idee machen, wie es hier bey grossen,
von keinem Menschenauge beobachteten Fluthzeiten
aussehen müße, wenn ganze Millionen Centner Eis
sich herabstürzen und sich mit Donnergeräusch zer-
trümmern, und so in tiefe Strudel herabsenken, einen geschwinden Kreislauf machen, wieder einen
neuen Fall erreichen, und denn zuletzt ganz zermalmt
ihren Fortgang gewinnen. Jetzt schien mir die Bode
hier wirklich in einem tiefen Schlaf zu liegen.

Wir waren die Muksolen, (Sole heist ein tiefes Loch) die Krasolen oder das Kronenloch, den
Hirschborn (lauter tiefe Strudel, in denen sich das
Wasser von seinem Fall gleichsam erst wieder sammlet oder erholt,) das Kramerloch, eine zur rechten Seite
hereingehende tiefe Höle, noch ein Loch, worin sich gewöhnlich Fischotter aufhalten, die Franz-Mum-
men-Schurre, wo ehemals ein Mann des Namens
herabgeschurrt war, und sein Begräbniß an den Felsen der Bode bekommen hatte, die Waizenburg,
eine von den zur rechten Seite stehenden hohen Felsen-

pyra-

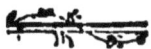

pyramiden, auf deren Spitze ein Schloß gelegen haben soll, und wie diese Abgründe, Schreckengegenden und atlantische Felsen alle heissen, paßirt, als. wir nun an den allergefährlichsten und schauderlichsten, so wie den verborgensten und merkwürdigsten Ort der engen Wege kamen. Wir hörten, daß die mehrsten von den Roßtrapspilgrimmen diesen Winter sich nur bis so weit gewagt hätten.

Dies ist der Keßel. Wir stiegen zu ihm auf dem Eise hinan, und bemerkten an den hohen Beulen des Eises, daß hier viel hohe Steinspitzen aus dem Wasser hervorstehen müßten, und das Wasser hier' sehr tiefe kleine enge Gänge formirte. Eine Stauung des Wassers in und vor dem Frieren kann allein die schaffende Ursach seyn, daß das Eis hier so hoch in die Höhe geschoben worden, daß es die Wasserfälle überziehen, sich ansetzen und eine Eisrinde formiren können. Wir sahen an den uns noch immer entgegen kommenden Schlitten, daß ihre Führer hier unter dem Keßel mehr, wie an andern Orten, lenken und aufhalten mußten, und bewunderten hierin ihre Hurtigkeit und Stärke. Der Keßel ist einer der fürchterlichsten Strudel der Roßtrapsgegend, und weil sein Baßin vielleicht unter allen das engste, und über und unter ihm die engsten und steilsten Wasserfälle sind, wohl der gefährlichste. Er friert daher auch nie zu. Wir standen eine Weile an seinem Eisrande, und sahen das in seine Tiefe hereinstürzende Wasser mit einer grünen Farbe, wie Seewasser mit weissen Perlen gemischt, unter einem dumpfen kochenden Geräusch aus seinem Abgrunde wieder in die Höhe brudeln, und eine conische Gestalt oder umgekehrten Keßel formiren. Wo er an die Felsenwand, zur linken Seite

ans

anſtößt, war nach dem über ihm befindlichen Waſ=
ſerfall, (der über gefroren war) von dem Kochen und
Anſprützen des Waſſers eine ohngefehr zwey'Fuß
breite Eisbrücke angeſetzt geweſen, worüber die Schlit=
ten herabgeſchurrt waren. Als aber am letzten Mon=
tage den 8ten dieſes, ein beladener Holzſchlitten mit
zwey Männern (mir dünkt, der eine wurde Kronen=
berg genannt, und ſey aus Dahle geweſen) darüber her=
abfahren wollen, iſt ſie eingeſunken, und beyde mit ſamt
dem Schlitten, ſind gleich vom Keſſel verſchlungen
worden. Ich bin aber dem Keſſel noch darüber gut,
daß er ſie beyde doch gleich wieder in die Höhe und
ans Eis geworfen hat, wo ſie denn mit vieler Gefahr
herausgezogen und am Leben erhalten ſind. Die hin=
ter dieſen beyden, dem Tode entriſſenen Regenſtein=
ſchen Bauern, in den engen Wegen noch befindli=
chen übrigen Holzleute waren ihres Rückzuges halber
gezwungen worden, eine Brücke zu ſchlagen. Dieſe
hatten ſie blos aus zwey dünnen langen Stangen Holz
gemacht, und auf ſolche in die Queere Zweige von
Taxbäumen,*) der hier, (und ſo viel mir bekannt,
ſonſt nirgends am ganzen Harze) häufig an den Fel=
ſen und zwiſchen den Klippen wild wächſt, gelegt.
Sie lag in die Höhe gehend und den Waſſerfall hin=
aufſteigend an der linken Seite der Felſenwand, hieng
auf der andern Seite, weil ſie ſchief lag, nach dem
Keſſel

---

*) Ich nahm ein Stück von einem Taxbaum mit, um
zu verſuchen, wie ſich dieſes Holz nach der Bearbeitung
ausnehme. Der daraus gemachte Stockknopf fiel in
Farbe, Politur, Härte und allem ſo ſchön aus, daß
er mir beſtändig eine angenehme Erinnerung an den
Roßtrap bleiben wird.

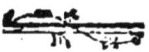

Keſſel hin, und hatte auf dem Eiſe keine feſte Lage. Sie ſchien alſo recht dazu eingerichtet zu ſeyn, noch= mals zu einem neuen Unglück die Hand zu bieten. Wir ſahen wie mit Blicken, die das Bewußtſeyn der Gefahr verriethen, einige Leute mit Schlitten über ſie herabſchurren, wagten es aber ſelbſt über ſie noch ferner weit herauf zu ſteigen. Ihre ſchwache Beſtand= theile und unregelmäßige Lage machten, daß ſie unter uns wankte, und bey jedem elaſtiſchen Tritt der Fuß durchtreten zu wollen ſchien.

Nicht weit hinter dieſem gefährlichen Paß wurde das rechte Ufer des Bodeſchlundes Braunſchweigiſch, und der Fluß wurde die Grenze zwiſchen dem Für= ſtenthum Blankenburg und der Grafſchaft Regen= ſtein, zu der bisher beyde Ufer gehört hatten. Bald hernach hörte auch der Granit auf, und es traten ſchwarze Schieferfelſen an deſſen Stelle. Aber eben dieſe ſchwarze Schieferfelſen ſchienen mit den ur= ſprünglichen Granitfelſen an Höhe und Schrecklich= keit wetteifern zu wollen, denn es trat noch immer nach jeder ſpitzen Drehung des Fluſſes eine hohe Wand und Pyramide nach der andern auf, auch dauerte die ſchmale Flußrinne, die enge Wege, noch immer fort. Nur erſt mehr im Innern des Harzes herauf, näher nach der Dreſeburg hin, wurde der Fluß etwas breiter, ruhiger und mehr wagerecht. Hier fand man an den Ufern ſchon hohe Erlen= oder Ellernbäume, an denen in einer beträchtlichen Höhe vom Eisgang eingefeilte oder eingeſägte Stellen, wie im Biritzer Buſch bey Magdeburg an den Eichen, zu ſehen waren. Die Sonne blickte hier ſchon zuweilen wieder zwiſchen den Felſen durch, die Schneebahn wurde aber, je weiter hinauf, je ſchlechter, es be=

ge=

gegneten uns weniger Handschlitten, und gar keine Fremde mehr. Ehe wir aber in diese, etwas mildere Gegenden kamen, hatten wir erst einen Schrecken, der uns eben die Gefahr drohete, als denen, die sich im Kessel gebadet hatten. Wir kamen an einen Ort, wo in einer engen Reihe wohl 20 Schlitten standen, deren Führer sich ausruheten. Diese Last wurde dem Gewölbe des Eises zu schwer, es entstand ein dumpfer Knall, das Eis brach ein, und wir glaubten ohne Rettung versinken zu müssen. Ein jeder schreckte zusammen, und sah sich nach Rettung um, dazu aber weiter keine Gelegenheit vorhanden war, als in den steil bis in die Bode gehenden Felsenwänden einen Riß oder eine Ritze aufzusuchen, in der man sich fest halten können. Zum Glück sank aber das Eis nur einige Hände tief, und mogte wohl tiefere Eistragende Klippen erreicht haben.

Wir waren noch über einige tiefe Strudel, die Taschengründe, die Heischiene, und den braunen Sumpf, gekommen. Die Lingen= und Rehthäler blieben uns ferner auf der Blankenburgschen Seite zur Rechten, so wie zur linken im Regensteinschen das Kestenthal, weil es gleichsam wie in einer Kiste (in der Landessprache Keste) eingeschlossen ist. Von denen sich besonders durch ihre Höhe und Umfang von den kleinern Felsen, ihren Vasallen, auszeichnenden Felsenpyramiden machte der Rabenstein auf der Regensteinschen Seite den Beschluß. Wir hatten aber doch wegen der immer noch mit steilen Felsen besetzten Berge (denn allmählig sahen wir wieder Berge) keinen andern Weg, als die Bahn auf der Bode vor uns, die hier zuweilen schon einen Steinwurf breit wurde. Zur linken Seite nach der

Dam=

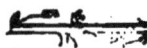

Dam = oder Tambach in Felſen herunter, und hin=
ter ſelbigen folgte der Hagedornsberg.

Nach einer kleinen zurückgelegten Krümmung
des Thals ſahen wir einige Häuſer vor uns liegen.
Gegen ihnen über zeigten uns unſre Begleiter einen
engen und tiefen Einſchnitt in einen Klippenberg,
durch welchen die Lupbode ſteil herab in die große
Bode fiel. Mit ihr hört hier die Grafſchaft Regen=
ſtein auf, und beyde Ufer der großen Bode wurden
Blankenburgiſch. Bis zur Dreſeburg hatten wir von
Dahle an 3, und vom Keſſel anderthalb Stunden
zugebracht. Wir ſtiegen gegen der Pulvermühle aus
der Bode herauf, und giengen, um uns von unſerer
langen grauſenden Wallfahrt wieder zu erholen, ins
Wirthshaus.

Die Dreſeburg enthält etwa 15 Häuſer, die
von Köhlern und Holzhauern bewohnt werden, und
iſt ehemals unter der Aufſicht des berühmten Cam=
merraths Cramer ein Kupferſchmelzwerk geweſen.
Dies Oertgen liegt im Harz auf dem rechten oder nörd=
lichen Ufer der Bode etwas erhaben, hat aber dem=
ohngeachtet durch Ueberſchwemmungen gelitten.
Man iſt hier in einer Krümmung des Thals ſo mit
hohen Felſenbergen umgeben, daß es ſcheint, man
ſey in der Tiefe eines Trichters eingeſchloſſen. Wir
fanden unter anderm aufgezehrten Proviant auch die
Butter mit begriffen; ein um ſo mehr ungewöhnli=
cher Umſtand, da dieſe Eßwaare eines der Haupt=
producte und Handelszweige des Harzes iſt. So
ſehr der Wirth mit der vielen Einkehr zufrieden war, ſo
ſehr war er doch auch, auf Verbieten ſeiner Frau, ab=
geneigt, unſern Weg über den Keſſel auf der Bode
her=

herabzugehen. Dies schien mir viel gegen unsern Gang
gesagt zu seyn, da der sonst so kaltblütige, wenig
empfindsame, keine Gefahr beurtheilende, ohne viele
Umschweife, geradezu gehende gute Härzer, hier so=
gar aufs Bedenkliche verfiel. Man versicherte uns,
daß es auch von hieraus keine Wege im Bodethal
herauf gäbe, doch gienge bey diesem harten Froste
selbst das Fuhrwerk mit Pferden (und das sind im
Winter auf dem Harze allemal Schlitten) auf der
Bode herauf. Im Sommer aber hätten die höher
liegende Orte mit der Dreseburg blos auf Wegen,
die über die Gebürge giengen, ihre Gemeinschaft,
denn die unruhige ins Thal absetzende Klippenufer
gingen noch immer weiter im Bodethal herauf. Bis
nach dem Rübelande oder der Baumannshöle rech=
neten sie drey und auf der Bode vier Stunden.
Man erzählte uns, daß der Weg, den wir gekom=
men wären, nicht von einem, oder auf einmal ge=
macht sey, sondern es hätten einige 100 Menschen
dazu beygetragen, indem sich einer immer eine Ecke
weiter als der andre gewagt, und einen festen Grund
gesucht hätte, und so wäre er von beyden Seiten end=
lich zusammen gestoßen. Zu andern Zeiten könnte das
Holz, das hie und da im Roßtrap zwischen den Klip=
pen wüchse, gar nicht heraus gebracht werden; da=
her sich denn die Regensteinschen Landleute diese Zeit,
die sie vielleicht nicht wieder erlebten, zu Nutze mach=
ten, um das abgestorbene Holz herauszufahren.
Man könnte sicher rechnen, daß mit diesen Holzleu=
ten und Fremden zeither alle Tage auf 1000 Men=
schen zu den Wasserfällen der Bode, auch theils über
sie herauf gekommen wären.

Um

Um ein gutes Nachtlager zu erhalten, hatten wir keine andre Wahl, als zu Fuß über die Harzberge nach Blankenburg zurück zu kehren. Wir nahmen den Weg, der sich gleich hinter der Schenke am rechten Bergufer der Bode in die Höhe drehete. Nach erstiegener beträchtlichen Höhe kamen wir im tiefen Schnee und schlechter Bahn auf eine geräumliche Bergfläche, wo wir meinen vorigen vom Roßtrap nach Wernigerode zurückgenommenen Weg durchkreuzten. Hernach kamen wir wieder in den Vorharz auf die Dörfer Wienrode und Kattenstädt herab, und mit anbrechender Nacht nach Blankenburg.

Nach diesen Abschweifungen auf den Roßtrap, komme ich nun auf die dadurch unterbrochne Beschreibung der Flüsse zurück.

Weiter unter Dahle läuft die Bode durch die zum Vorharz gehörige schreckliche und lange Felsenkette: die Teufelsmauer, und tritt, nachdem sie von beyden Seiten durch 6 zusammengefloßne Bäche vermehret worden, in das Gebiet der fürstlichen Abtey Quedlenburg oder Quedlingenburg. Sie theilet die große und nahrhafte Stadt dieses Namens, bis dahin sie in ältern Zeiten von der Saalfeldschen Familie zur Schiffahrt gebraucht seyn soll, in Alt- und Neustadt, läuft an dem fürstlichen Flecken Ditfurth weg, und tritt ins Fürstenthum Halberstadt. Hier lenkt sich ihr bisheriger nord-nord-östlicher Lauf ganz nach Norden. Nicht weit vom Cisterzienser-Nonnenkloster Hedersleben bekommt die Bode einen beträchtlichen Zuwachs an der Selke. Dieser Fluß kommt vom Unterharz aus dem Stolbergschen und Anhalt-Berenburgschen,

treibt

treibt in beyden Provinzen Eisen- und Silber- Hüttenwerke, und geht so unter dem Mägdesprung weg,
wie die Ilse unterm Ilsenstein. Er verläßt in der
zum Halberstädtischen geschlagenen Freyherrlich Asse-
burgschen Grafschaft Falkenstein neben einer Papiermühle bey Meisdorf über dem Städtgen Ermsleben,
den Harz, und nimmt zuletzt noch bey Gatersleben
das aus dem Gateslebischen urbar gemachten See
kommende Wasser auf. Nach Verschlingung des
Harzbachs: der Goldbeek, nimmt die Bude unter der
Halberstädtischen Landstadt Grüningen, wie schon erwähnt, die Holtemme auf. Bey der Stadt Oschersleben bekommt sie ihren beträchtlichsten Zuwachs am
Bruchgraben, nachdem sie bisher 2 Papiermühlen
zu Webbersleben und Grüningen betrieben.

Dieser merkwürdige Graben (ein durch die
Kunst in seinem trägen stockenden Lauf nachgeholfener
Fluß) ist 6 Meilen lang. Er nimmt an der Ilse
beym Tempelhof im Halberstädtischen seinen Anfang,
und scheidet das Fürstenthum Halberstadt und Wolfenbüttel, so wie auch ersteres und das Herzogthum
Magdeburg, gehört aber hauptsächlich zum Fürstenthum Halberstadt. Die ganze Gegend, so einen breiten
Strich niedriger, äusserst morastiger, im Winter überschwemmter Wiesen ausmacht, heißt der
Bruch. Der Damm bey Hessen, der Kisilsdamm
und der neue Damm sind die einzigen Passagen dieser festen Natur- Barriere. Die aus dem Werni-
geröbischen, Halberstädtischen und Derenburgischen
kommende, aus 7 Zuflüssen formirte Jere, gemeiniglich Aue genannt, fällt von Süden aus, bey
Hessen in den von Westen nach Osten ziehenden Bruch
und Bruchgraben. Mehr denn 40 von beyden Sei-

ten zusammen gelaufene Bäche geben dem Bruch=
graben einen solchen Vorrath von Wasser, daß er
schifbar seyn könnte, wie denn auch ehemals durch
ihn zwischen der Elbe und Weser eine schifbare Ge=
meinschaft bestanden hat. Auch ist Herzog Julius,
von Braunschweig aus, auf der Oker, durch den
Bruchgraben, nach der Bude bis Grüningen gefah=
ren. Eine bey Veltheim im Bruch vorfallende Höhe,
die wiewohl nur einen geringen Theil des Bruchgra=
ben=Wassers nach der Ilse und Oker abscheitelt, wo
also der Bruchgraben zu seicht ist, hat verschiedene kost=
bare Projecte der neuern Zeit, ihn wieder zur Schif=
fahrt bequemer zu machen, wegen der vielen dazu er=
forderlichen Schleusen, rückgängig gemacht. Indeß
ist wirklich noch vor wenigen Jahren, auf einem Theil
desselben, mit kleinen Fahrzeugen ein Kornhandel ge=
trieben worden.

Bey der Stadt Oschersleben theilt sich die Bude
in der flachen Gegend des Bruchs in verschiedne Ar=
me, wendet sich nach Südost, tritt unter dem An=
halt= Dessauischen Amte, Gros=Alsleben, bey der
Stadt Hoimersleben ins Herzogthum Magdeburg,
läuft auf die Städte Egeln und Staßfurt, wo sie
durch einen Graben mit dem Harzfluß Wipper zu=
sammen hängt, macht eine zeitlang die Grenze zwi=
schen dem Anhalt= Berenburgischen und Magdeburg=
schen, und ergiesset sich endlich im Anhalt= Cöthen=
schen bey München=Nienburg unter Berenburg in=
die sächsische zur Elbe fliessende Saale, nachdem sie
in einem Laufe von mehr denn 16 Meilen wilde Harz=
gegenden und fruchtbare Landauen durchstrichen
hat.

Holt=

Holtemme und Bode sind die beyden Flüsse des Brockengebürges, die ihren vereinten Lauf zur Elbe nehmen. Die übrigen Gewässer des Brockengebürges fliessen sämtlich zur Weser.

Die Oder (woher die Namensverwandschaft dieses Brockenflusses mit einem grossen, der Schlesien, die Mark und Pommern durchströmt, herkomme, weiß ich nicht anzugeben) sammlet ihre Wasser zuerst in vorbeschriebnem künstlichen See, dem Oderteiche. In diesen fallen aus den ihn umgebenden Brocken-Brüchen, sowohl von der Seite des Brockenfeldes, als Bruch ‑ und Rehberges, verschiedene Bäche hinein. Wenn bey nassen Jahrszeiten der Oderteich voll ist, so fließt durch einen Ueberfall an der Seite nach der Oderbrücke hin das Wasser oder die Oder über den Damm, und fällt ins Oderthal, das ein sehr wüstes und finstres Ansehn hat. So oft ich auf dem Oberdamme gewesen bin, war der Ueberfall noch immer trocken, und dann muste sich erst nachher wieder ein Fluß aus den vielen Bächen der Neben-thäler anspinnen. So hoch die Oder herabkömmt, so gewinnt sie doch bald eine beträchtliche Tiefe zwischen steilen, ihre Ufer deckenden Bergwänden. Sie verläßt nicht gar weit unterm Oderteiche das alpinische Gebürge. Beym Morgenstern, einem hohen nicht alpinischen Berge des Oberharzes, ist ohnweit einem Rinderstall eine Brücke, über ihr bereits wieder wasservolles Bette gebaut, um vom Unterharze nach Andreasberg und dem Oberharz zu kommen. Ihr bisher südlicher Lauf bekommt einige Wendung gegen Abend, da sie denn neben einem Forst und Wirths-hause: das Oderhaus, vorbey fließt. Von hier an, habe ich, bis sie den Harz ganz verläßt, in ihrem

Thale

Thale vier Stunden zubringen müssen. Bis Lauterberg dauert ihr, zu einer gemeinen Straße dienendes
Thal von hier aus, aber nur 3 Stunden. In diesem Thal, wo sonst mehrere Brücken sind, bin ich
nach zerstörten Uebergängen oft durch die Oder in
Verlegenheit und Gefahr gesetzt gewesen. Dieses
Thal, so von schrecklichen Ueberschwemmungen zeugt,
ist, ob es gleich sonst ziemlich milde, und mit Wiesen
cultivirt ist, für einen Reisenden sehr langweilig und
einförmig, wegen seiner öftern zickzackigten Drehun-
gen, die nichts als den Himmel, den Fluß und hohe
waldigte Berge ohne Veränderungen zu sehen erlauben. Ich fand unter den Steinen, so die Oder
aus ihrem Bette geworfen, ganze Bänke von roth
aussehenden vortreflich riechenden Violensteinen. Eine
Viertelstunde über Lauterberg kommt aus einem über
drittehalb Stunden langen, eben so einförmigen,
zickzackigten Hauptthal, das Wasser, welches der
Oder durch den oben beschriebenen Graben entführt
worden, wieder hinein. Dies von ihr geborgte
Wasser, das bey trocknen Zeiten stärker ist, als die
Oder selbst, giebt sich der Oder hier mit vielem In-
teresse wieder, nachdem es fünftehalb Stunden von
ihr abwesend gewesen, und eine beträchtliche Insel
formirt hat. Nur Schade, daß es durch seinen mit
sich führenden weißgrauen Andreasberger Puch-
schlamm die klare Oder verunreiniget. Im Oderthal
sowohl, als in jenem vom Andreasberg herab kommenden Thal, sah ich viele Schlacken-Halden, als
Beweise, daß die Oder ehemals viele Hüttenwerke
in Umgang gesetzt habe. Jetzt geht sie müßig bis Lauterberg. Wie manchem Lande würde blos damit ge-
holfen seyn, wenn es die Gefälle der Oder, oder eines jeden andern, näher nach seinem Ursprung herauf

auf ungenutzten Harzfluſſes hätte! Die Oder könnte
allein 150 Mühlen vom Oderteiche an bis ins Land
treiben; allein es iſt nicht einmal Stof für eine einzige vorhanden.

Bey Lauterberg, einer ſehr lang im Thale herunter gebauten Churbraunſchweigſchen Bergſtadt,
die ehemals vielen Gewinn von Kupferſchmelzhütten
zog, jetzt aber hauptſächlich nur die Königshütte, ein
Eiſenhüttenwerk, hat, tritt die Oder zwiſchen ihren
hohen Bergen heraus, und mehr ins Freye. Doch
fließt ſie noch immer in einem Thale, zwiſchen den
niedrigen Vorbergen des Harzes, eine ſtarke Stunde
bis Scharzfeld. Dieſer Theil des Thals iſt breiter,
hat Ackerbau und Mühlen. Beym Amte Neuhof
zwiſchen Lauterberg und Scharzfeld in dieſem Thal,
fließt ſie unter einer prächtigen ſteinernen Brücke von
3 großen Bogen durch. Gleich über dem Zoll zu
Neuhof ſieht man die Ruinen der ehemaligen Reſi-
denz der Grafen von Scharzfeld. Es war ehemals
eine Art eines Staatsgefängniſſes für hannövriſche
Gefangene, und affectirte den Namen einer Berg-
feſtung, hatte auch die Ehre, kurz vor ſeiner Zerſtörung im ſiebenjährigen Kriege, eine ſpaßhafte Belagerung von den Franzoſen auszuhalten. Einige
heldenmüthige hannövriſche Invaliden vertheidigten
es mit feſtem Vorſatz; es wurde aber dennoch in die
ſtolzen Eroberungen jener bey Roßbach vom großen
Friedrich gedemüthigten Nation eingereihet.

Von Lauterberg nimmt die Oder ihren Lauf völlig gegen Abend, und behält ſolchen nun immer mit
dem Harz parallel. Sie hat nach der Charte vom
Oberharz aus ſolchem 80 Bäche aus eben ſo viel
Thä-

Thälern an sich gezogen. Bey Scharzfeld tritt sie ins freye Feld des Fürstenthums Grubenhagen, nachdem sie sieben Stunden lang zwischen Harzgebürgen eingeschlossen gewesen. In ihrem ferneren Laufe zwischen dem Rodenberge und dem Harz, an Pölde weg, geht sie neben vielen Erdfällen (Craters) durch, und verschwindet bisweilen. Unter Hattorf, über Wulften, vereinigt sich die Oder mit der ihr an Wasser gleich reichen Sieber, und beyde vereinte Flüsse bekommen nun den Namen: die Steinlake. Ihr ganzer Lauf wird bis hieher etwa eilf Stunden ausmachen.

Die Sieber entspringt in der Nachbarschaft der Oder am Bruchberge noch im alpinischen Gebürge. Sie hat keinen völlig so langen Lauf, kommt nicht so weit herab, und wird gleichsam von der ihr ost- und südlich fliessenden Oder umarmt oder umzogen. Sie richtet ihren Lauf anfänglich ebenfalls gegen Süden, drehet sich aber noch im Harz gegen Westen. Ihr einförmiges Thal, worin anderthalb Stunden unter Andreasberg, und anderthalb Stunden über Herzberg, der von Fuhrleuten und Holzarbeitern bewohnte Harzort, die Sieber, liegt; dreht sich gleichfalls wie das Oderthal in lauter Zickzacken. Das Oder- und Sieberthal haben mit einander viel ähnliches, so wie beyde Wasser auch mit Fluthzeiten sich ziemlich gleich sind, bey anhaltender Dürre aber scheint mir die Oder wegen ihres beständig gleichen Zuflusses aus dem Oberteichgraben mehr Wasser zu haben. Viele Schlackenhaufen im Thal zeigen von ehemaligen Schmelzhütten. Bey dem Flecken Herzberg, wo ein Grubenhagensches Schloß, und die vortrefliche Gewehrfabrike für das hannöbrische Millitair ist, kommt die Sieber, nachdem sie ein fünf

Stun-

Stunden langes Thal durchlaufen, und eine Papier=
mühle getrieben hat, aus dem Harz. Wenn sie, mit
der Oder vereint, Steinlake heißt, fällt sie beym
Grubenhagenschen Amte Catlenburg in die Rume,
von deren Ursprung ich schon gelegentlich Erwähnung
gethan habe. Die Rume nimmt noch die vom Ober=
harz kommende, auf Osterode laufende, daselbst eine
Papiermühle treibende flösbare Söse auf. Diese
vereinigten Flüsse kommen unter Nordheim mit der
schwächern Leine zusammen, und gehen unter die=
sem Namen zur Aller, und so ferner zur Weser.

Oder, Sieber und Söse fallen von Norden
nach Süden aus dem Brockengebürge zur Südseite
des Harzes herab. Sie können denen aus dem Mittel
von Deutschland, von Süden nach Norden, her=
kommenden größern Flüssen nicht entgegen laufen,
drehen sich daher gegen Abend, laufen an der südli=
chen Seite des Harzes entlängst, und fallen dann in
die Leine, die sie in gerader Linie nach Norden zur
Weser abführt.

Nun ist mir noch übrig, einiges von denen
vom Brockengebürge aus, durch die Nordseite des
Harzes herabfallenden und zur Weser fließenden Flüs=
sen, der Ilse, Ecker, Rabau und Oker zu sagen.
Diese behalten ihren im Ganzen ungekrümmten
Lauf in gerader Richtung nach Norden, und kommen
in der Oker zusammen.

Die kalte helle Ilse entspringt in der Grafschaft
Wernigerode aus dem Bergarm des Brocken, die
Heinrichshöhe, und auf der kleinen Fläche, das Brok=
kenbette, zwischen dem Renneckenberge und dem ei=
                                        gentli=

gentlichen Brocken. Wegen ihres hohen Ursprungs, den man über 1000 Fuß höher annehmen kann, als den östlich liegenden Harz, bieten sich hier die Elbe im Mönchswasser und die Weser in der Ilse die Hände, indem beyde einen nahen fast gemeinschaftlichen Ursprung haben, und nur nach entgegengesetzten Seiten, jenes nach Süden, diese nach Norden läuft. Der Hr. O. C. R. Silberschlag, der ihre Quellen gefunden, bemerkt von einer, daß sie allein schon hinlänglich sey, eine Mühle zu treiben. Ihrem Lauf zu folgen, wird sich wohl niemand einfallen lassen, denn ihr Thal unterm grossen und hernach kleinen Brocken, ist so schrecklich, und eine solche Mischung von Klippen und Schlünden, daß sie, wie auch Ritter meldet, hier unsichtbar wird, und nur in tiefen Felsenhöhlen rauschend herab brauset. Diese unzugängliche Gegend heißt das Tatarnloch. Die gleich darunter gelegene Sägemühle, die Ilsemühle genannt, ist abgebrochen worden, seitdem die nah gelegenen Forsten keine Blochbäume mehr lieferten. Die Bruchquellen des Brocken und Renneckenberges vermehren sie immer mehr und mehr.

Nach einem Lauf von nicht völlig einer Stunde stürzt sich vom höchsten Gipfel des grossen Brocken das merkwürdigste und höchste aller Brockengewässer, der Kellbeck, zur Ilse herab. Die erste und höchste Quelle dieses Bachs, daraus so viel tausend mit einem Frost-Schauder getrunken haben, ist der oben beschriebne Hexen- oder Zauberbrunnen, nach dem der Bach eigentlich den Namen Hexenbach haben würde. Vielleicht hat dieser Brockenbach im recht eigentlichsten Verstande, der den erhabensten und wohlklingendsten Namen verdiente, seinen Na-

men

men von der Kelle oder dem grossen Schöpflöffel, so ehe=
mals am Hexenbrunnen festgemacht und zur Heraus=
schöpfung des Wassers für die Brockenwalfahrende
bestimmt gewesen. So klein die erste Quelle dieses Ba=
ches auch ist, indem man sie bequem ausschöpfen
kann, so sehr nimmt er doch aus den unzäligen Bruch=
quellen des grossen und kleinen Brocken zu. Sein
Wasser ist äusserst kalt, denn sein Ursprung ist der
höchste, von dem ich weiß, und sein Zuwachs ist
hauptsächlich schmelzender Schnee und Eis. Er
hat sich in dem harten steilen Granitgrunde des Brot=
ken noch kein Thal einreissen können, doch aber macht
sein Bette einen Eindruck oder schrof abhangenden
Grund in den Brocken. In der Mitte seines Laufs=
liegt in diesem Grunde der tiefere Spalt oder Ein=
schnit, den ich oben beschrieben habe, das Schnee=
(Eis=) Loch oder der Brockengletscher. Hier rinnet
der Kellbeek unter einem kalten Schnee = und Eis=
mantel in verborgenen Klippengründen fort, und
kommt endlich, nach einem Lauf von nicht völlig einer
Stunde, der nördlichen Spitze des Rennekenberges
gegen über, am Heidelbeerbleeke, zur Ilse. Ich
gestehe, daß ich den Kellbeek nur bey seinem Ur=
sprung und beym Schneeloche gesehn habe, denn sei=
nen Lauf getreu zu verfolgen schien mir zwischen Un=
möglichkeit und Verwegenheit gestellt zu seyn; ich ha=
be aber gehört, er werde zuletzt so stark, daß er ei=
ne Mühle treiben könnte.

Bald unter diesem Zufluß wird die Ilse von dem
Schmalebeek (Schmalce, Schlüsinge) an dem
ehemals Schleusen zu Aufdämmung des Wassers ge=
wesen seyn sollen, und der zwischen dem Rennekenber=

ge,

ge, und jener beschriebenen dritten Vorreihe alpini=
scher Berge herabkommt, verstärkt. Zu dem hier
auf der Abendseite belegenen kleinen Jagdhause, die
Spiegelslust, führt über die Ilse, vom Brockenwe=
ge ab, eine hölzerne Brücke. Die Ilse läuft fer=
ner noch zwischen ihren hohen alpinischen Bergwän=
den in einer tiefen Renne und engen Thal steil her=
ab, fällt brausend von Klippe zu Klippe, und ruht
sich nur hie und da in tiefen Wasserbecken mit strude=
lichten Kreisläufen aus. Als Se. Königl. Hoheit,
der Prinz Friedrich von Grosbritannien, Fürst zu Os=
nabrück, neben der Ilse den Brocken heran ritten,
war die Ilse durch ein denselben Nachmittag am
Brocken gestandenes Gewitter etwas angelaufen, da
Höchstdieselben diese Ihnen neue Bergscene von
tausenden auf einander folgenden Wasserfällen be=
wundert haben sollen. Bey ihrem fernern noch un=
nuzbarem Fall, nimmt die Ilse von der linken Sei=
te, aus einem sich in viele Nebenthäler ausbreiten=
den Thal, den Gruenbeek auf, der wieder mit dem
Tiefenbeek von der selbstwachsenen Brücke her, und
mehrern kleinern sich verstärkt hat. Zur rechten nimmt
sie ferner hauptsächlich den Speikelochs=und Lod=
meke=Bach auf, und bringt nun auf dem Gra=
nit=Gebürge durch die Oefnung des Thals, zwischen
dem Ilsenstein und seinem gegen über liegenden Fel=
senbruder heraus, und fließt auf den Wernigerödischen
Flecken und Hüttenwerk Ilsenburg. Hier öfnet sich
das Thal wie ein Trichter, und nun wird die Ilse so=
gleich zur Arbeit angehalten. Sie treibt bald eine
Sägemühle, und bringt kurz darauf die Räder einer
durch ihr schreckliches Geräusch betäubenden Eisen=
Drathhütte, in Umgang. Sie läuft ferner durch
durch den weitausgedehnten Ort, füllet Teiche, und

ſezt in ſolchem überhaupt zwey Säge-zwey Oel-und
eine Mahl-und eine Papier-Mühle, ferner eine
Drathhütte, zwey hohe Ofen, drey Hammer-und
zwey Zähe-Hütten in Gang. Gleich unter Ilſenburg trit die Ilſe ins flache Land der Grafſchaft
Wernigerode, geht auf einen Kupferhammer, eine
Papier-und verſchiedne andre Mühlen, wie ſie denn
überhaupt in der Grafſchaft Wernigerode in allem
22 gehende Werke in Umlauf ſezt.


Unterm Dorfe Vekenſtedt fällt der Rammel-
bach in die Ilſe. Dieſer Bach entſpringt im alpiniſchen Gebürge zwiſchen der Ilſe und Holtemme,
auf der vor der dritten Reihe der öſtlichen Brockenberge, liegenden Fläche, fließt bey Darlingerode neben einem ehemaligen Salzwerk weg, und nimmt
den aus 3 Bächen entſtandenen Drübeck gewöhnlich
Nonnenbeck auf. Beyde treiben Mühlen. Zwiſchen Vekenſtedt und Waſſerleben wird der Ilſe ein
geringer Theil ihres Waſſers unter dem Namen Löſ-
ſelbach in die freye Reichsherrſchaft Schauen entführt,
der aber, nachdem die Ilſe ins Fürſtenthum Halberſtadt getreten, wieder zu ihr kömmt. Sie flieſſet
durch und um die mit einem unbeträchtlichen Wall umgebene kleine Halberſtädtſche Stadt Oſterwieck, die ein
franzöſiſcher Held im ſiebenjährigen Kriege, weil ſie
unbemannt war, einnahm, und ganz Paris über dieſe glückliche Eroberung in Frohlocken und Jubel ver-
ſezte. Die Ilſe durch die Steinmeke verſtärkt, fließt
nun langſam am Landgebürge, der Fallſtein, weg,
aufs Städtgen Horenburg, nimmt an der weſtlichen
Spizze des Fürſtenthums Halberſtadt, das unter Veltheim

heim sich gesammlete Wasser des Bruchgraben auf, und fällt nun auf der Grenze zwischen Braunschweig und Hildesheim in die Oker.

Im Halberstädtschen, wo die Ilse wenig Gefälle hat, und daher oft über ihre niedrige Ufer trit, liegen etwa nur noch acht Mühlen an ihr. Ihr ganzer Lauf wird etwa fünf Meilen betragen. Im Gebürge ist sie reich an Forellen, und im Lande wo sie ein sehr weiches Wasser hat, führt sie wohlschmekende Fischarten mit sich. Am Ende ihres Laufs ist sie ehemals ein kleines Eckgen schifbar gewesen, weil ein Fahrzeug, das aus dem Bruchgraben in die Oker gewollt, erst durch die Ilse gemußt hat. Im Anfang wird sie aber zum Flössen des Holzes vom Brockengebürge bis Ilsenburg gebraucht. Die Ilse führt, so wie die mehresten Flüsse des Brocken, Gold in ihrem Sande mit sich, das aber zu waschen sich der Mühe nicht verlohnen dürfte. Sie muß wieder von Jahr zu Jahr wasserreicher werden, denn der abgetriebne Brocke bewächset nun wieder nach und nach mit Holz, das die Quellen deckt.

Der Ilse westwerts, so lange sie im Gebürge fliesset parallel, kommt auf der westlichen Seite des eigentlichen Brocken, aus dessen Fuß, im alpinischen Terrain, die Ecker herab, und läuft bis zu ihrem Ende gerade Mitternachtswerts. Sie entspringt auf der den Oberharz mit dem Königsberg verbindenden Bergfläche oder Glacis, dem Brockenfelde, in einer gleichen, und vielleicht noch beträchtlichern Höhe als die Ilse. Wenn man in Gedanken eine gerade Linie

vom

vom Eckersprung nach Morgen durch den Brocken
zieht, so würde diese Linie den Ilsesprung berühren.
Beyde Flüsse entspringen also in gleicher Breite. Ihr
Ursprung hat überhaupt mit dem Ursprung der Ilse
eine gleiche Lage, denn, wie die Ilse vom Brok=
kenbette nordwerts herabkömmt, und hinter sich ge=
gen Süden das Mönchswasser laufen lässet, eben so
stossen hier der Ursprung der kalten Bode und Ecker
so nahe zusammen, daß zwischen beyden über den
flachen Kam zwischen der Ecker und Bode nur eine
Entfernung von einigen hundert Schritten ist. Hier
kann man also wieder in einem kleinen Kreise Elb=
und Weser=Wasser sehen. Wie die kalte Bode nach
Süden hin den eigentlichen Brocken abschneidet, so
thuts hier nach Norden hin, die Ecker; und die hier
den alpinischen Oberharz ausmachende Grenze geht
von jenem auf diesen Sprung, und so auch im Ecker=
fluß herunter; der östlich liegende eigentliche Brocke
bleibt Wernigerödische Hoheit und die westliche (al=
pinische Gegend des Oberharzes, welche niedriger ist
als der Brocke, gehört den hohen Häusern Braun=
schweig.

Die Ecker fängt gleich unter ihren Ursprung an
ein Thal einzuschneiden, welches auch gleich wild
und unwegsam ist, daß der Fluß unsichtbar wird,
und in Klippenklüften verborgen fortwallt. Ich ha=
be einen glaublichen Gewehrsmann, der mir versi=
chert hat, in der Ecker ohnfern ihrem Ursprung an=
sehnliche Goldkörner gefunden zu haben. Es soll
vor Zeiten in der Ecker Gold ausgewaschen seyn. Ob
aber jetzt bey dem gefallenem Werth der nicht mehr
so

so seltnen eblern Metalle und bey dem gestiegnen Werth
der Dinge, ein grosser Vortheil aus einer Goldwä=
sche zu ziehen sey? lasse ich dahin gestellt seyn. Ihr
langes, mehrere Krümmungen als das Ilsethal
machende Thal enthält viele noch nicht genau unter=
suchte Mineralien. Es ist mit seinen Nebenthälern
das eingebildete Harz=Potosi der Kurgänger auch
vorgeblichen Venetianer, und man findet unglaub=
lich viele Stellen, wo geschürft, und bergmännische
Versuche gemacht worden. Wer alles, was glänzt,
gleich für Gold ansieht, wird hier unermesliche
Schätze finden. Da aber dieses Thal, seinem ober=
sten und höchsten Theile nach, alpinisch ist, so hat
man, der Meinung der mehresten Mineralogen
nach, hier keine wahre Gänge zu suchen.

Der erste Zufluß der Ecker ist der oben beschrie=
bene vom Brocken kommende Königsbach. Die ein
Dreyeck bildende Gegend zwischen diesem Bache und
der Ecker, von beyder Quellen auf einander gerech=
net, hat ehemals Grenzstreitigkeiten ja gar laute
Besitzbehauptungen zwischen den benachbarten Landes=
herren verursacht, weil man darüber nicht einig ge=
wesen, ob der Königsbach die Ecker, oder die Ecker der
Königsbach sey.

Die Ecker läuft nun an dem breiten Abfall des
grossen Brocken, oder dessen nördlicher Schulter
dem kleinen Brocken fort, und nimmt von beyden
Seiten aus Thälern viele kleine Gewässer, unter
andern auch den Hasselbach, den Lopenbach, der
vom

vom Braunſchweigſchen Molkenhauſe herab kömmt,
die Peſeke, und wie ſie weiter heiſſen auf. Unter
dieſen hat die Abbe, die Ritter vermuthlich unter dem
Namen Rabe verſteht und gegen dem Brockenkruge
über auf dem Oberharze entſpringt, einen ſo beſon=
dern Lauf, auf dem flachen Bergrücken zwiſchen der
Ilſe und Radau, daß ſie ſowohl der Ecker als Ra=
dau zugeleitet werden kann, und ein gemeinſchaft=
liches Waſſer iſt. Die Müller des Eckerfluſſes däm=
men ſie daher oft bey dürren Zeiten ganz in die Ecker
herab, ſo aber von Braunſchweigſcher Seite nicht
verſtattet wird, um deren Waſſervorath in die durchs
Braunſchweigſche gehende Radau zu bekommen. Ehe=
mals hat ein ſogenanntes Schütt ſie getheilt, wel=
ches aber verfault iſt, und den Namen des Abben=
oder Appenröber Schütt gehabt hat.

In der oben angeführten Karte vom Oberharz
ſind der Ecker binnen ihrem Lauf im Gebürge ober=
halb dem Zilligerwalde drey kleine Seen oder Teiche
beygezeichnet. Ich erinnere mich, bey meiner Be=
gehung dieſes Thals einige weitläuftige tiefe Waſſer=
ſamlungen geſehen zu haben, die mein Führer den
Keſſelſumpf Rabenſumpf und Frankenkulk nach
Art der Bodiſchen beym Roßtrap nannte.

Dieſe tiefe Ruheſtellen des Fluſſes zwiſchen ſei=
nen Abfällen, ſo wie die von beyden Seiten hohe
und ſteile Felſenberge, geben dem Thal ein ſchauder=
haftes Anſehn, und es giebt ſolche verwachſene Stel=
len, daß man glauben ſollte, es hätte nie ein menſch=
licher

licher Fuß diese wilde Einöden zu betreten sich ge=
wagt. Es geht daher durch dieses Thal keine Com=
munications=oder mit andern Wegen zusammenhan=
gende Strasse, sondern es geht nur eine Ecke in sel=
bigem ein Holzweg herauf. In ihrem rauschenden
Lauf durchs tiefe Thal beschreibt sie einen halben Zir=
kel um einen kleinen Theil des Wernigerödischen Ge=
bürges: der Zilligerwald. Schlackenhalden zeigen,
daß ehemals an ihrem Ufer Schmelzhütten gewesen.
Kleine Flecke ausgenommen, wo das Gebiet der
Grafschaft über sie weg trit, bleibt die Ecker immer
Grenzwasser mit der Braunschweigschen Harz=Com=
munion. Endlich kommt sie, nachdem sie unter der
Aalsburg, die vermuthlich ein altes Raubschloß ge=
wesen, und neben einer Salzquelle auf Wernigeröbi=
scher Seite weggeflossen, bey dem Gräflichem Wirths=
hause der Eckerkrug aus ihrer Bergeinschränkung
heraus. Gleich unterm Eckerkruge wird vermöge
gemachter Verträge zwischen den benachbarten Herr=
schaften ein Theil der Ecker nach Maasgabe eines
ausgemessenen Ablaßedamms, durch dessen bestimmte
Oefnung, ins Gräfliche Amt Stapelburg, und von
da weiter auf verschiedne Dörfer des Fürstenthums
Halberstadt geleitet. Diese Ableitung heißt: die
Steinmeke, treibt zuerst in Stapelburg eine mit
einander verbundene Säge=und Oelmühle, und fällt
zwischen Osterwieck und Hornburg in die Ilse. Die
Ecker an sich selbst scheidet immer an der Braunschweig=
schen Communion=Seite die Grafschaft Wernigero=
de, und benetzt an jener Seite das östliche Ende des
Schimmel=oder besser Schimmer=Waldes (wegen
seiner Dunkelheit.) Dieser Wald ist Fuß des Harz=
gebürges, so almdlig in Fläche ausartet. Nach münd=

lichen

lichen Ueberlieferungen ist er wegen Aufenthalts von Räubern ehemals sehr unsicher zu durchreisen gewesen. Jetzt vergreift sich darinne niemand mehr an Reisenden, sondern nur an Bäumen, damit er nicht wieder zum Aufenthalt des Raubgesindels dienen und solches durch seine Finsternis verheelen könne. Die Ecker treibt auf der dem Schimmerwalde gegenüber stehenden holzblossen Seite zuerst im Wernigerödischen eine Oelmühle, und dann im Halberstädtschen eine Papiermühle, geht ferner durch die westliche Spitze des Fürstenthums Halberstadt, und fällt im Hildesheimischen, nachdem sie eine beträchtliche Anzahl Mühlen getrieben hat, in die Oker. Die Ecker scheint mit mehrerm Wasser als die Ilse aus dem Harz zu kommen, und ist forellenreicher, so denen dreyen tiefen Baßins zuzuschreiben ist. Besonders enthält sie, neben den gewöhnlichen schwarzen Steinforellen, vortrefliche und grosse Lachsforellen, die ein röthliches Fleisch und einen sehr angenehmen Geschmack haben.

Die Radau entspringt der Ilse westwerts, zwischen ihr und dem Okerfluß, im Communion-Forste aus einem alpinischen Bruche nahe am Borkenkruge, in der demselben gegen Osten liegenden Niedrigung. Ihr Ursprung reicht nicht so weit gegen Süden in das alpinische Harzgebürge herauf, als der der Ilse und Ecker. Doch bekomt sie von beyden Seiten viele Nebenwasser, dahin auch die zweydeutige Abbe zu rechnen; auch habe ich in einem grossen Bruche: der Baß- oder Bast-Bruch, zwey beträchtliche Zusammenflüsse bemerkt. Nach einem kurzen

Schroeders Abh. I. Th.　　T　　　　Laufe

Laufe im Harze kommt sie im Fürstlich Braunschweigschen Amte Harzeburg neben dem Burgberge, worauf ehemals der Götze Crodo *) gestanden, zwischen
den Bergen heraus, und fließt durch den Flecken Harzeburg, der aus dem Communion=Salzwerk Julius-
halle, der Neustadt, dem Amt Harzeburg und dem
Dorf Bündheim besteht und einen weitläuftigen Ort
ausmacht, wo bisher eine vortrefliche landesherrli-
che Stuterey gewesen. Die Radau hat kaum einen
halb so langen Lauf als die Ecker und Ilse, jedoch
wird sie zum Holzflössen bis in die Oker u. s. f. nach
Braunschweig gebraucht. Unterm bischöflich Hildes-
heimischem Amte Wienenburg, wo ein Theil von
ihr auf eine beträchtliche Anhöhe geleitet worden, fält
sie in die Oker. Man paßiret diesen minder beträchtlichen Fluß, als Ecker und Ilse, auf der Poststraße
von Wernigerode nach Goslar, vermöge einer ansehnlichen und langen hölzernen Brücke.

Denen

---

*) Crodo war der grosse Gott der Sachsen, ihr Saturn,
Adam oder Odihn. Auf dem Fundament des Götter-
bildes lag ein Bars, auf dessen stachlichten Rückenfloß-
federn der Gott mit blossen Füssen stand. Er war ma-
ger von Gesicht, hatte ein langes Haar, einen langen
Leib und entblößten Kopf. In der linken Hand hatte
er ein Rad, in der rechten einen Wassereimer, darin
allerley Blumen und Früchte waren. Sein langer
Rock oder Hembde war um den Leib mit einer weissen
leinenen Binde gegürtet. Der sehr merkwürdige Altar
des Crodo, der aus jetzt nicht mehr gewöhnlichem Metall
besteht, wird noch nebst andern Alterthümern in der
sogenannten Domkirche zu Goslar aufbewahret.

Denen vorbeſchriebenen Flüſſen umb letzlich der
Rabau gegen Weſten kommt recht aus dem Mittelpunkt des Oberharzes, am weſtlichen Ende des
brockenbergiſchen oder alpiniſchen Theils, von dem
allgemeinen Vater der oberhärziſchen Flüſſe, dem
Bruchberge, die ſtarke Oker herab, und richtet ihren Lauf nach Mitternacht. Sie trit ſehr bald ins
Gang- oder nicht alpiniſche Gebürge, und flieſſet auf
die einſeitige oder Chur-Braunſchweigſche Bergſtadt Altenau. Hier kommen, nach einem noch nicht
eine Stunde langem Lauf, fünf Gewäſſer des Bruch-
bergs zuſammen, nemlich das Schneidewaſſer, ſo
von dem Felſenklump, die Wolfswarte, herab
kömmt, und die Grenze zwiſchen dem Communion-
gegen Oſten, und einſeitigen Harz gegen Weſten,
macht, die groſſe Oker, die kleine Oker, der
groſſe und kleine Gerlachsbach, von welchen beyden
letztern aber die obern Waſſer durch den Sperbers-
hey vermittelſt eines ſtarken und hohen Dammes
1732 in die Clausthäler Teiche geführet ſind. Gleich
unter Altenau treiben dieſe vereinigte Waſſer
eine Silberhütte. In dem etwa nur 4 Stunden
langem Lauf der Oker durch den Harz, ſtoſſen von
beyden Seiten noch eine beträchtliche Anzahl kleiner
Flüſſe und Bäche zu ihr. Unter andern habe ich von
Oſten her zwey Waſſer bemerkt, die die Kalben heiſſen, und von der weſtlichen Seite das Schwarzwaſ-
ſer und Weißwaſſer. Beyde letztere werden zum
Betrieb des Bergbaues und der Hütten angewandt;
beſonders das von der Schulenburger Hütte
aus dem Mühlthal kommende ſtarke Weiß-Waſſer.
In der Charte vom Oberharz ſind eine Menge Quell-
punkte bemerkt, die in vielen Bächen binnen dem Harz
in die Oker fallen.          T 2          Vom

Vom Puchschlam getrübt, kommt die Oker nach einem etwa vierstündigem Lauf (in gerader Linie gerechnet,) aus ihrem vielarmigten Thal zwischen den hohen Harzbergen, neben einer Meßinghütte heraus, und setzt in dem an ihr liegenden Orte: die Oker, die zum Schmelzen der Rammelsbergschen Kupferkiese bestimmte Communion = Kupferhüttenwerke, so wie auch eine Meßinghütte, in Betrieb. Sie nimmt unter der Okerschen Papiermühle, und der daneben über den Fluß erbaueten sehr langen und vortreflichen hölzernen Brücke auf der Straße von Wernigerode nach Goslar, woselbst auch eine Papiermühle ist, die von dieser Reichsstadt kommende Gose auf, in welche die Abtugt (soll heissen Abzug) aus dem Rammelsberger Stollen sich bereits ergossen hat. Nun tritt sie völlig ins Land, welches sie oft, zumal wenn von der Morgenseite die Flüsse Rabau, Ecker und Ilse zu ihr gestossen sind, mit Ueberschwemmungen heimsucht, die sich weit umher verbreiten. Zunächst bewässert sie nun die Hildesheimischen Aemter Vienenburg, Wiedelah, (wo eine Papiermühle) Schladen und Liebenburg, in denen an ihrem linken Ufer die ansehnlichen Nonnenklöster Wöltgerode, Heinig und Dorstedt gebauet sind; trennt das Bistum Hildesheim und Fürstenthum Halberstadt, so wie ersteres und das Fürstenthum Wolfenbüttel, nimmt die aus dem Amte Liebenburg, von dem einige hundert Morgen Landes spiegelnden Maner= Teiche kommende Werne auf, und trit nun ins Braunschweigsche, wo die von Osten herkommende Altenau sich in ihr verliehret.

Die Oker geht nun schon als ein ansehnlicher Fluß auf Wolfenbüttel, durchfließt und theilet diese

beträcht=

beträchtliche Stadt, füllet die Graben ihrer Wälle aus, und dienet in Zeiten einer Belagerung, diesen festen Ort unter Wasser zu setzen. In Wolfenbüttel ist die Oker zur Schiffahrt eingerichtet, denn es fahren vom dasigen Krahn aus Fahrzeuge, bis zu der eine starke Meile unterwerts belegenen großen und schönen Stadt Braunschweig.

Die Oker trägt zur Schönheit und Anlage dieser in allem Betracht sehenswürdigen Stadt vieles bey. Sie füllet die breiten Graben der Festungswerke mit Wasser, und die darüber geführte Brükken vor ihren sieben Thoren haben Würde, und sind mit Geschmack und Kosten angelegt. In der Stadt selbst macht sie ein wahres Labyrinth von tiefen mit Quadersteinen ausgemauerten Canälen, treibt ansehnliche Mühlen, und ist in vier Hauptcanälen, und mehrern kleinen, über welche einige zwanzig Communications-Brücken führen, durch selbige, ja sogar durch den herzoglichen Garten beym Residenzschloß, dem grauen Hofe, geführt. Die Stadt Braunschweig, die an sich selbst die ganz genaue Gestalt eines Herzens hat, wird durch die Okercanäle, die die Adern desselben vorstellen können, noch mehr einem Herzen ähnlich gemacht. So nützlich dieser Fluß der Stadt Braunschweig aber ist, so unbeschreibliches Elend und grossen Schaden richten seine Austretungen oft, besonders in den Waarenlagern dieser Meßstadt, an.

Unter Braunschweig erhält sie einen beträchtlichen Zuwachs von der von der Ostseite kommenden lang-

langsamen und tiefen Schunter, auf der ich eine
Schiffahrt mit Holz und Steinen nach Braunschweig
durch Communication eines Canals aus der Waage
bemerkt habe. Etwa vier Meilen unter Braunschweig,
nachdem sie ins Herzogthum Lüneburg getreten, ver=
einiget sie sich mit der aus dem Herzogthum Magde=
burg kommenden Aller, macht solche zu einem an=
sehnlichen Strom, und fliesset mit ihr nach Zelle,
und weiter bey Botmar in die Weser. Ihr ganzer
Lauf wird etwa zwölf Meilen betragen, wie sie denn,
nächst der Bode, der stärkste Fluß des Brockenge=
bürges und überhaupt des Harzes ist.

Ausser diesen vorbeschriebenen im Brockengebür=
ge entspringenden Flüssen geht aus dem Oberharz
weiter kein beträchtlicher Fluß heraus als die In=
nerst. Er gehört aber nicht zu den Flüssen, die aus
dem Gebiet des Brocken herab strömen, unter die
auch Ritter ihn nicht gesetzt hat. Man erlaube mir
jedoch, weil er einige Verbindung mit jenen hat,
von ihm hier nur ein weniges anzuführen.

Es ist, wie erwähnt worden, dem Bruchber=
ge ein Theil seiner Quellwasser durch kostbare Ablei=
tungen nach den Teichen des Oberharzes um Claus=
thal entführt. Ausser diesen wird jeder Quell, je=
des kleine Gefälle aufs sorgfältigste benutzt, und über=
haupt mit dem Wasser eine so genaue Wirthschaft
getrieben, als mancher reiche Prasser im Verhältniß
mit seinem Wein nicht treibt. Aus der Ober= und
Unter=Innerst, auch dem Zellbach, so wie aus den
Stol=

Stollen - und Teichwassern, formirt sich endlich unter Clausthal der ansehnliche Innerst-Fluß, dessen erste Sprünge aus dem Innersten des Oberharzes zusammenrinnen. Er kommt unter Lautenthal bey dem Hüttenort Langesheim aus dem Oberharze ganz dick, schlammigt, und mit ungenießbarem Wasser von dem feinen schlammigten Schlich der vielen betriebnen Puchwerke heraus. Hier stößt die gleichfalls aus dem Oberharz kommende Granau, die eine Papiermühle in Gang gesetzt, von den Silberhütten des Rammelsberges die Julius- und Sophien-Hütten bey Astfeld vor dem Harze, zu ihr. Der Raub, den die Innerst von andern Flüssen des Brockengebürges mit sich führt, die täglich ohne aufhören in ihr wieder zusammenkommende Aufschlägewasser aus den Teichen des Oberharzes, und die Grundwasser verursachen, daß sie nicht, so wie die andern Harzflüsse, klein wird, und bey trocknen Zeiten einen mehrern Vorrath von Wasser aus dem Gebürge abführt, als die Oker. Für den Bergbau und die Hüttenwerke ist sie der am mehresten angewandte und nützlichste Fluß des ganzen Harzgebürges. Die Innerst bekömmt im Lande in der Neiwe und Nette noch mehreres Oberharzwasser, fließet mitten durch das Bisthum und die Stadt Hildesheim, und fällt noch durch mehrere Seitenflüsse verstärkt und als ein Fluß, der Kähne trägt, oberhalb Hannover in die Leine. Ihre Ueberschwemmungen sind den Feldern und Wiesen sehr schädlich, denn ihr bläulich grauer Puchschlieg macht solche ganz unfruchtbar, ist dem Vieh tödlich und muß daher mit vieler Mühe von den Grundstücken wieder abgebracht werden.

Ich

Ich hoffe durch diesen ersten Theil die Wißbegierde meiner Leser, die den Brocken nach seiner Materie oder Bestandtheilen, und nach seinem Aeussern oder Form, haben kennen lernen wollen, hinlänglich befriedigt zu haben. Die in den folgenden beyden Theilen abzuhandelnde Sachen werden, auf diese Vorkenntnisse sich gründend, desto besser zu verstehen seyn.

**Ende des ersten Theils.**

# An das Publicum.

Wegen Entfernung des Druckorts, hat der Herr Verfasser die Correctur dieses ersten Theils nicht selbst besorgen können. Man bittet daher, bey Durchlesung desselben auf folgende Fehler, welche den Sinn des Verf. beeinträchtigen können, hauptsächlich Rücksicht zu nehmen. Die minder wichtigen, welche einzele Buchstaben, Rechtschreibung oder Interpunction betreffen, hat man nicht anzeigen wollen, um das Verzeichniß nicht noch größer zu machen.

---

S. 6 Z. 16 muß nach Felsen ein * stehen. S. 8. Z. 3. von unten auf, im st. ein. S. 11 Z. 5 worden st. werden. Z. 3 von u. an, eigentliche st. eigentlich. S. 13 Z. 11 aus st. auf. S. 14 Z. 6 eigentlichem Harze st. Harzwald. S. 15 Z. 18 Thälern st. Wäldern. S. 17 Z. 15 werden st. würden. S. 18 Z. 9 Holtemme st. Hollemme. S. 22 Z. 4 Blochwänden st. Blechwänden. S. 24 in der Mitte nach Kornhandel, hinzu zu setzen: nach dem Harze. S. 27 Z. 4 v. u. a. Harzortes st. Harzartes. S. 29 Z. 10 Umrändelung st. Umründelung. Z. 3 v. u. a. flachen st. ofnen. S. 36 Z. 6 Bimstein st. Bernstein. S. 39 Z. 2 er st. es. S. 44 Z. 3 mich st. euch. S. 46 letzte Zeile, beweisen st. bewiesen. S. 48 Z. 9 nur st. uns. Z. 13 nur st. nun. In der Note Z. 2 v. u. a. seichter st. sichtbar. S. 49 Z. 9 vom st. von. S. 57. Z. 13 Blocken oder Blockenbergs st. Blocken oder Brocksberges. Z. 12 Harz st. Gartz. S. 62 Z. 17 Bodens st. Brockens. S. 64 Z. 4 v. u. a. Bergproducte nur zum. Z. 3 v. u. a. werde ich st. wer. S. 67 Z. 1 ia st. ie

Z. 5

Z. 5. Brockengebürge st. Brockengnebürge. S. 68. in der
Mitte, Borkenkrug st. Brockenkrug S. 70. Z. 4. v. u. a.
Reisender st. Reidender. S. 73. in der Note bevölkertsten
st. bevölkerten. Z. 4. v. u. a. deren st. davon. Z. 4 Schnee-
flecken st. Schneeflocken. S. 75. Z. 2. aus st. auf. S. 79
Z. 2 v. u. a. Fluthrenne st. Fluthrennen. S. 80 Z. 1 hinter über fällt (,) weg. Z. 13 durchfährt st. durchführt. S. 82
Z. 2 v. u. a. greisen st. gewissen. S. 83 Z. 9 v. u. a. da
st. die Craters. S. 84 Z. 3 vor st. von. S. 87 Z. 8 v.
u. a. Brockenbergthal st. Brockenweythal. S. 88 Z. 9 v.
u. a. Schneewasser st. Seewasser. S. 92 Z. 9 statt nunmehr ist zu lesen: verstorbene. S. 94 in der Mitte eisen-
schützigen st. eisenschößigen. Heerden am Berge st. Heerden
aus. Z. 7 v. u. a. Stumpfrücken st. Sumpfrücken. S. 97
Z. 1 von st. an. S. 98 Z. 9 Orcane st. Orcana. Z. 5 v. u. a.
dem st. den. S. 100 Z. 12 Nach diesem hinzuzusetzen: wo
man gleichsam in eine enge Kammer, welchen Namen Kammer die nächstliegende Gegend auch führt. In der Mitte Ro-
henbeelberge st. Rohenbrockberge. Plessenburg st. Floßenburg.
S. 101 Z. 10 vom st. von. Z. 15. Schmalce st. Schmalze.
Z. 10 v. u. a. dahinter st. dahinten. Nach Dickung ein (,) nach
Blochwänden fällt (,) weg. S. 102 Z. 2 reitende st. reisende.
S. 103 Z. 14 zur Ilse st. zu Ilse. Z. 3 v. u. mit Granit st. mit
dem. S. 104 Z. 3. v. u. a. lästig st. lustig. S. 105 letzte
Z. genauern st. genannten. S. 110 Z. 3 freier st. frey. Z.
10 naß st. fest. Z. 4 v. u. a. einem st. meinen. S. 111 Z.
11 Nordnordwest st. Norden. S. 112 Z. 19 es zur linken
Seite lassend st. zur linken Seite weg. Z. 7. v. u. a. wo auf
dem Rücken st. auf dessen Rücken. S. 113 Z. 12 Vor bis ein
Punctum. Z. 13 2539½ st. 25392½. Z. 15. auf den st.
auf dem. S. 115 Z. 1 den vielen st. allen. S. 118 Z.
17 Granitsand st. Granitstein. S. 121 Z. 12 daher st. auch.
S. 124 Z. 11 nun st. nur. nach Kraack zu setzen u. s. w.
S. 125 Z. 14 v. u. a. (beide aber haben Brockengänger gewöhnlich nicht). S. 126 Z. 10 v. u. a. reine st. einer. S.
127 Z. 4 worden st. werden. Z. 14 des Brocken st. der Brocken. S. 129 Z. 8 v. u. a. hätte st. hatte. S. 130 Z. 3
fest st. sonst. S. 136 Z. 6 wasserarm st. wasseram. Z. 6 v.
u. a. sie st. sich. S. 138 Z. 4 hinter (sogleich) zu setzen dergestalt. S. 141 Z. 6 Brockenmasse st. Brockenwasser. S.
144 Z. 3 in der Note, lasse st. lässet. S. 143 muß heißen
S. 145

Seite 145, welcher Fehler durchaus fortgeht. Z. 5 Candle
st. Caläne.  S. 145 Z. 7 Vom st. von. Z. 6 v. u. a. Daher
st. dennoch.  Am Ende fällt von: Es ist bis: führen weg. S.
148 Z. 16 fällt das Wort noch weg.  S. 150 Z. 5 gegen
den Brockengletscher st. gegin Brockengletscher. Z. 8 v. u. a,
mußten st. musten.  S. 159 Z. 12 v. u. a. Opferer st. Opfer.
S. 164 ganz am Ende Füßen st. Flözen.  S. 165 Z. 18
bettragen st. tragen.  S. 170 Z. 9 v. u. a. daran st. davon.
S. 171 Z. 3 v. u. a. nach (Brocken) setze noch: und aus dem
Bruch des Langenwerks.  S. 172 Z. 9 nach (hin) setze noch:
Nordwerts. Z. 18 ist st. wäre.  S. 179 Z. 7 (bis) muß
wegfallen.  S. 182 Z. 7 Hölle statt Höhle.  S. 183 Z. 6
v. u. a. nun st. um.  S. 185 Z. 11 hin st. her.  S. 187 Z.
1 Süden st. Ost.  S. 188 Z. 5 Breschen st. Brüchen.  S.
189 Z. 3 welche vom st. welche die vom. Z. 4 v. u. a. Haß
selköpfe st. Haselköpfe.  S. 190 Z. 2 Duhmkule st. Dühm=
kule. Z. 11 v. u. a. Harzbächen st. Harzbrüchen. Z. 1 v. u. a.
des st. das.  S. 194 Z. 15 Altan st. Altar. Z. 19 dritte st.
dicke.  S. 195 Z. 5 worden st. werden.  S. 197 Z. 7 des
st. der. Z. 17 eingetheilt st. ungetheilt.  S. 198 Z. 5 v. u. a.
westliche st. südliche.  S. 200 Z. 9 Lietweg st. Leitweg.  S.
202 Z. 12 v. u. a. Anschlemmung st. Anschlammung.  S.
203 Z. 7 v. u. a. höher st. näher.  S. 209 Z. 12 v. u. a.
richtiger st. an nöthiger.  S. 212 Z. 6 um sie st. um ihn. Z.
13 vor große zu setzen: geleitete.  S. 215 Z. 6 Aufschläges
wassern st. Ausschlägewassern.  S. 216 Z. 5 v. u. a. Auf=
stauung st. Aufstangung.  S. 217 Z. 7 Ockerteich st. Oder=
teich. Z. 15 Ruten st. Seiten.  S. 220 Z. 8 (nach einem)
zu setzen: zu ihm hingeführten. Z. 16 Hühnenberg st. Höhnen=
berg.  S. 222 Z. 9 nicht st. lezt.  S. 223. Z. 13 v. u. a.
Zuge st. Zirkelzuge.  S. 224 Z. 1 Damerde st. Dammer=
erde. Z. 10 Es st. da. Z. 2 v. u. a. nach Alte fällt (?) weg.
S. 226 Z. 16 v. u. a. hinter welchem st. wo.  S. 227 Z. 13
v. u. a. nach (um) zu setzen: und über.  S. 228 Z. 5 nach (ei=
nen) zu setzen: etwas irregulären. Z. 13 v. u. a. 4 Meilen st.
2 Meilen.  S. 232 Z. 18 ein st. in. Z. 19 fällt (ein) weg.
S. 235 Z. 3 Drängethals st. Drangethals.  S. 236 Z. 11
v. u. a. 100 st. 180. S. 237 Z. 11 Ritter st. Pitter. Z. 15
Ritter st. Pitter.  S. 241 Z. 10 Brunnenbeek st. Breuen=
beek. Z. 3 v. u. a. vor st. von.  S. 242 Z. 5 nach (liegt)
zu setzen: auf.  S. 245 Z. 13 Röder st. Räder.  S. 247
Z. 15

Z. 15 nach (uns) zu setzen: neben. S. 254 Z. 17 eine st. seine. S. 259 Z. 4 Steckelnberg st. Stackelnberg. S. 265 Z. 2 v. u. a. Winzenburg st. Watzenburg. S. 269 letzte Zeile, kam st. nach. S. 273 Z. 8 v. u. a. Kisitsdam st. Kisilsdam. S. 275 Z. 6 jenem st. einem. S. 276 Z. 18 Hauptthal st. Haupttheil. S. 278 Z. 9 v. u. a. zu st. mit. S. 281 Z. 11 harten st. starken. S. 282 Z. 11 v. u. a. aus st. auf. S. 283 Z. 4 v. u. a. Stimmeke st. Steinmeke. S. 284 Z. 6 in der Mitte ist (etwa) überflüßig. S. 285 Z. 7 v. u. a. für (daß) noch zu setzen: so. S. 287 Z. 4 Borkenkruge st. Brockenkruge. Z. 8 Zilligerwald st. Zilligrwald. Z. 15 Wernigerödischer st. Werrigerödischer.